河南师范大学学术专著出版基金
河南省社会工作与社会治理软科学研究基地 资助

王 萌◎著

新中国成立以来
居民收入分配格局的演进特征
与现实逻辑

The Evolution Characteristics and Realistic Logic of
Residents' Income Distribution Pattern Since the Founding of PRC

中国财经出版传媒集团
经济科学出版社
Economic Science Press
·北京·

图书在版编目（CIP）数据

新中国成立以来居民收入分配格局的演进特征与现实
逻辑／王萌著 . -- 北京：经济科学出版社，2024.1
　　ISBN 978 - 7 - 5218 - 5556 - 2

　　Ⅰ. ①新…　Ⅱ. ①王…　Ⅲ. ①国民收入分配 - 研究 -
中国　Ⅳ. ①F126. 2

　　中国国家版本馆 CIP 数据核字（2024）第 035092 号

责任编辑：杜　鹏　郭　威
责任校对：郑淑艳
责任印制：邱　天

新中国成立以来居民收入分配格局的演进特征与现实逻辑

XINZHONGGUO CHENGLI YILAI JUMIN SHOURU FENPEI GEJU DE
YANJIN TEZHENG YU XIANSHI LUOJI

王　萌◎著

经济科学出版社出版、发行　新华书店经销
社址：北京市海淀区阜成路甲 28 号　邮编：100142
编辑部电话：010 - 88191441　发行部电话：010 - 88191522
网址：www. esp. com. cn
电子邮箱：esp_bj@ 163. com
天猫网店：经济科学出版社旗舰店
网址：http://jjkxcbs. tmall. com
固安华明印业有限公司印装
710×1000　16 开　14. 25 印张　240000 字
2024 年 1 月第 1 版　2024 年 1 月第 1 次印刷
ISBN 978 - 7 - 5218 - 5556 - 2　定价：118. 00 元
（图书出现印装问题，本社负责调换。电话：010 - 88191545）
（版权所有　侵权必究　打击盗版　举报热线：010 - 88191661
QQ：2242791300　营销中心电话：010 - 88191537
电子邮箱：dbts@esp. com. cn）

前　　言

　　自 1949 年中华人民共和国成立，至今已有 70 余年，在这个伟大的发展进程中，中国经济社会快速发展，实现了从贫穷落后上升至中上等收入国家，并成为世界第二大经济体。特别是党的十八大以来，以习近平同志为核心的党中央团结带领全党全国各族人民，践行以人民为中心的发展观，如期打赢脱贫攻坚战，如期全面建成小康社会、实现第一个百年奋斗目标，开启全面建设社会主义现代化国家、向第二个百年奋斗目标进军新征程。2022 年 2 月 28 日，国家统计局发布的 2021 年国民经济和社会发展统计公报显示，2021 年中国国内生产总值比 2020 年增长 8.1%，两年平均增长 5.1%，在全球主要经济体中名列前茅；经济规模突破 110 万亿元，达到 114.4 万亿元，成为全球第二大经济体。①

　　经济总量快速增长是蛋糕做大的过程，而如何分蛋糕也成为一个突出问题。从新中国成立到现在，我国经济发展经历了从计划经济体制到社会主义市场经济体制的转型，中国特色社会主义市场经济体制改革从根本上改变了我国经济落后的面貌，经济效率得到巨大提升，同时我国的分配状况也从平均分配到收入差距逐渐扩大，基尼系数持续上升。收入分配不公的加剧严重影响社会稳定，也给经济社会发展造成很大的不确定性和不可持续性。这些

---

① 和音. 中国经济高质量发展前景光明［N］. 人民日报，2022 - 03 - 01（003）.

问题的存在说明，我国的经济、政治和社会等管理体制还存在一些有待改革的缺陷，我们需要站在"向第二个百年奋斗目标"迈进的时代高度，思考经济增长如何真正实现为人民谋福利，造福于广大民众，这也是我们作为研究者必须关注的。

回顾新中国发展史，可以看出我国在不同发展阶段采取了不同的经济发展战略，以此为依据，本书把居民收入分为不同阶段，全面考察了居民收入分配格局的演进特征，在此基础上，将居民收入分配格局与经济体制、经济发展战略以及经济发展方式联系起来进行研究，说明居民收入分配格局形成的本质原因及其现实逻辑。

计划经济体制时期（1949～1978 年）主要研究该时期居民收入分配格局的形成、重工业优先发展时期影响居民收入分配格局的因素、重工业优先发展时期居民收入分配格局的形成逻辑。改革开放以来，按照我国经济体制改革历程将研究分为三个阶段：1979～1991 年是社会主义市场经济提出时期，是我国经济体制改革的探索和发展阶段；1992～2011 年是确立社会主义市场经济时期，我国的经济体制改革取得实质突破；2012～2020 年是完善社会主义市场经济体制时期。1979～1991 年的社会主义市场经济提出时期主要研究社会主义市场经济改革对发展战略形成的影响、对居民收入的提升作用，以及社会主义市场经济提出时期的居民收入分配格局特征、潜在问题和居民收入分配格局变动的经济效应。1992～2011 年的确立社会主义市场经济时期主要研究影响居民收入分配格局的内在逻辑、建立社会主义市场经济体制时期居民收入分配格局变化的经济效应。2012～2020 年的全面深化经济体制时期研究发展战略的形成背景与特征表现、全面深化经济体制对居民收入的支撑作用、居民收入分配格局的合理化、居民收入分配格局合理化的内在逻辑。

我国居民收入分配格局演进的现实逻辑，包括经济发展战略是导致居民收入分配格局演进的主线、经济发展战略通过经济增长方式影响居民收入分配格局、经济发展战略通过经济体制影响居民收入分配格局、经济增长方式的转变要求相应的发展战略作为保障。影响居民收入的发展战略、经济体制和分配制度等因素之间呈现出复杂的相互影响关系。我国传统经济增长方式与重工业优先发展战略相适应。在现阶段中央提出国内外"双循环""共同富裕"发展战略背景下，居民收入分配问题研究具有更为重要的意义。

　　本书的写作吸纳了学术界许多已有成果，但仍是笔者的一家之言，以期为改善我国的收入分配状况尽一份力量。

王萌于新乡牧野

2023 年 7 月

目　录

| 第一章 |

导　　论

第一节　居民收入分配格局的衡量指标

一、居民收入分配的基本界定

经济学中存在各种各样的收入分配问题，其中主要有宏观收入分配问题、功能性收入分配问题和规模性收入分配问题。

1. 宏观收入分配。宏观收入分配是指国民收入在厂商、住户和政府三个部门之间的分配，即从主体视角来研究收入分配格局。

2. 功能性收入分配。功能性收入分配是指在国民收入的初次分配中各生产要素按贡献获得相应的收入，在西方经济学中，是指劳动、资本、土地和企业家才能的报酬，现实中一般划分为劳动收入、财产性收入和业主收入等几个部分。

3. 规模性收入分配。规模性收入分配即个人（或家庭）收入分配，是指国民收入在居民间的分配，一般通过基尼系数等指标来衡量居民间收入分配的差别以及分配的公平性。

二、衡量居民收入分配格局的指标

本书中所研究的居民收入分配格局，主要是以新中国成立以来国民收入分配格局中居民收入部分为研究对象，研究其演进规律、特征表现、形成原因及其对国民经济运行的影响。主要通过使用几个指标来说明居民收入分配格局。

一是居民初次分配收入占比，通过计算国民收入初次分配格局，即住户部门、企业部门和政府部门初次分配收入分别占国民收入的比重，来测度我国国民收入初次分配格局的变化，其计算公式为：

$$居民初次分配收入占比 = \frac{住户部门初次分配收入}{国民收入}$$

二是居民可支配收入占比，通过计算国民收入再分配格局，即住户部门、企业部门和政府部门再分配收入分别占国民收入的比重，来测度我国国民收入经过再分配后格局的变化，其计算公式为：

$$居民可支配收入占比 = \frac{住户部门可支配收入}{国民收入}$$

三是总需求格局，即居民消费占总消费的比重，可用来核算居民消费在总消费中所占比重的变化情况，以此说明居民收入分配格局变动对消费的影响，其计算公式为：

$$居民消费占比 = \frac{居民消费支出}{最终消费支出}$$

四是居民收入结构格局，即居民收入中工资收入与要素（财产性）收入的比重，可用来核算居民收入中财产性收入所占比重的变化。居民收入的多元化是提高居民收入、提升居民家庭抗风险能力的体现，其计算公式为：

$$居民收入结构 = \frac{居民财产性收入}{居民可支配收入}$$

五是居民收入差距，用城乡居民收入之比、城乡居民五等分或七等分收入群体的绝对收入之比、区域居民收入之比、主要行业平均收入之比以及基尼系数等指标来衡量。

三、其他相关概念

（一）经济体制

经济体制是指在一定区域内（通常为一个国家）制定并执行经济决策的

各种机制的总和，通常是一国国民经济的管理制度及运行方式。按照资源配置方式，可以把经济体制划分为计划经济体制和市场经济体制两种。

1953 年以来，我国的经济体制演变主要经历了以下几个时期。

1. 1953～1978 年为计划经济体制时期，这一时期可以分为两个阶段，第一阶段为 1953～1957 年的计划经济形成阶段。这一时期政府对主要农副产品实行统购统销政策，社会主义改造也逐步完成。在第一个五年计划的末期，我国基本上形成了计划经济的体制模式。第二阶段为 1957～1978 年，是计划经济体制在调整中不断强化的时期。我国实行的计划经济体制一直比较重视地方积极性和主动性作用的发挥，并不是单纯强调集中统一，这实际上是一种有弹性的计划经济体制，强调在全国统一计划基础上地方拥有一定的自由度。

2. 1979～1991 年是社会主义市场经济提出时期，是我国经济体制改革的探索和发展阶段。从 1978 年开始，我国理论界开始总结计划经济阶段我国经济发展的经验与教训，反思计划经济中的不足，提出计划调节与市场调节相结合的思路。1981 年 6 月，党的十一届六中全会通过的《关于建国以来党的若干历史问题的决议》中提出，"必须在公有制基础上实行计划经济，同时发挥市场调节的辅助作用"。1982 年 9 月，党的十二大提出"计划经济为主、市场调节为辅"。1984 年 10 月，党的十二届三中全会通过的《中共中央关于经济体制改革的决定》中提出，社会主义经济是"有计划的商品经济"。1987 年 10 月，党的十三大提出要建立"国家调节市场、市场引导企业"的经济运行模式，而这一模式实际上已构成市场经济的核心内容。[1]

3. 1992～2011 年是确立社会主义市场经济时期，我国的经济体制改革取得实质突破。1992 年 10 月，党的十四大明确提出，我国经济体制改革的目标就是建立社会主义市场经济体制，我国的经济体制正式走向社会主义市场经济阶段。

4. 2012～2020 年是全面深化经济体制改革时期。2012 年 11 月，胡锦涛同志在党的十八大报告中提出，加快完善社会主义市场经济体制和加快转变

---

① 丁任重. 构建高水平社会主义市场经济体制的历史逻辑和现实任务 [J]. 经济学动态，2021 (1).

经济发展方式，全面深化经济体制改革。① 2013 年 11 月召开的中国共产党第十八届三中全会通过的《中共中央关于全面深化改革若干重大问题的决定》明确提出："经济体制改革是全面深化改革的重点，核心问题是处理好政府和市场的关系，使市场在资源配置中起决定性作用和更好发挥政府作用。"② 市场经济实质上是资源配置的经济模式，这一理论的提出对转变政府职能起到重要促进作用。

(二) 发展战略

发展战略是一个在理论上未得到清晰界定的范畴。按照刘则渊在《发展战略学》一书中的定义，发展战略具有以下三个最根本的特征:③ 第一，全局性。任何战略都是研究全局的指导原则与谋划方案。它对制定该战略的某一系统来说，具有全局性的影响。第二，长远性。战略的长远性反映了客观的经济社会系统在运行过程中的时序规律，因而也就要求我们在战略目标、战略重点、战略措施及战略实施步骤上，按照一定的时序步骤进行战略管理，从而呈现出时序上的功能效应，在远期产生近期意想到的长远后果。第三，稳定性。发展战略是在较长时期内实施的，又涉及方方面面的政策，因此，必须有相对的稳定性。如果发展战略没有一个稳定的实施期，就很难取得预期的效果。当然，这并不排除在战略的实施过程中依据实际情况进行必要的调整和修正，但这应属于小规模的或具体实施策略的调整。

根据此定义，本书将发展战略定义为国家发展战略，即最具全局性、最能体现国家根本发展目标的发展战略。由于同一范围的发展战略会因其目标、重点、方式等特征的变化而演变，因此，本书将 1953～2020 年中国实施的发展战略按特征差异可划分为:重工业优先发展 (1953～1978 年)、轻重工业协调发展 (1979～1991 年)、重新重化发展 (1992～2011 年)、城乡区域协调发展 (2012～2020 年)。见表 1 – 1。

---

① 胡锦涛. 坚定不移沿着中国特色社会主义道路前进 为全面建成小康社会而奋斗——在中国共产党第十八次全国代表大会上的报告 (2012 年 11 月 8 日) [N]. 人民日报，2012 – 11 – 18 (001)。

② 习近平. 关于中共中央关于全面深化改革若干重大问题的决定的说明 [N]. 2013 – 11 – 16 (001)。

③ 刘则渊. 发展战略学 [M]. 杭州:浙江教育出版社，1988:11 – 12.

表 1 - 1　　　　　　　　　　新中国成立以来的发展

发展战略	重工业优先发展 （1953～1978 年）	轻重工业协调发展 （1979～1991 年）	重新重化工业发展 （1992～2011 年）	城乡区域协调发展 （2012～2020 年）
发展目标	工业化	四个现代化	外向发展、出口导向	社会主义现代化
发展重点	重工业	工业	重工化工业部门	经济社会全面发展
发展方式	外延式和粗放式	外延式与集约式并存	外延式与集约式并存	高效发展
发展态势	赶超	按比例适度发展	快速发展	创新、协调、绿色、 开放、共享
经济体制	计划经济体制	提出社会主义市场 经济	确立社会主义 市场经济体制	全面深化经济 体制改革
分配制度	低收入	收入向劳动倾斜	收入向利润和 政府倾斜	收入向居民倾斜
对外关系	封闭半封闭	对外开放	对外开放	全面开放新格局

（三）经济增长方式和经济发展方式

1. 经济增长方式。关于经济增长方式的概念，学术界的讨论由来已久，现已形成了基本共识，即经济增长方式就是决定经济增长的各种要素的组合方式和各种要素组合起来推动经济实现增长的方式。从扩大再生产角度来看，就是生产要素的组合方式及其推动经济实现持续高速增长的方式从以外延为主向以内涵为主的转变。从经营方式的角度来看，则是生产要素的组合方式及其推动经济实现持续高速增长的方式由以粗放经营为主向以集约经营为主的转变。① 因此，此处的经济增长方式概念是一个"量"的概念，不反映经济增长的稳定性、通货膨胀率、就业水平等经济增长质量指标。

2. 经济发展方式。经济增长是指经济总量的增长，是"量"的概念；经济发展是指在经济增长的同时伴随着国民生活质量的提高和社会经济结构与制度结构的进步，是"质"的概念。经济发展的衡量指标除了经济增长率，还有人类基本需求满足程度、工业化程度、恩格尔系数、基尼系数、人民的健康、知识和人均收入等。GDP② 增长率无法反映出收入分配状况，也没有表明这个社会的福利体系怎样，而且不考虑 GDP 增长对环境的影响。

---

① 郭金龙. 经济增长方式转变的国际比较［M］. 北京：中国发展出版社，2000：35.
② 即国内生产总值。

胡锦涛同志于 2007 年 6 月 25 日在中央党校省部级干部进修班发表重要讲话，他指出，实现国民经济又好又快发展，关键要在转变经济发展方式、完善社会主义市场经济体制方面取得重大新进展[1]，这一论断开启了对中国转变经济发展方式问题研究的高潮。党的十七大报告强调，加快转变经济发展方式，推动产业结构优化升级，是关系国民经济全局紧迫而重大的战略任务。所谓转变经济发展方式，就是要在经济发展的进程中紧紧围绕以人为本这个核心，真正做到全面协调可持续发展，统筹城乡发展、区域发展、经济社会发展、人与自然和谐发展、国内发展和对外开放，使经济发展朝着有利于人和社会全面发展的目标前进。经济发展方式是实现经济发展的手段和模式，它既有要素、结构的变化，又包含产业、需求、产品、分配、城乡、区域等结构的变化，也包括资源和生态环境的状况。转变经济发展方式，是要用综合的目标体系来考察经济运行情况。这些指标应包括：一是经济结构（包括产业结构、城乡结构、区域结构等）的优化程度；二是公平分配和消灭贫困的程度；三是资源和环境对经济发展的承载程度；四是减少失业的程度，因为就业是最大的民生问题，是经济发展协调健康的一个重要标志。[2] 在我国，党的十六大之前用的是经济增长方式，党的十六大以后则转变为经济发展方式，这里可以看出政府对经济增长质量的更高要求和实现经济社会和谐发展的决心。

第二节　居民收入分配的研究现状

一、收入分配相关理论的研究

收入分配理论可以追溯到古典经济学阶段，古典经济学的奠基者亚当·斯密看到，理解经济行为的关键在于决定收入在社会上工人、地主和资本家三个阶级之间进行分配的力量，第一次提出收入的分配分别是由工人的劳动工资、资本家的资本利润和地主的土地地租三者决定的理论，但是他对剩余

---

[1] 胡锦涛. 胡锦涛在十七大前发表重要讲话 [EB/OL]. (2012 - 07 - 25). https://news. 12371. cn/2012/07/25/ARTI1343186991046577. shtml.

[2] 黄泰岩. 转变经济发展方式的内涵与实现机制 [J]. 求是，2007 (18).

产品在利润和地租之间的分配没有给出一个合理的理论解释。萨伊在此基础上提出"三位一体"的收入分配公式，大卫·李嘉图在亚当·斯密的基础上进行了深化研究，形成的收入分配理论主要由地租理论、工资理论和利润理论构成，并补充了斯密研究的不足，用模型来说明资本的利润率是怎样决定的。西斯蒙第认为，要使人们有足够的收入购买他们所需的物品，收入要大致拉平，因为贫富收入两极化会引起消费不足，因而出现经济过剩，最后导致财富增长下降。这是关于收入分配差距会产生严重后果的早期论断之一。①

到新古典经济学阶段，对收入分配理论研究作出巨大贡献的是克拉克，克拉克最重要的贡献是提出了边际生产力决定生产要素之间的收入分配。克拉克将社会总收入分为工资、利息和利润三部分，他把地租看作资本利息的一种表现形式。总体来说，克拉克的研究还是侧重于研究功能性收入分配，对规模性收入分配，他只是说明收入分配中涉及的不同主体，而没有具体研究分配给谁的问题。马歇尔作为古典经济学的集大成者，以"局部均衡价格理论"为核心研究收入分配，用各生产要素的均衡价格来证明分配的基础，用以确定工资、利息、利润和地租等一系列分配变量的大小。马歇尔认为，工资和利息分别是劳动与资本的供需价格相等时的均衡价格，地租仅会受到土地的需求影响，并且由土地的边际生产力决定；利润是企业家才能得到的报酬。②

凯恩斯经济学由于要解决 20 世纪 30 年代大危机以后的经济复苏问题，刺激消费是凯恩斯所提出的最重要的政策主张，收入是消费的基础和支撑，凯恩斯提出有效需求不足的一个重要原因是收入分配不平等，因此，改善收入分配不平等状况的措施对提高消费需求是有利的，包括提高高收入阶层的个人所得税税率以及减少甚至消灭食利者阶层。

庞古的收入分配思想是基于社会福利视角的研究，他认为，在其他条件不变的情况下，（1）国民所得数量的增加（只要这不是靠对工人施加过大的压力获得的）；（2）国民所得分配有利于穷人的变化，可能会增加经济福利，并通过经济福利，增加一般福利。③ 在对国民收入的分配中，庞古认为，国

---

①② 田帆，常兴华. "十三五"时期收入分配格局的变化及其对经济社会的影响［A］//中国经济改革研究基金会专题资料汇编. 2017 – 06 – 01.

③ 庞古. 福利经济学［M］. 北京：商务印书馆，2003：129.

民收入越是均等化，社会经济总福利越大。而帕累托的主要贡献是通过对一些代表性国家收入分配统计资料的分析，绘出国民收入分配曲线，直观显示出不平等的收入分配状况。①

二、关于收入分配趋势的研究

自古典经济学诞生以来，收入分配一直是学者们研究的核心，但在福利经济学之前，主要研究集中于各生产要素分配份额的功能性收入分配问题，以及对这种功能性收入分配变化趋势的分析。在对收入分配差距的研究中，影响比较大的是美国经济学家西蒙·库兹涅茨在 1955 年提出的收入分配差距"倒 U 假说"，或者叫"倒 U 形曲线"，说明在经济增长过程中，收入差距会逐渐加大，但在经济继续发展过程中达到最高值以后，会逐渐变小。

"倒 U 假说"自提出以来一直受到学界的广泛关注，许多学者利用不同国家的数据资料来验证"倒 U 假说"是否存在。而 2013 年皮凯蒂的《21 世纪资本论》的出版造成对库兹涅茨"倒 U 假说"的巨大冲击。皮凯蒂在书中展示了近 300 年来欧美国家收入和财富数据变化的历史，从而得出结论："二战"以来，各个国家内的不平等现象已经扩大，并且财富的集中存在自我强化机制，资本收益率持续高于经济增长率，资本家将在财富积累和新增收入的分配中处于支配地位。

三、国内关于居民收入分配的长期研究

改革开放以来，居民收入分配问题一直是学界研究的热点，长期研究居民收入问题的相关成果大量以著作形式出现。从宏观视角进行长期研究的著作主要包括：石广良著《中国：国民收入分配制度变迁》（1999 年），苏树厚等著《新中国劳动制度发展与创新研究》（2006 年），把 1949～2004 年新中国劳动制度发展史划分为五个时期，对劳动制度发展和变迁背后的政治、

---

① 田帆，常兴华."十三五"时期收入分配格局的变化及其对经济社会的影响 [A] // 中国经济改革研究基金会专题资料汇编. 2017 - 06 - 01.

文化和社会原因进行了探究。从收入差距角度进行研究的有：陈宗胜著《经济发展中的收入分配》（1994 年、2014 年修订），结合社会发展的实际数据，提出公有经济收入差别"倒 U"理论，并进行了验证；探索性地将全国、城镇和农村居民的收入差别、城乡差别、地区差别等纳入统一的分析框架，并尝试性地测度了一些非法非正常收入对居民收入差别的影响，提出了理顺收入分配关系的政策建议。杨宜勇等（1997）从宏观上对我国收入分配总体格局进行判断，从微观上对企业分配机制进行剖析，从对高收入阶层的揭示和对贫困阶层的关注中研究对各种收入差距的衡量，并从规范经营者收入视角提出相关对策。赵人伟等著《中国居民收入分配研究》（1994 年）和《中国居民收入分配再研究》（1999 年），主要探讨了中国居民的收入和分配、农村收入和财产的分配、城镇收入分配与收入差异、区域间收入差别、贫困以及教育投资与收入之间的关系等。李实、史泰丽、古斯塔夫森著《中国居民收入分配研究（Ⅲ）》（2008 年）、《中国收入差距变动分析——中国居民收入分配研究Ⅳ》（2013 年）、《中国收入分配格局的最新变化——中国居民收入分配研究 Ⅴ》（2018 年），这一系列研究成果是基于北京师范大学收入分配研究院中国收入分配课题组在 2007 年、2013 年展开的全国范围的城乡住户抽样调查数据，对 2007～2013 年中国收入分配的变化及其原因进行了经验分析，研究问题涉及与收入分配相关的各个方面，如消费不平等、教育不平等、房屋所有权与中国的不平等；还包括农民工市场的演变以及城镇劳动力市场上收入不平等、失业、性别工资差异和民族间收入差异等。李实、张平著《中国居民收入分配实证分析》（2000 年）、《中国收入差距的现状、原因和出路》（2007 年），是基于调查数据对中国居民收入差距的实证研究。王小鲁著《国民收入分配战略》（2013 年），探讨了收入分配的国际和历史经验教训，分析我国过去几十年收入差距的变动趋势、影响因素及其对经济发展的影响，特别是对当前影响收入分配的制度性因素进行重点分析，讨论哪些制度因素影响了收入分配，说明如何通过多方面的体制改革来改善国民收入分配状况，提出适合我国国情的国民收入分配战略。由刘伟所著的《缩小中国城乡居民收入差距的制度研究——基于制度系统方法分析》（2016 年），从宏观层面和实践角度提出缩小城乡居民收入差距的制度改革思路。国家发展和改革委员会就业和收入分配司、北京师范大学中国收入分配研究院的《中国居民收入分配年度报告（2016）》（2016 年），反映了当前居民收入分配状况的全貌。中南财经政法大学中国收入分配研究中心的《中国居民收入与财富调查报告（2016 年）》（2017 年），全面、客观地反映了当前我国居民收入与财富现状。李实等（2018）的研究是基于 2013 年中国住户收入项目收集的数据，对近几年收入差距缩小和财富差距扩大给予全面分析。陈宗胜团队的研究成果《中国居民收入分配通论：由贫穷迈向共同富裕的中国道路和经验》（2018 年）是全面讨论中国改革发展中收入分配问题的专著，对中国居民收入分配差别的变动进行了综合性、全局性的研究和探索。这些著作从不同的角度论述了收入分配制度问题，侧重于从居民收入差距入手，研究收入差距产生的原因、影响及其矫正，对本书的研究思路起到了重要的启发作用，这些不同发展阶段的研究成果为本书分析新中国成立以来居民收入分配状况提供了重要的资料支撑和理论引领。

从经济史角度对我国国民收入分配进行研究的著作，有董辅礽主编的《中华人民共和国经济史》（1999 年），苏少之和赵凌云所著《中国经济通史·第十卷》（2002 年），董志凯、武力主编的《中华人民共和国经济史》（2011 年），萧国亮所著《中华人民共和国经济史（1949—2010）》（2011年），郑有贵所著《中华人民共和国经济史（1949—2012）》（2016 年）等著作，这些著作分阶段对新中国经济发展进行了全面研究，同时都在不同程度上对中国居民的收入水平和生活状况进行了研究，苏少之所著《中国经济通史·第十卷》（上）对改革开放前居民收入和消费的状况进行了较为详尽而深入的分析，成为本书相关内容的重要史料来源；赵凌云所著《中国经济通史·第十卷》（下）对改革开放后中国的经济发展战略及其对居民收入和消费的影响进行了全面研究，丰富的数据资料、高度的概括和详尽的分析，为本书的写作提供了重要史料参考和研究思路启发；任志江（2018）对新中国成立以来经济发展战略与经济体制模式的研究对本书分期起到了很重要的启发作用，特别是对经济发展战略的全面分析对本书具有重要借鉴意义。

四、21 世纪以来对收入分配问题的研究

（一）关于收入分配中存在问题的研究

纵观近年的研究，关于我国收入分配中存在的问题学者们有着一些共

识。这可概括为："劳动报酬在初次分配中所占比重和居民收入在国民收入分配中所占比重都偏低；分配关系不合理，城乡之间、行业之间、地区之间以及群体之间收入差距大；分配行为不规范，分配秩序比较混乱。"① 许多研究成果都对劳动报酬偏低问题进行了统计研究，研究结果支持劳动报酬占比下降这一判断。在对我国劳动报酬偏低问题的研究中，一些学者采取了与其他国家相比较的方法，进一步验证了其研究结论。对这一问题产生关注，最主要的原因是 20 世纪末 21 世纪初的一些年份我国劳动收入份额位于历史最低水平，这种状况与居民收入差距不断扩大、内需不足等一系列问题直接相关，影响我国经济的长期稳定发展。国家发改委宏观经济研究院课题组在研究成果《我国国民收入分配格局：变化、原因及对策》（2010 年）中提出，20 世纪 90 年代以来，我国国民收入分配格局中企业所得增长较快，居民所得增长较慢，政府所得②波动不大；再分配格局中，政府所得份额上升明显，企业在再分配格局中居于弱势地位，居民所得继续呈下降趋势。阮加、阮敬科（2011）认为，国家财政收入高速增长，积累的财富并未能恰当地用之于民，企业利润过多挤占劳动者工资，居民收入增速跟不上经济发展速度。张车伟、张士斌（2010）收集并使用 1978 年以来有关数据，具体研究和分析改革开放以来中国劳动报酬占 GDP 份额的变动状况，结果发现，中国初次收入分配格局中存在的问题不是劳动报酬占 GDP 份额的下降，而是这一比例水平长期过低，初次收入分配格局似乎陷入了一种低水平稳定状态。赵凌云、操玲姣（2010）把经济发展方式与中国居民的消费联系起来的观点，对本书的研究有很大启发。这些研究从不同的角度分析了中国的收入分配过程以及国民收入分配格局中所出现的问题、产生的原因，以及应对的策略等，对解决中国收入分配领域的问题提供了可供参考的理论，对本书的研究有很大的启发作用。特别是张车伟、张士斌（2010）在其研究中所提出的中国国民收入分配格局中居民收入份额保持一种低水平均衡状态，对本书的研究有重要的参考价值。

（二）关于国民收入分配格局总体变化的研究

对于国民收入分配格局的总体变化，杨宜勇、顾严、李宏梅（2005）认

---

① 田帆，常兴华．"十三五"时期收入分配格局的变化及其对经济社会的影响［A］//中国经济改革研究基金会专题资料汇编．2017 - 06 - 01．

② 本书政府所得是指政府在国民收入初次分配中所占的比重。

为，改革开放以来我国国民收入分配格局有了明显的变化，从居民、企业和政府三者的分配比例来看，1978～1998 年居民所占份额不断上升，而 1999～2003 年政府最终可支配收入的规模迅速扩大，相应居民可支配收入明显削弱，即国家在分配上采取的调控政策明显向政府倾斜；地区之间、各省份之间、行业之间居民收入差距均呈现扩大趋势；城乡居民收入差距经历了由迅速缩小到逐渐扩大，由逐渐扩大到逐渐缩小，再到加速扩大的发展过程，研究认为，我国居民收入差距已相当大，并有进一步扩大之势。武力、温锐（2006）认为，新中国收入分配变化的轨迹经历了一个由旧中国收入水平极低、分配极不平等通过革命手段达到过度平均，然后又由这种过度平均通过改革走向拉开收入差距的"否定之否定"过程。收入的平均程度主要受到国家经济和社会发展、战略、政策变化以及不同时期积累与消费关系变动的制约。国家发改委宏观经济研究重点课题《促进形成合理的居民收入分配机制》（2009 年）提出，改革开放以来，居民收入分配机制在积极的调整变化中，也存在不少问题：城乡居民二元收入分配机制愈加强化，微观分配机制存在系统性"缺陷"，再分配机制调节作用有限，甚至存在"逆向调节"现象。因此，要形成合理的居民收入分配机制，需要从以下方面作出努力：一是坚持市场化方向，创新生产要素按贡献参与分配的机制；二是逐步改革现有的城乡分割的二元分配机制；三是逐步建立市场决定、微观主体决策，国家有效调控的新型企业分配机制；四是不断完善居民再分配机制。韦森（2010）研究了金融危机背景下中国工业生产能力过剩问题，认为要保持经济的平稳较快发展，必须依靠拉动内需来实现，这需要调整我们的宏观经济政策基本导向，并相应地改革财税体制和国民收入分配体制，真正实现"让利于民"和"藏富于民"，让全体国民享受到经济增长所带来的好处。常兴华、李伟（2009，2014）测算分析了我国国民收入分配格局的总体变化，测算结果是：在初次分配格局中，企业、政府和居民三大主体所得占比变化不同，企业、政府、居民的所得增长呈现由快到慢的规律；在再分配格局中，政府、企业、居民所得继续呈逐步下降趋势，因此，总体上看，居民收入占比必然逐步下降，并且居民收入差距也呈现持续扩大趋势。时红秀（2018）提出我国现阶段收入分配状况的四个基本判断：一是分配状况与我国经济发展状况基本适应，广大劳动者和全体居民分享了经济发展成果，但居民分配份额进一步提高的难度越来越大；二是收入分配的差距扩大趋势得到初步遏制，但财富分配的差距在快速扩大；三是没有出现贫富两极分化，最低收入阶层的福利也得到大幅提高，但收入流动性降低，须警惕收入阶层固化局面出现；四是分配秩序不断规范，但抑制创新和财富增进的分配规则不时出现。魏众（2017）研究表明，我国居民收入的基尼系数出现小幅而稳定的下降，财产分配差距呈现收益极化的趋势。他提出，今后，我国应坚持提高低收入群体的收入，调节高收入群体的收入，规范收入秩序，坚持对房地产价格进行调控，坚持以按劳分配为主的原则，对收入分配政策进行调整。

（三）财政政策与收入分配格局

财政政策是调节收入分配格局的重要手段，聂少林等（2013）认为，在税收政策调整所导致的收入分配格局变化中，再分配力度弱是我国收入差距较大的一个重要原因。"营改增"是深化改革阶段我国税收制度改革的重要措施，孙正等（2015）的研究结果显示，"营改增"改革对国民收入分配格局的净影响相对较小，他们的研究还表明，流转税改革降低了政府部门在国民收入分配中所得份额，企业、居民部门则因此提高了在国民收入分配格局中的收入份额。习亚哲等（2015）研究认为，流转税的制约作用，个人所得税的缺陷，财政用于国民福利方面的支出偏低，并且存在城乡差异性支出，政府转移支付制度存在缺陷，财政补贴制度不完善等因素的存在，导致我国的财政政策无法很好地发挥调节收入差距的作用。万海远等（2015）的研究结果显示，我国的财政政策在农村带来了显著的村庄收入差距扩大效应，这一结果可以说与财政政策的初衷背道而驰。

（四）关于收入分配格局的国际比较研究

谢攀等（2014）的研究结果显示，美国、日本、英国初次分配格局中政府占比较小，再分配格局中居民部门占比增加，而中国初次分配和再分配格局中都存在政府占比过高现象。任太增（2014）进行了中国与其他金砖国家之间国民收入格局的比较研究，结论显示，在国民收入初次分配格局的演进过程中，中国、南非"利润侵蚀工资"的趋势十分明显，居民份额偏低，随着人均 GDP 的增加居民份额没有出现明显的 U 形趋势是金砖国家国民收入初次分配格局的基本特征。国家发改委社会发展研究所课题组常兴华和李伟（2017）的报告中①，对中国和世界部分代表性国家的三大主体部门分配收入占该国国内生产总值的比重数据进行了对比，以 2014 年数据为例，我国初次分配格局是：政府部门收入份额为 15.64%，企业部门为 37.86%，住户部门为 46.51%，作为发展中国家的墨西哥 2013 年政府部门收入占比为 4.56%，住户部门收入占比为 27.45%；作为发达国家的美国 2013 年国民收入分配格局中政府部门收入占比为 6.49%，住户部门收入占比为 52.14%；2013 年俄罗斯国民收入分配格局中住户部门收入占比为 51.87%。他们的研究认为：我国初次分配格局中存在的主要问题是政府部门所得相对比较高，同时企业部门所得相对比较低，而在与发展中国家和发达国家的比较研究中，我国住户部门所得占比处于适中状态。

（五）关于收入差距的研究

关于收入差距的研究，主要集中在居民收入差距和城乡收入差距两个方面，对收入差距的研究成果相当丰富。对居民收入差距的研究，既有从全国层面的研究，也有基于某一地区的研究，或者是基于不同地区的比较研究；在研究方法上，既有实证研究也有规范研究；主要研究居民收入差距的发展趋势、形成原因、影响因素以及缓解的对策等。在对收入差距的研究中，城乡居民之间的收入差距一直是学者们关注的热点，城乡收入差距也被认为是最严重的。改革开放以来关于我国城乡收入差距的研究结果一致认为，城乡居民收入差距较大，并长期维持。对于主要原因也从不同角度进行了探讨，例如，城乡二元结构的影响，中国政府的城市偏向政策，以城市为中心的发展观和给予城市更多的特权与优惠政策等，已有的研究成果是我们开展本书研究的坚实基础。

关于城镇化与城乡收入差距之间的关系，进入 21 世纪，许多学者开始对引起中国国民收入分配格局变化的决定因素展开研究，白重恩和钱震杰（2009）认为，结构转型和部门劳动收入份额的变化是导致劳动收入份额下降的主要原因；李稻葵等（2009）认为，中国初次分配中劳动份额的变动趋

---

① 常兴华、李伟.“十三五”时期收入分配格局发展变化对经济社会的影响［A］//中国经济改革研究基金会专题资料汇编. 2017 - 06 - 01.

势是基本符合库兹涅茨"倒 U 曲线假说"的；龚刚和杨光（2010）认为，中国二元经济结构下无限劳动力供给是工资性收入份额下降的主要原因；林毅夫和陈斌开（2013）则认为，政府的发展战略选择是国民收入分配结构演变的重要决定因素。现有城镇化研究的重点在于经济增长与城镇化或者产业集聚与城镇化的关系，城镇化与收入分配的关系。陈斌开和林毅夫（2013）从实证角度研究了政府发展战略和城乡收入差距的关系，并提出其核心作用机制是城镇化。其他较为深入和有重要影响的研究是陈宗胜、高玉伟（2015）关于我国居民收入分配格局变动及"橄榄型"格局实现条件的研究，其发现要实现这一理想目标，需要中等收入群体在较高收入水平上形成较大众数组，并相应地要求基尼系数维持在 0.3 附近，经济发展水平达到初等发达国家以上水平等。

不同群体收入分配差距研究。阮敬等（2015）对 1989～2011 年中国健康与营养调查［CHNS（1989～2011）］住户调查数据实证分析的结果表明，不论在城镇还是在农村，高、中、低不同收入群体内收入分配差距的扩大不利于"橄榄型"收入分配格局的形成。陈技伟（2014）利用 CHNS 家庭收入调查数据研究我国农村收入不平等，研究结论是，伴随着农村居民家庭绝对收入的提高，收入差距仍然较大，但是近年来有逐步下降的趋势；外出务工工资差异对农村收入不平等的影响存在区域差异，在东部，务工工资差异是农村总体不平等的主要因素，而在中西部这一作用不显著。

在收入差距的国际比较方面，国家发改委社会发展研究所课题组中常兴华和李伟（2017）研究发现，高收入国家中，除了美国基尼系数较高外，其他发达国家如日本、英国和欧盟地区国家等的基尼系数大都低于 0.35，即发达国家的收入差距相对较低。与之对应的是，低收入国家和中等收入国家基尼系数大都较高，如"金砖五国"中，南非收入差距最大，其次为巴西，中国收入差距居中，俄罗斯和印度收入差距较小。[①]

（六）党的十八大以来收入分配问题研究的焦点

党的十八大以来，脱贫攻坚、促进乡村振兴、完善社会保障体系建设和

---

① 常兴华，李伟."十三五"时期收入分配格局发展变化对经济社会的影响［A］//中国经济改革研究基金会专题资料汇编．2017－06－01．

就业保障政策支持力度的增强，为改善国民收入分配格局，缩小城乡之间、区域之间以及群体之间的收入差距起到重要作用（朱高林等，2016）。陈宗胜、康健（2019）对当前我国居民收入分配格局"葫芦型"分布特征的形成进行了理论解释，研究指出，"葫芦型"是一个进步，但是目前距离"橄榄型"分配格局还较远，并且中长期停滞于"葫芦型"也不利于后者的形成。李培林（2015）对2020年城镇居民收入分配格局进行了模拟分析，预测届时城镇居民将初步形成"橄榄型"收入分配格局。

由于中国经济进入新常态，进入中高速发展期，经济下行的压力较大，加上国际形势变化不定，国内各种社会问题不断出现，社会矛盾、社会冲突有加剧的风险，因此，关于社会公平方面的研究得到更多关注。对于中国收入差距的长期变动趋势，可以分为两个阶段。第一个阶段是经济转型前30年；第二个阶段是经济转型后10年。相对来说，对于前30年收入差距的变动趋势，学界的分歧不是很明显，基本判断是这一时期的收入差距是不断扩大的。然而，对于后10年收入差距的变化情况，学界的看法差异较大。李实（2016）团队的研究支持我国目前收入差距虽然有所缓解，但是形势仍然不容乐观，李实认为，"财富分配的公平性与社会治理高度相关""我国收入差距的估计结果存在一定程度的低估，高收入人群的样本严重偏低；城乡之间收入差距在缩小，而城市内部和农村内部收入差距还在扩大"。基于这一判断，李实团队提出完善我国收入分配政策体系，包括"从收入初次分配和再分配两个层面入手，减少间接税，增加直接税，增收财产税、房产税，包括遗产税；财政支出进一步向民生倾斜，适当增加社会福利，特别是儿童补贴；加大反腐的力度"① 等。

冯谚晨（2017）在对劳动收入份额的研究中用资金流量表方法和收入法分别进行计算，其研究结论是，劳动收入份额下降主要是由利润侵蚀劳动所导致，即资本所得上升造成劳动所得下降，而消费低迷、收入差距过大等现象都与此相关。王雄军（2017）通过对改革开放以来中国居民财产性收入状况的分析得出结论：随着经济的增长和财富的积累，居民财产性收入快速增加；但是，由于财富占有和分布不平衡，资本市场自身具有的"马太效应"

---

① 常兴华，李伟."十三五"时期收入分配格局发展变化对经济社会的影响［A］//中国经济改革研究基金会专题资料汇编. 2017 - 06 - 01.

特点，以及金融服务不均衡等因素影响，财产性收入差距快速扩大；提出调节财产性收入差距的总体思路包括提高和保持劳动报酬占比、改革和健全资本市场建设、提高金融服务的均衡性和包容性、改革和完善财政税收政策等。

一些学者的研究侧重于从不同方面减小城乡收入差距，郭小东、付升华（2017）的研究发现，随着社会保障支出水平的不断提高，城乡居民之间的收入差距也在不断缩小。但赵海利、童光辉（2017）的研究发现，当前社会性支出总量增加较快，但支出结构不合理，财政支出效率对城乡收入差距的影响作用有限，进一步完善现有的转移支付制度，加大财政支出绩效评价的第三方考核力度，有助于进一步缩小城乡收入差距。

近年来更多的社会学研究者加入对收入分配的研究，这些研究比起经济学的研究更关注居民的心理感受，从居民的主观幸福感角度研究缩小分配差距、实现社会公平的重要意义。陈池波等（2016）利用中国综合社会调查（CGSS）数据进行研究，结果显示，收入不平等对主观幸福感有显著的负面影响。冯贺霞等（2016）同样通过 CGSS 数据进行的实证研究还得出了如下启示："经济发展和相关的政府政策的实施都是为了增强国民的幸福水平，经济的快速增长以降低居民幸福水平为代价显然违背了发展的基本初衷。就发展的终极目的而言，经济增长绝不是发展的唯一路径，缩小不同群体之间的收入差距、为居民提供均等化的公共基础服务，同样能增强人们的福祉。"[①] 国家发改委社会发展研究所课题组常兴华、李伟（2017）所作的"十三五"时期收入分配格局变化及对经济社会的影响系列报告，包括：收入分配格局的基本内涵；收入分配格局变化对经济社会影响的理论分析；我国宏观收入分配格局测算和分析；我国宏观收入分配格局中三大主体内部分配格局变化和分析；收入分配格局的国际比较；"十三五"时期的宏观分配格局变化：基于非正常收入测算后的实证分析和预测；"十三五"时期居民收入分配差距和中等收入比重变化的预测分析；"十三五"时期收入分配格局发展变化对经济社会的影响；"十三五"期间深化收入分配体制改革重点和相关政策建议。该系列报告通过对当前国内外研究成果进行分析得出，普遍的研究成果

---

① 田帆，常兴华."十三五"时期收入分配格局的变化及其对经济社会的影响［A］//中国经济改革研究基金会专题资料汇编. 2017－06－01.

支持收入分配差距对经济社会具有重要影响，并把收入分配影响经济社会的途径分为五种，分别为消费需求（短期促进增长而长期抑制增长）、财政政策（差距扩大会影响社会舆论偏好和再分配政策进而影响经济增长）、信用约束（差距越大，越不利于穷人人力资本积累进而抑制增长）、二元结构（城乡差距越大资源越向城市聚集，短期促进增长而长期抑制增长）、资源有效集中（区域差距越大资源越向增长极地区聚集）。这些研究成果从不同视角分析收入差距对经济社会的影响，较为一致的看法是：收入差距持续扩大从长期看会抑制居民收入增长；收入差距持续扩大不利于穷人人力资本积累进而抑制增长；而且，很明显地，收入差距持续扩大不利于社会的和谐稳定，与现阶段我国所倡导的社会主义核心价值观不相符合。

从收集到的研究文献来看，对未来收入分配差距变化趋势的预测研究成果仍然相对偏少。这正如北京师范大学收入分配研究院李实（2018）所指出的，经济学发展过程表明，经济学更适合于解释过去，而不是预测未来。这也意味着对未来收入差距变动的预测存在一定的风险。虽然如此，李实团队（2017）还是对收入分配差距做了一些预测研究，他们提出，在新形势下一些有助于扩大收入差距的因素更多地显现出来，在未来几年中，如果政府下定决心深入推进收入分配制度改革，敢于触动地区和部门利益，打破利益集团的阻碍，把有助于低收入人群收入增长的政策措施落到实处，那么收入差距出现缩小的势头是可以期待的。①

五、研究现状评述

从古典经济学开始，收入分配问题是几乎所有经济学家所关注的重要方面，在西方经济学各个流派中，对收入分配理论的研究都居于重要地位，在西方经济学理论研究基础之上，改革开放以来我国一大批学者对收入分配问题展开了丰富的研究，可以预见这些成果必将把我国收入分配问题的研究不断引向深入。收入分配是一个随着经济社会发展不断变化的课题，因此，在收入分配领域虽然已经有了很多的研究成果，但还是存在继续深入研究的空间。

---

① 李实. 当前中国的收入分配状况［J］. 学术界，2018（3）.

党的十九大报告提出了"中国特色社会主义进入了新时代"以及"我国社会主要矛盾已经转化为人民日益增长的美好生活需要和不平衡不充分的发展之间的矛盾"的科学判断,"十四五"规划提出"以满足人民日益增长的美好生活需要为根本目的,统筹发展和安全,加快建设现代化经济体系,加快构建以国内大循环为主体、国内国际双循环相互促进的新发展格局",为满足人民日益增长的美好生活需要,调整国民收入分配格局是至关重要的,"实现居民收入增长和经济增长基本同步,分配结构明显改善"被列为"十四五"时期经济社会发展主要目标之一。因此,对我国收入分配问题的研究在新时代具有重要现实意义。对我国收入分配问题的研究成果丰硕,大量的学者致力于对我国收入分配问题的研究,期望随着我国经济发展水平的提升,我们可以探索出一个更加公平、高效以及给人民带来更高幸福感的分配制度。对我国国民收入分配格局的研究,如前所述出现诸多成果,这些成果是学者们从不同的阶段、按照不同的方向对这一问题进行的深入研究,对国民收入分配格局中居民收入份额的研究也不少,并且取得了重要研究成果。本书的研究是在前人的研究基础上,侧重于对中国居民收入在国民收入分配格局中所占份额的特征研究,并力图找到这种特征性变化的内在影响因素和现实逻辑关系。本书的研究与以往研究的不同之处在于,以新中国成立以来的经济发展历程为线索,分阶段研究居民收入分配格局的变化,抓住新中国各个时期经济发展的目标与发展战略,分析在不同战略指导下的经济增长方式、经济体制改革对收入分配制度变革的影响,从而探寻居民收入分配格局演进的规律性。通过对运用宏观收入分配格局的变化说明居民收入占比的变化特征,以及这些宏观因素对居民收入差距的影响等问题进行研究,把居民收入占比变化与新中国成立以来不同发展阶段的国情、发展战略、经济发展方式联系起来进行分析,展示新中国成立以来居民收入分配格局演进的特征,探究形成这些特征的逻辑关系。研究经济社会进入新时代对居民收入的可能影响,为深化中国特色社会主义市场经济体制改革、完善我国的收入分配制度提供相关对策建议,以期这些政策的实施可以带来更加合理的国民收入分配格局,形成更为公平的社会发展环境。正是基于时代背景与形势发展的需要以及收入分配问题所具有的时代性特征,笔者确定了研究新中国成立以来居民收入分配格局的演进特征与现实逻辑的研究选题。

第三节 我国居民收入分配格局演进的阶段划分

一、本书的研究分期

本书的研究上限起于 1949 年，下限迄至 2020 年。1949~1952 年是新中国工业化战略思想的萌芽期，在本书的研究中只作为后期计划经济形成的背景和基础进行分析，重点研究 1953~2020 年的居民收入分配格局。1953 年是实施重工业优先发展战略的起点，也是居民收入分配格局的形成起点，而收入分配问题是具有时代特征的一个选题，不同时代由于社会经济条件的变化，收入分配状况会有不同的表现，因此，本书延续到 2020 年（考虑到受新冠疫情影响，故只选择至 2020 年）。1953~1978 年，总体上的发展战略没有发生本质变化，居民收入总体水平较低，国民收入分配格局中居民收入占比较低在这一历史时期有明显的特征性表现。

改革开放后中国进入了向市场经济转轨的历史时期，这一时期中国经济出现了前所未有的增长势头，但也经历了三次大的波动。图 1-1 是 1978 年以来中国 GDP 增长率变动情况的折线图，图形显示中国经济发展在这一时期表现出明显的周期波动状态，将波峰—波峰作为一个周期，则 1978 年以来中国经济的发展经历了四个完整的周期。第一个周期是 1979~1984 年；第二个周期是 1985~1991 年；第三个周期是 1992~2011 年；第四个周期是 2012~2020 年。在这四个周期的前两个中，涵盖了中国经济体制改革的探索和发展阶段，经济改革以提高居民生活水平为主，在此期间我国逐步探索和实践了轻重工业协调发展的构想，经济发展的结果是提高了人民的生活水平，到 1987 年党的十三大指出，改革开放后我国经济建设的战略部署大体分三步走，现 0 在已基本实现了第一步，即实现国民生产增长比 1980 年翻一番，解决人民的温饱问题。[①] 1987 年 8 月邓小平同志指出，我国经济发展分三步走，20 世纪走两步，达到温饱和小康。[②] 此时是新中国成立以来出现

---

① 十三大以来重要文献选编（上）[M]. 北京：人民出版社，1991：16.
② 邓小平文选（第三卷）[M]. 北京：人民出版社，1993：251.

的居民收入较快增长时期，从而带来了居民收入分配格局的改善。1992～2011 年是重新重化工业阶段，这一阶段发展成效显著，经济增长速度快、人民生活水平有很大提升，但经济发展方式转变效果不甚理想，可持续发展战略思想的贯彻执行仍需进一步加强。这一阶段的居民收入处于绝对水平增加过程中，住户部门收入在国民收入分配中所占比重在少数年份有增加，大部分年份保持不变，居民收入分配格局没有明显改善。

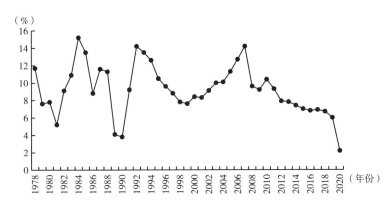

图 1－1　1978～2022 年中国 GDP 的增长率

资料来源：相关年份《中国统计年鉴》。

我国经济增长进入中高速时期，到 2014 年，经济发展进入新常态，从高速增长转向中高速增长。这种经济增长周期的变化必将带来居民收入的周期性变动，经济增长率变动与居民收入增长率之间有很强的相关性，在经济中高速增长周期内如何确定居民收入占比、如何调节收入差距等，是经济新常态下我们必须面对的新问题，这些问题对政府宏观调控方式提出了更高要求，为我们的收入分配制度和政策带来新的挑战。在习近平总书记提出的以人民为中心的发展理念指导下，政府下大力气调整收入分配格局，使近年来的居民收入分配格局发生了积极变化。

因此，从以上分析可以看出，我国经济发展战略目标是实现现代化，在具体实施发展战略过程中，人民生活水平的提高是重要指标，因此，考虑经济发展阶段、经济体制以及经济发展战略的变化，将居民收入分配格局的研究时期分为 1949～1978 年、1979～1991 年、1992～2011 年、2012～2020 年这四个阶段，用来研究居民收入分配格局的演进特征。

二、研究方法

　　本书主要采用历史分析法、比较分析法和统计分析法。以新中国成立以来丰富的经济发展史料为支撑，采用分阶段研究的历史分析法，对不同阶段的收入分配状况进行对比分析，从表现、特征到影响因素，从城镇居民收入到农村居民收入，还有不同行业之间的收入对比分析，比较分析法在本书中经常出现。为了说明不同阶段居民的收入变化情况，使用了大量史料，在对这些史料的分析中用到了统计分析法。在数据分析的基础上，找到这些特征性表现的内在因素，思考这些因素相互作用的内在机制和逻辑关系，因此，本书总体上呈现出定量分析与定性研究相结合的特征。

第二章

计划经济时期的居民收入分配
格局（1949～1978 年）

1949 年新中国的成立对中国人民来说，不仅是一件具有政治意义的大事件，而且对中国人民生活水平的提升也是一个历史性转折点。1949～1978年，中国经济社会发生了翻天覆地的变化。为把握这一阶段的总体发展特征，我们把这一阶段划分为两个小阶段：第一阶段为 1949～1952 年的经济恢复期，是中国新民主主义经济发展阶段；第二阶段为 1953～1978 年，我国制定并实施了重工业优先发展战略，也是我国计划经济体制发挥作用的时期。经济体制的差异使这两个阶段的经济社会发展表现出不同的特征。

1949～1952 年，是中国新民主主义经济建设时期，是中国共产党领导中国人民进行经济和社会建设的起点，这一阶段所进行的经济改革探索以及所取得的成就对新中国后期的经济建设具有重要指导作用。新民主主义经济体制的确立对恢复中国经济起到了很大的作用，促进了人民生活的明显改善和消费水平的提高，人民群众的收入水平有了很大的增长。

第一节 经济恢复期奠定居民收入分配格局
基本形态（1949～1952 年）

1949 年新中国成立后，中国共产党领导中国人民开展了轰轰烈烈的新民主主义革命和建设，1949～1956 年，中国实现了从新民主主义到社会主义的转变，并用三年时间迅速恢复了国民经济建设，然后逐步展开有计划的经济建设，让中国经济社会发生了巨大改变，"建立和发展了社会主义经济，基本上完成了对生产资料私有制的社会主义改造，基本上实现了生产资料公有制和按劳分配"①。很大程度上改变了旧中国一穷二白的面貌。新民主主义革命胜利以后，开始进行的社会主义建设，包括对资本主义工商业的社会主义改造，个体农民走向互助合作道路和个体农业向合作化方向发展。这些措施促进了工农业和整个国民经济的快速发展。

一、经济恢复期的国民经济发展

新中国成立初始，在中国共产党的正确领导下，经过全国人民的共同努力，1949~1952 年，短短三年时间内迅速恢复了国民经济建设，到 1952 年底，工农业生产均创历史最高水平。

（一）农业生产的恢复与发展

经过三年国民经济恢复时期的建设，农村土地改革顺利完成以后，在农村主要进行了大规模的农田水利建设、农业生产技术改进等，这些措施极大地促进了农业生产率的提高，农业总产出超过了历史最高水平。1949 年的农业总产值为 326 亿元，1952 年增至 484 亿元，比 1949 年增长 48.4%。②

（二）工业生产的恢复和发展

1949~1952 年，我国工业生产的恢复和发展也取得巨大成就，工业总产值超过历史最高水平，这也是新民主主义革命时期所取得的最重要的成就之一。1949 年的工业总产值为 140 亿元，1952 年增至 343 亿元，平均每年的增长速度为 34.8%。③ 主要工业产品产量大大超过历史最高水平，工业经济效益显著提高，交通运输业尤其是铁路得到较快恢复和发展。工农业和交通运输业的恢复和发展为以后大规模的经济建设奠定了坚实的物质基础。

---

① 关于建国以来党的若干历史问题的决议 [EB/OL]. (2008 - 06 - 23). https: //www. gov. cn/test/2008 - 06/23/content_1024934_5htm.
② 国家统计局. 辉煌的三十五年 [M]. 北京：中国统计出版社，1983：51.
③ 董辅礽. 中华人民共和国经济史 [M]. 北京：经济科学出版社，1999：98.

（三）国民经济结构的重大变化

在国民经济恢复时期，随着经济的不断发展和经济总量的增长，国民经济结构同时也发生了重大变化，这一结构变化对于之后的经济发展具有重要影响。国营经济日益壮大，进一步巩固了其在整个国民经济中的领导地位。工业在国民经济中的比重明显增长，现代工业、重工业在工业中的比重也显著增长，与新中国成立之前相比，国民经济结构得到很大改善，充分体现出新民主主义革命时期在党的领导下探索并实施的政策符合中国社会现实，满足国民经济恢复的需要。

二、工业化程度提升带来居民收入提高、购买力上升

经济的恢复、国家财政状况的根本好转、物价的稳定，使人民生活有了可靠保障，物质文化生活水平有了显著改善，具体表现在以下几个方面。

（一）农民收入提高和购买力增加

经过三年的经济恢复和发展，我国农民的生活有了明显改善。经过土地改革，从中获得经济利益的农民占农业人口的 60%～70%。兴修水利、改进农业技术、提高农产品收购价格等措施，在促进农业生产发展的基础上，使农民收入有了很大增长。农民收入的提高促进了消费水平的提升，消费品购买能力显著增长，1949 年，广大农民用于购买消费品的金额是 65.3 亿元，到 1952 年增加到 117.5 亿元，比 1949 年增加 79.9%。[①]

（二）城市就业人口增加，职工生活水平有所提高

在三年经济恢复时期，由于工业的快速发展，城市就业人口增长迅速，同时，城市居民生活水平也有较大提高。1952 年，全国各地区职工的平均工资比 1949 年增加了 60%～120%，工人的工资收入一般已经达到或超过以前的水平。[②]除了职工工资得到提高以外，职工劳动保险、集体福利事业也陆续设立。

---

① ②　董辅礽. 中华人民共和国经济史 [M]. 北京：经济科学出版社，1999：111－112.

第二节 重工业优先发展战略的形成
与特点（1953～1978年）

1953～1978年，我国实施了重工业优先发展战略，为保障这一战略的实施，采取了计划经济体制。这一阶段的发展战略及经济体制、经济政策既是在分析我国现实国情基础上的理性选择，更带有很大程度的探索性。因此，重工业优先发展战略和计划经济体制在为新中国经济发展作出巨大贡献的同时，也带来了一些负面影响。

1953～1978年，我国居民收入分配格局的形成是重工业优先发展战略和计划经济体制作用的结果。1953～1978年，国内生产总值年均增长5.8%，与1952年相比，1978年全民所有制职工人均实际工资增长了15.2%，年均增长速度不到0.6%。其中，1953～1957年的增长速度为30.3%；1958～1978年则下降了11.5%，年均增长速度为－0.5%（均为可比价格）。① 在此阶段，由于重工业优先发展战略的实施，居民收入受到分配总量、经济发展方式、经济体制中的分配制度以及微观分配机制缺陷的多重限制，呈现出居民收入水平较低、平均化程度较高的特征，居民收入在国民收入分配格局中所占份额较低。

一、重工业优先发展战略为我国建立起了工业化的初步基础

从1953年开始，我国的第一个五年计划提前完成，建立起了社会主义工业化的初步基础。1957～1966年，是中国共产党领导全国人民进行大规模社会主义建设的十年。虽然经历了1958～1960年的挫折，但是经济建设依然取得了很大成就。初步建立了独立的、比较完整的工业体系，农业基本建设初见成效，农业生产条件得到改善，交通运输、邮电事业有了较大发展，教育科技事业有了很大发展。

---

① 笔者根据相关年份《中国统计年鉴》中数据计算得到。

二、重工业优先发展战略是我国工业化初期的主要实现形式

新中国成立以后，面对贫困落后的中国经济，要想维持国家独立和稳定，要实现国家的富强，进行国家社会主义工业化建设是必然选择。为了尽快实现国家工业化，1957～1978 年，中国政府制定并实施了重工业优先发展战略。

新中国成立之初，中国国民经济发展水平低下，产业技术水平和产业结构落后，工业化所必需的资金、技术等资源严重短缺，农业和轻工业支撑重工业的能力严重不足，国民总产出水平很低，致使可供出口的产品少，经济剩余少，资金动员能力弱。另外，西方发达国家对新中国实行的经济封锁政策，又使中国想利用境外资本和技术变得非常困难。中国当时处在这样一种自身经济条件落后以及国际政治局势紧张的发展环境中，要进行大规模工业化建设，选择一种什么样的发展途径能够快速实现强国、自立的发展目标，即选择什么样的经济发展战略，用怎样的制度安排保障中国工业化道路的实施，就成为当时新中国领导人必须作出的重大选择。

当时，中国的工业化道路面临两种选择：第一种选择是把社会劳动与经济资源主要投向生产生活资料的农业和轻工业，先解决人民的温饱问题，在此基础上，在一段时期内依靠轻型化的产业结构为将来发展重工业进行必要的资金积累；第二种选择是把各种资源尽可能多地投向重工业，牺牲一部分当前利益，通过优先发展重工业尽快实现国家工业化。在当时的国际、国内政治、经济环境和历史条件下，中国政府选择了第二条道路，即重工业优先发展战略。

重工业优先发展战略形成于"一五"计划时期。1952 年 8 月，在中国共产党中央财经委员会（以下简称中财委）提交的"一五"计划轮廓草案中提出，"一五"计划时期建设的重点是重工业，在不妨碍重工业发展的条件下发展国民经济的其他部门，优先发展重工业的思想在这时被正式提出。1952 年 12 月 22 日，《中共中央关于编制一九五三年计划及五年建设计划纲要的指示》提出，工业化的速度首先决定于重工业的发展，因此，我们必须以发展重工业为大规模建设的重点。优先发展重工业的思想在中央层面得到正式认可。当时的国务院副总理兼国家计委主任李富春在《关于发展国

民经济的第一个五年计划的报告》中明确指出："社会主义工业化是我们国家在过渡时期的中心任务，而社会主义工业化的中心环节，则是优先发展重工业。"[①] 1955 年 7 月 30 日，第一届全国人民代表大会第二次会议通过的《中华人民共和国发展国民经济的第一个五年计划（一九五三——一九五七）》明确提出："采取积极的工业化的政策，即优先发展重工业的政策……把重工业的基本建设作为制定发展国民经济第一个五年计划的重点。"至此，重工业优先发展战略思想正式形成。

在市场经济条件下，市场机制对资源的配置会使一国发展具有本国比较优势的产业。新中国成立初期，劳动力资源丰富是我国的比较优势所在，但政府选择的重工业优先发展战略却是需要大量资本资源投入的，这一选择违背了比较优势原则。重工业作为资本密集型的产业具有建设周期长、投资规模巨大以及大部分设备需要从国外引进的特征，而当时中国的现状是经济发展水平很低、资金十分缺乏、外汇严重短缺、经济剩余很少。重工业的特征与中国当时的经济状况相冲突，使重工业优先发展无法借助市场机制得以实现。20 世纪 50 年代末，中国开始全面实施重工业优先发展战略。

第三节　计划经济时期居民低收入分配格局的形成

为了尽快实现国家工业化，1953~1978 年，中国政府制定并实施了重工业优先发展战略。为了推行该战略，形成了降低居民收入以提高国民经济积累率和投资率、粗放的经济增长方式和低水平平均主义的分配方式。在重工业优先发展战略、粗放的经济增长方式和低收入平均主义分配方式的作用下，这一时期居民收入表现出低水平平均的特征，国民收入分配表现出居民收入分配格局。

一、居民收入分配格局的基本形态

1953~1978 年，中国国民收入分配格局总体特征表现可以从以下几个方

---

① 董辅礽. 中华人民共和国经济史［M］. 北京：经济科学出版社，1999：120.

面看出。

（一）国民收入初次分配格局变化

国民收入初次分配格局是指政府、企业和居民在初次分配中各自所占比例的关系。其中，衡量一个国家初次分配公平性的主要指标是劳动所占份额，劳动报酬占 GDP 的比重越大，说明初次分配公平性越高。据李扬（1992）研究可知，我国计划经济时期中国劳动报酬占 GDP 的比重在40%左右，而美国劳动报酬占国民生产总值比重在60%左右（如表2-1、表2-2所示），因此，可以利用初次分配中劳动收入占比来说明初次分配的公平性。

表 2-1 　　　　　中国劳动报酬占国内生产总值的
比重（1953～1978 年）　　　　单位：亿元（当年价）

指标	1953 年	1955 年	1960 年	1965 年	1970 年	1975 年	1978 年
国内生产总值（GDP）	824	911	1457	1717	2261	3013	3645
劳动报酬（L）	—	381	677	699	848	1248	1571
L/GDP（%）	—	41.7	46.4	40.7	37.5	41.4	43.1

资料来源：劳动报酬数据转引自：李扬. 收入功能分配的调整：对国民收入分配向个人倾斜现象的思考 [J]. 经济研究, 1992（7）；其他数据根据《新中国六十年统计资料汇编》计算得到。

表 2-2 　　　　　美国劳动报酬占国民生产总值的
比重（1950～1980 年）　　　　单位：亿美元（当年价）

指标	1950 年	1960 年	1965 年	1970 年	1975 年	1980 年
国民生产总值（GNP）	2668	5067	6726	9902	15225	26706
劳动报酬（L）	1546	2942	3938	6039	9311	15965
L/GNP（%）	57.9	58.1	58.5	61.0	61.2	59.8

注：鉴于数据可获得性，此处延伸到1980 年。

资料来源：李扬. 收入功能分配的调整：对国民收入分配向个人倾斜现象的思考 [J]. 经济研究, 1992（7）；其他数据根据《新中国六十年统计资料汇编》计算得到。

我国计划经济时期，工资收入是中国居民收入的主要组成部分，而居民的工资收入又主要是劳动报酬，因此，劳动报酬变化的情况可以用来说明居民收入的变化规律。通过中美居民劳动报酬占国内生产总值/国民生产总值的比重数据比较，可以看出，计划经济时期中国的劳动收入占 GDP 的比重明显偏低,这是这一时期中国居民收入分配格局特征的一个具体表现。

（二）居民收入增长与劳动生产率之间的关系分析

居民收入增长与劳动生产率之间的关系,是考察收入增长快慢的一个比较科学的标准。中国居民收入与劳动生产率之间的关系见表2-3,而从图2-1中可以看出,劳动生产率增长曲线与居民收入增长曲线之间的关系更为直观地表现出居民收入在增长过程中一直低于劳动生产率,并且在很多年份居民收入增长率远远低于劳动生产率,这是这一时期中国居民收入分配格局的一个具体表现。

表2-3　　　　1953~1978年中国居民收入增长与劳动生产率关系　　　单位:%

年份	劳动生产率	居民收入增长率
1953	12.2	8.13
1954	2.0	-1.5
1955	4.4	5.91
1956	11.6	6.64
1957	1.8	0.68
1958	8.4	5.17
1959	10.6	-11.69
1960	0.1	-6.34
1961	-26.5	-5.7
1962	-6.8	2.0
1965	13.2	11.08
1967	-8.8	2.41
1968	-7.4	-3.49
1970	15.2	3.27
1974	0.3	-0.63
1976	-3.3	1.86
1978	9.5	6.62

资料来源:根据相关年份《中国统计年鉴》相关数据计算得到。

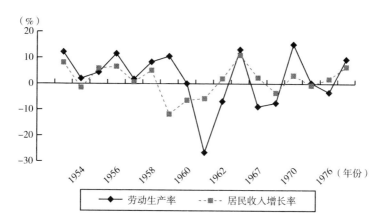

图 2-1　1953～1978 年中国居民收入增长与劳动生产率的关系

资料来源：根据表 2-3 中数据绘制。

总之，1953～1978 年这一阶段，从中外比较来看，中国的劳动报酬在 GDP 中所占份额偏低，从劳动生产率标准来看，居民收入的增长率在大部分年份低于劳动生产率的增长率。因此，不管从哪个标准来看，中国劳动报酬占国民收入的份额都是偏低的。这种压低劳动报酬的分配制度，正是由传统计划体制生发出来的，并与其运行机制相适应。这种压低劳动报酬的做法是中国重工业优先发展战略能够顺利实施的重要保障。

二、我国居民收入分配格局的特征

（一）居民收入增长缓慢

1. 全国居民收入状况。从新中国成立到 1978 年，中国居民收入增长的情况可以分为两个阶段。1953～1957 年，居民收入随着国民经济的发展而较快地增长。1958～1978 年，由于国民经济的发展几经起伏，居民收入的增长速度减慢。从城镇、乡村内部来看，居民收入呈现低水平平均化趋势；从城乡比较来看，农村居民与城镇居民收入有较大差距（见表 2-4）。

表 2 - 4　　　　　　　　1953～1978 年全国居民人均年收入状况

年份	全国居民人均年收入合计（元）	全国居民人均年消费（元）	全国居民人均增加储蓄（元）	全国居民人均增加手持现金（元）	全国居民人均收入比上年增长（%）	全国居民人均收入比1952年增长（%）
1953	89.59	87	0.63	1.96	8.13	8.13
1954	89.86	89	0.6	0.26	- 1.5	6.51
1955	94.49	94	0.65	- 0.16	5.91	12.81
1956	101.79	99	1.08	1.71	6.64	20.3
1957	103.1	102	1.32	- 0.22	0.68	21.12
1958	109.83	105	3.03	1.8	5.17	27.38
1959	99.13	97	1.95	0.18	- 11.69	12.49
1960	104.81	103	- 0.3	2.11	- 6.34	5.36
1961	116.87	114	- 1.65	4.52	- 5.7	- 0.63
1962	117.04	117	2.12	- 2.08	2	1.34
1963	114.42	116	0.66	- 2.24	8.66	10.12
1964	120.03	120	1.39	- 1.36	7.69	18.59
1965	127.55	125	1.34	1.21	11.08	31.72
1966	135.45	132	0.95	2.5	4.68	39.26
1967	138.65	137	0.21	1.44	2.41	41.6
1968	133.58	132	0.56	1.02	- 3.49	36.65
1969	135.07	135	- 0.3	0.37	1.3	38.42
1970	139.06	140	0.43	- 1.37	3.27	42.94
1971	144.18	142	1.27	0.91	3.33	47.7
1972	149.99	147	1.71	1.28	3.32	52.6
1973	158.12	155	1.79	1.33	5.19	60.53
1974	157.52	155	1.68	0.84	- 0.63	59.52
1975	159.9	158	1.42	0.48	1.38	61.72
1976	162.99	161	1.02	0.97	1.86	64.74
1977	166.72	165	2.37	- 0.65	0.71	65.9
1978	179.37	175	3.11	1.26	6.62	76.88

资料来源：中国统计年鉴（1983）［M］. 北京：中国统计出版社，1983：484；中国贸易物价统计资料（1952 - 1983）［M］. 北京：中国统计出版社，1984：9，10，16. 其中，全国居民人均消费是当年价格，全国居民人均收入增长速度是按居民消费水平平减指数换算成可比价格计算. 转引自：苏少之. 中国经济通史第十卷（上）［M］. 长沙：湖南人民出版社，2002：1085，1074.

　　总之，1953～1978年，全国居民人均收入的增长经历了四个阶段。1953～1958年，国民经济发展速度较快，居民收入增长也较快。1959～1961年，国民经济陷入了极大的困难，居民收入直线下降。1962～1966年，国民经济经过调整逐步好转，居民收入恢复性增长也很快。此后的十多年里，国民经济发展受到"文化大革命"的干扰，居民收入的增长长期缓慢、停滞。根据表2-4中的数据计算可得，1953～1978年，全国居民人均收入增长76.88%，年均增长2.2%。比起1953～1978年国内生产总值的增长率，居民收入增长十分缓慢。

　　2. 城镇居民收入状况。城镇居民收入的主要表现为：第一，职工低工资。1978年全民所有制职工人均年工资为644元，平均月工资为53.67元。但扣除物价因素，按1952年不变价格计算的实际年工资只有514元，月平均工资只有42.8元。第二，职工工资低增长。与1952年相比，1978年全民所有制职工人均实际工资仅增长了15.2%，年均增长速度不到0.6%。而其中，1953～1957年的增长速度为30.3%；1958～1978年则下降了11.5%，年均增长速度为-0.5%。[①]

　　3. 农村居民收入状况。农村居民收入增长缓慢。1953～1978年中国农村居民人均纯收入增长73.4%，年均增长不到2.2%。其中，1953～1957年增长17.5%，年均增长3.3%；1958～1978年增长47.6%，年均增长不到1.9%。而1966～1978年年均增长速度更是只有1.4%，[②]农村居民收入增长十分缓慢，严重影响了农民生活的改善。

　　4. 城乡居民收入差距。新中国成立之初，中国城乡居民收入就有较大差别。根据表2-5中的数据可知，1949年城乡人均年收入的差距为1.27倍。1949～1957年，城乡居民收入都有较快增长的时期，而由于城镇居民收入增长速度大大高于农村居民，使城乡居民收入差距进一步扩大到2.53倍。到20世纪60年代中期，国民经济经过了一个大的曲折，全国居民收入在大幅下降后开始得到恢复，城乡居民的收入差距有所缩小。由表2-5的数据可知，到1978年，城镇居民家庭人均全部收入为343元，农村居民家庭人均纯收入为133.6元，两者差距为1.57倍。当然，城乡居民的实际收入有很多方面是不可比的。例如，农村居民的一些自给性收入和服务是不便统计

---

①② 苏少之. 中国经济通史第十卷（上）[M]. 长沙：湖南人民出版社，2002：1080，1085.

的；而城镇居民，特别是全民所有制职工享有国家或企业提供的廉租住房、公费医疗，以及有更多接受免费教育的机会，这些也是不便于列入收入统计的。总的来看，在中国处于收入低水平的基础上，城乡居民收入保持着较大的差距。这种差距从 20 世纪 50 年代初至 70 年代不但没有缩小，反而略有扩大趋势。

表 2 - 5 城镇与乡村居民家庭人均年收入

指标	1949 年	1952 年	1957 年	1964 年	1965 年	1978 年
城镇居民家庭人均全部收入（元）	100	156	254	243		343
农村居民家庭人均纯收入（元）	44	57	72.9		107.2	133.6
城乡居民收入之比（乡村居民为 1）	2.27	2.74	3.53			2.57

资料来源：中国统计年鉴（1983）［M］. 北京：中国统计出版社，1983：103，492；中国统计年鉴（1991）［M］. 北京：中国统计出版社，1991：275；新中国五十年（1949—1999）［M］. 北京：中国统计出版社，1999：34，38，592. 转引自苏少之. 中国经济通史第十卷（上）［M］. 长沙：湖南人民出版社，2002：1079.

（二）计划经济体制下居民收入来源单一，抑制了收入增长

1. 城镇居民收入状况。新中国成立以前，中国的城镇居民占居民总数的比重很低，1949 年才达到 10%（总人口数为 54167 万人，其中城镇人口数为 5765 万人），工业总产值在国民经济中的比重 1949 年才达到 17%，[①]且都被帝国主义和官僚资本主义所垄断，城镇居民收入主要是工资，收入水平低下。新中国成立初期，由于存在着多种经济成分，城镇居民的收入也是多元化的。这种状况随着 1953 年对非公有制经济的社会主义改造完成发生了改变，经济成分逐步减少，私有经济基本上不存在了，城镇个体经济也只占很小的比例，到 1956 年城镇个体劳动者在全部城镇劳动者中的占比约为 0.5%。其后，由于对个体经济发展政策有所放松，使城镇个体劳动者数量有所增加，到 1963 年个体劳动者占城镇劳动者的比重达到 5%。后来，由于

---

① 苏少之. 中国经济通史第十卷（上）［M］. 长沙：湖南人民出版社，2002：1120.

国家形势的变化，城镇个体经济受到严格限制，使城镇个体劳动者随之急剧减少。到了 1978 年，个体劳动者占城镇劳动者的比重下降到不足 0.2%。①由此可以看出，1956 年之后，城镇劳动者主要是在全民所有制和集体所有制单位就业，主要收入来源是工资收入。由于在城镇的全民所有制和集体所有制职工中，全民所有制职工又占绝大多数，例如从 1981 年《中国统计年鉴》中的数据可知，1978 年，城镇职工总人数为 9499 万人，其中全民所有制职工人数为 7451 万人，占 78.44%，且这一阶段集体所有制职工的工资等级、工资标准、升级办法大体上是参照全民所有制的办法实行的，所以，我们以全民所有制职工工资变动的过程，说明这一阶段中国城镇居民收入变化的特点。

从表 2 - 6 可以看出，1953～1978 年，中国城镇居民工资收入增长缓慢，有不少年份甚至处于下降过程中，不论是居民的货币工资还是实际工资，都处于很低的水平，20 多年的时间内职工实际工资收入几乎没有增长。而职工工资的低水平直接决定了这一阶段城镇居民的低收入状况。

表 2 - 6　　　　　　　全民所有制单位职工年工资额与平均工资

年份	工资总额 （亿元）	平均工资（元/人）		人均实际工资增长（%）	
		货币工资	实际工资	环比	定比
1952	68	446	446		
1953	89	496	472	1.058	1.058
1954	95	519	478	1.013	1.072
1955	100	534	500	1.046	1.121
1956	137	610	571	1.142	1.28
1957	156	637	581	1.018	1.303
1958	180	550	507	0.873	1.137
1959	243	524	482	0.951	1.081
1960	263	528	474	0.983	1.063
1961	244	537	415	0.876	0.930
1962	214	592	440	1.06	0.987

---

① 苏少之.中国经济通史第十卷（上）[M].长沙：湖南人民出版社，2002：1079.

年份	工资总额 （亿元）	平均工资（元/人）		人均实际工资增长（%）	
		货币工资	实际工资	环比	定比
1963	211	641	507	1.152	1.137
1964	224	661	543	1.071	1.217
1965	235	652	542	0.998	1.215
1966	244	636	535	0.987	1.200
1967	250	630	533	0.996	1.195
1968	254	621	525	0.985	1.177
1969	263	618	518	0.987	1.161
1970	278	609	510	0.985	1.143
1971	302	597	501	0.982	1.123
1972	340	622	521	1.04	1.175
1973	353	614	514	0.987	1.152
1974	371	622	517	1.006	1.159
1975	386	613	508	0.983	1.139
1976	406	605	500	0.984	1.121
1977	426	602	484	0.968	1.085
1978	469	644	514	1.062	1.152

资料来源：庄启东等.新中国工资史稿 [M].北京：中国财政经济出版社，1986：211；苏少之.中国经济通史第十卷（上）[M].长沙：湖南人民出版社，2002：1081.

2. 农村居民收入状况。在农村，居民收入的结构单一。1949~1978年，中国农村居民收入增长缓慢，一个重要原因是农村生产经营结构单一，商品经济的发展受到抑制，农民收入渠道单一。我们可以从以下几个方面进行分析。

第一，农村经济生产经营结构单一，二三产业发展缓慢，商品化程度低，导致农村居民收入结构单一。1955年春，国家统计局曾经在全国范围内对1954年的农家收支进行了抽样调查。当时，农村基本上以农民家庭个体经济为经营单位（参加农业合作社的农户只占农村总户数的2%），尽管农村经济水平很低，商品经济不发达，农民以农业生产经营为主，但取得收入的渠道相对还是多元化的。当时统计资料表明，在农户总收入中，农业收入平均占 60.7%；采集渔猎产品、农产品初步加工、为消费者加工、自产自用手工业产品、新建房屋、手工业产品、货运、出雇、出租生产资料等收入占 32.6%；其他包括商业收入、补助金、保险金、亲友赠送、在外家庭成员寄回现金等杂项收入占 6.7%。①

　　到 1978 年，农村居民已经被全部组织在人民公社中，收入的大部分来自集体的分配。由于农村集体经济组织的生产经营范围基本上局限于第一产业，第二产业和第三产业很不发达，因此，当年农民人均纯收入中，农林牧副渔等农业生产收入占 85%，非农业生产收入，即从事农村工业、建筑、运输、商业、饮食业得到的收入只占 7%，非生产性收入（包括在外人口带回的钱或物，以及从集体公益金中得到的收入，或者从国家财政得到的收入等非生产收入）占 8%（如表 2-7 所示）。而农村居民收入中非农业生产收入主要是得益于社队企业的发展。

表 2-7　　　　　　1978 年农民收入（农业生产、非农业生产）结构

项目	收入
一、平均每人纯收入（元）	133.57
1. 生产性纯收入（元）	122.86
（1）农业生产收入（元）	113.47
（2）非农业生产收入（元）	9.39
2. 非生产性收入（元）	10.71
二、比重（以纯收入为 100）	
1. 生产性纯收入（%）	92
（1）农业生产收入（%）	85
（2）非农业生产收入（%）	7
2. 非生产性收入（%）	8

　　注：根据《中国统计年鉴（1985）》；"农业生产收入"是指农民从事农林牧副渔五业得到的纯收入；"非农业生产收入"是指农民从事农村工业、建筑、运输、商业、饮食业得到的纯收入；"非生产性收入"是指农民在外人口寄回和带回的现金和实物折价、从集体公益金中得到的收入、从国家财政得到的收入等。

　　资料来源：苏少之. 中国经济通史第十卷（上）[M]. 长沙：湖南人民出版社，2002：1103.

---

　　① 1954 年我国农家收支调查报告 [M]. 北京：中国统计出版社，1957：25-27.

中国农村生产经营结构单一，还表现为农村经济商品化进展迟缓，自给性的生产占很大的比重。从 1954 年农家收支调查的情况来看，在农户总收入中，实物性收入占 68.9%，现金性收入占 31.3%。[①] 到 1978 年，农村居民人均全部货币纯收入为 56 元，在全年纯收入中，货币收入占 41.9%。[②]

1978 年与 1954 年的统计数据相比，尽管两者统计口径不太一致，但可以大体看出，经过 20 多年的发展，农村生产经营渠道没有被大大扩宽，农村经济商品化、社会化进展缓慢，收入结构单一，制约着农村居民收入的增加。

第二，农民家庭副业收入受到限制，发展缓慢，不利于农村居民收入的增长。

1956 年，中国农村基本上实现了集体化。但由于农村集体经济发展水平还很低，虽自给性很强却不能满足农民的各项需求，在强调发展集体经济的同时，国家在政策上允许农民拥有一定程度的"小自由"，由农民自行经营小私有的家庭副业，收入归己。1957～1978 年，家庭副业收入一般占农民纯收入中直接生产收入的 30% 以上，说明家庭副业收入对补充集体经济之不足、发展农村经济、增加农民收入具有重要的作用。但是，由于家庭副业的发展与集体经济的发展既有相互补充的一面，在客观上也有相互矛盾的一面，在一些时期，一些地方往往采用限制农民家庭副业发展的做法来"巩固集体经济"。特别是在"左倾"思潮泛滥的年代里，家庭副业被当作资本主义的自发势力受到打击和严格限制。因此，从基本上实现农业集体化到 1978 年，农民家庭副业由于其客观上的重要性始终存在，但也由于政策时松时紧，发展步履艰难，长期处于停滞状态。

表 2-8 中的数据表明，1978 年与 1957 年相比，农民从集体分配中得到的纯收入从 43.4 元增加到 88.53 元，增长了 104%，扣除物价因素，增长了 64.2%，年均增长 2.3%。在集体经济发展缓慢，农民从集体获得的收入分配增长缓慢的情况下，农民家庭副业受到很大的限制，农村居民从家庭副业中获得收入更是处于长期停滞状态。同期，农民家庭人均副业名义收入从 21.46 元增加到 35.79 元，扣除物价因素，增长 32.2%，年均仅增长 1.3%，

① 1954 年我国农家收支调查报告 [M]. 北京：中国统计出版社，1957：49.
② 朱维盛等. 新中国五十年（1949 - 1999）[M]. 北京：中国统计出版社，1999：38.

家庭副业收入在农民纯收入中占的比重从1957年的29.42%下降到1978年的26.79%，没能很好地发挥补充集体经济、增加农民收入的作用。

表 2-8　　1957年、1978年农村居民收入（集体分配与家庭经营）结构

项目	1957年	1978年
一、平均每人纯收入（元）	72.95	133.57
1. 从集体得到的收入（元）	43.40	88.53
2. 家庭副业收入（元）	21.46	35.79
3. 其他非借贷性收入（元）	8.09	9.25
二、比重（以纯收入为100）		
1. 从集体得到的收入（%）	59.49	66.28
2. 家庭副业收入（%）	29.42	26.79
3. 其他非借贷性收入（%）	11.09	6.93

注：本表"从集体得到的收入"是指农民从集体得到的全部收入，包括从基本核算单位和从基本核算单位以外各级集体单位得到的收入；还包括承担集体生产属于个人所得的收入。"其他非借贷性收入"是指在外人口寄回和带回的现金和实物折价，从国家得到的生活困难补助，民工补贴，残废军人补助等其他非借贷性收入。

资料来源：根据1983年《中国统计年鉴》计算得到。

3. 中国居民财产性收入情况。财产性收入对改善居民的收入结构、增强居民家庭的抗风险能力都有很大作用。中国居民的财产性收入直到现在仍然处在很低的水平。在新中国成立以来的主要发展阶段我国居民财产性收入都呈现出在居民收入格局中占比过低的状况。

首先，我们来看改革开放之前中国农村居民财产性收入情况。在土地改革时期，由于实施的政策是农村土地所有制和保护私有财产，农民不仅有土地，还有牲畜、农具等生产资料。在这一时期，中国农村中个体经济和自给自足经济占主体地位，所以，按生产要素分配是占主导地位的分配方式。农民收入主体是劳动收入，但由于生产资料等财产占有和分布的不均衡，出现了土地、农具等财产要素的租赁和买卖现象，由此获得少量租金等财产性收入。

农业合作化时期农村居民财产性收入的变化。在这一时期，农村居民的财产性收入在初级社和高级社阶段出现不同情况。1951年12月，中共中央通过了《关于农业生产互助合作的决议（草案）》，提出要有重点地发展土地入股的农业生产合作社，即初级社。在初级社阶段，采取了一些灵活和多样的过渡的分配办法。对于私有的牲畜、农具等生产资料规定公平合理的代价，这样，农业生产合作社的总产品在抵偿了生产资料的消耗和缴纳给国家的农业税以后，出现了多种分配形式并存现象，其中，劳动报酬是最主要的分配形式，而土地入股所得到的是土地报酬，合作社向社员租用牲畜和农具等而支付的租金是牲畜和农具报酬，还有一些社员把实物或货币交给合作社使用得到的是投资报酬，这些是当时财产性收入的主要形态。高级社在分配方式上和初级社差别很大，扣除各种费用和提留之后的净收入全部按工分制在高级社内部进行分配，分配原则是按劳动量多少分配，农村居民获得的是劳动收入。因此，随着收入分配方式的改变，原来普遍存在的农村居民财产性收入几乎完全消失了。

人民公社时期对农村居民财产性收入的否定。人民公社时期所有制的特点是，实行生产资料的公有制，并且公有化程度高，废除一切私有财产。人民公社的分配制度经历了三次变革：最初是工资制，后来发展成工资制和部分供给制相结合，最后是工分制。其中工分制使用时间最长，从"大跃进"之后一直延续到改革开放前农村实行家庭联产承包责任制时为止。这样的分配方式使农村居民除了极少数的利息收入外，再无其他的财产性收入。所以，在改革开放之前近30年中国农村居民所拥有的财产性收入寥寥无几。

其次，我们来分析改革开放之前城镇居民财产性收入情况。1949年新中国成立至1956年，中国处于新民主主义社会阶段，在国民经济领域是多种经济成分共存状态，其中占主体地位的是个体经济，然后是国营经济和合作经济，以及资本主义经济，而占主体地位的分配形式是按生产要素分配，然后是按劳分配和供给制。1953年中国开始向单一公有制和计划经济的社会主义过渡。到1956年底，中国基本上完成了生产资料的社会主义改造。经过社会主义改造以后的城市经济所有制结构主要包括国营经济、集体经济，还有少量个体经济，国家企事业单位的职工或集体企业职工是居民主要的就业渠道，国家统一规定工资体系和级别，工资收入几乎是居民收入的全部。[①]1956年的企业、事业单位和国家机关的工资制度改革，使居民工资根据规定工资标准完全货币化，并确立了以技术、职务、行业、地区四个基本因素为参照标准的"按劳分配"制度。

社会主义改造的完成使中国进入了生产资料公有制的社会主义阶段，对

① 武力，温锐. 新中国收入分配制度的演变及绩效分析［J］. 当代中国史研究，2006（7）.

非公有制经济成分实行严格的限制措施，因此，工资收入几乎成为劳动者所有的收入来源，而且受工资制度严格限制，不可能有资本的投资收益。城镇居民除了生活必需品外，几乎没有其他的私人财产。因此，对城镇居民来说，属于财产性收入的就是银行存款利息收入以及新中国成立初期所发行的经济建设债券利息。①

　　1949 年到 1950 年初，为了应对新中国成立初期政治动荡所带来的严重通货膨胀，中国人民银行的贷款利率曾超过 100%，但是，在当时，绝大部分居民生活水平低下，全社会几乎没有储蓄，也就不可能有财产性收入。之后随着社会生产的恢复和居民收入的增加，居民储蓄逐步增加。1952 年，城乡居民储蓄余额达到 8.6 亿元。同时银行存贷款利率不断下调，1951 年底下调到 31.2%，以后分别下调到 1958 年的 7.92%，1959 年的 4.8%。② 居民储蓄的来源在于劳动者通过按劳分配原则获取的工资收入，居民储蓄的总量很小，1972 年全国储蓄存款余额为 100 亿元，1978 年末达到 210.6 亿元。③ 居民财产性收入是被排斥、否定的。这个时期居民财产形式简单，主要是银行存款和国库券，财产性收入就是利息收入。在新中国成立初期居民储蓄很少，但是为了实现赶超型发展战略，降低重工业等资本密集型工业发展的成本，国家不断压低银行利率，从而降低了居民的存款性财产收入。1965 年银行存贷款利率为 3.96%，1971 年为 3.24%，并一直维持到 1978 年。在整个计划经济时期，居民的利息财产性收入是很少的。

　　除了储蓄外，国家在 1954～1958 年发行的经济建设国债，也使部分居民获得了一定的收入。1950 年我国曾发行"人民胜利折实公债"，1954～1958 年，全国连续五年累计发行经济建设国债 35.54 亿元。此后中断发行近 20 年，1981 年开始恢复发行。这些国债也产生了少量的财富效应。根据付敏杰（2009）的估算可知，1952～1978 年，我国全社会居民财产性收入从 1.2 亿元增加到 6.8 亿元，年均增长 6.8%，人均财产性收入从 0.2 元增加到 0.71 元，年均增长 4.8%。尽管增长率似乎较高，主要是因为基数太低。总体来看，整个计划经济时期居民财产性收入水平都比较低，其中由于中国城乡差别的存在，城镇居民所拥有的财产性收入要高于农村居民。20 世纪 80

---

① 陈晓枫. 新中国成立 60 年来居民财产性收入思想沿革 [J]. 经济研究参考，2009（63）.
②③ 付敏杰. 建国以来我国居民财产性收入的演进分析 [J]. 中国物价，2009（12）.

年代初，世界银行在对中国的考察报告中表明，中国居民的财产性收入就是从银行极少量存款中取得的极少量利息，没有其他的财产性收入。[①]

（三）居民收入水平较低，平均化水平高

在1956年工资改革后，中高工资人群由于自然减员，或由于工资制度改革降低了工资标准，在数次工资调整时限制他们工资升级，以及在"文化大革命"开始后提职不提薪等因素，到1978年，他们的人数略有减少，工资水平与低工资人群的差距也在缩小。在低工资人群中，从1957年到1978年的22年中，只有三次调级加薪的机会，升级面加起来只有110%，平均只有约1.1人次得到升级，大多数升了一级。在1977年下半年调整工资之前，除大中专毕业生外，1957年以前参加工作的职工，大多为四级工；1958~1960年参加工作的大多为三级工，他们的人数约为1500万人，占1977年底全民所有制职工总数的21%，月工资水平在43~48元；1961~1974年参加工作的多为二级工或一级工，他们的人数约为2000万人，占1977年底全民所有制职工总数的29%左右，月工资水平在30~40元；在1974年之后参加工作的职工多为学徒工资，他们的人数在1200万人左右，占1977年底全民所有制职工总数的17%，月工资水平在20~30元。也就是说，1958~1977年参加工作的4700万名全民所有制职工人数占职工总数的67%，他们年龄、工龄最大相差约20年，已完全是两代人，但工资大体分布在学徒工资、一级和二级工、三级工这三个"平台"上。1977年刚刚参加工作的学徒工的工资收入一般在20元左右，与于1958年参加工作工龄20年的职工收入差距仅在23~28元；1973年参加工作，工作实足时间已满4年，在比较正规的国营企业中正常情况下应转正定级为二级工，工资收入与1958年参加工作的三级工差距一般不超过10元。在相同等级的职工之间，除了地区工资差别、产业工资差别以及少量的特殊工种津贴、加班津贴外，又因取消了奖励和计件工资制度，再无大的区别。另外，集体所有制职工高工资人数更少，低工资人群面更大，人均工资于1978年比全民所有制职工低21.6%。[②] 因此，低工资职工人群收入平均化的情况更为显著。

---

① 赵人伟. "让更多群众拥有财产性收入"的真义 [N]. 北京日报，2007－11－05.
② 苏少之. 中国经济通史第十卷（上册）[M]. 长沙：湖南人民出版社，2002：1094－1095.

　　基尼系数是国际上衡量居民总体收入差距的主要宏观指数。对于这一系数的区间，0～0.2为绝对平均，0.2～0.3为比较平均，0.3～0.4为较合理，0.4～0.5为差距较大，0.5以上为差距悬殊。据王正春主编《我国居民收入分配问题》一书的研究可知，1978年中国城镇居民收入基尼系数为0.16，属于绝对平均的范围。

　　居民收入的低水平平均在农村表现为农村居民收入的平均化。新中国成立后，通过土地改革，彻底消灭了封建土地所有制，富农经济受到打击，广大农民占有的生产资料平均化了。在完成土地改革后不久，为了防止农民经济上的差距在小商品生产者的竞争中扩大，又进一步实现了农业合作化。从1956年完成农业合作化到1978年，由于中国农业经济发展缓慢，农民收入增长速度缓慢，农民在以从集体经济中获得收入为主的情况下，在低水平的基础上收入呈平均化趋势。

　　据调查，1978年，全国农民家庭按人均纯收入分组户数结构如下：人均纯收入100元以下的户数占33.3%，100～150元的占31.7%，150～200元的占17.6%，200～300元的占15%，300元以上的占2.4%。[①] 即低于平均水平（平均水平为134元）的占1/3，大体相当于平均水平的占1/3，略高于而未超过平均水平50%的占不到1/5，高于平均水平50%～120%的占不到1/5，超过平均水平120%的不到总户数的1/25。据国家统计局编辑的《新中国五十年》一书可知，1978年前，反映农村居民收入分配差距程度的基尼系数为0.2左右，王春正主编的《我国居民收入分配问题》一书，提出1978年农民收入分配的基尼系数为0.2124。[②] 总之，农村居民收入差别程度处于绝对平均和比较平均的边界。

第四节　重工业优先发展时期影响居民
收入分配格局的因素

　　为了尽快实现国家工业化，1953～1978年，中国政府制定并实施了重工

---

① 国家统计局. 中国社会统计资料 [M]. 北京：中国统计出版社，1985：58.
② 王春正. 我国居民收入分配问题 [M]. 北京：中国计划出版社，1995：90.

业优先发展战略。为了推行该战略，形成了降低居民收入以提高国民经济积累率和投资率、粗放的经济增长方式和平均主义分配方式。在重工业优先发展战略、粗放的经济增长方式和低收入平均主义分配方式的作用下，这一时期居民收入表现出低水平平均的特征，国民收入分配表现出居民收入分配格局。

一、重工业优先发展战略影响居民收入总量的提高

在国民经济发展水平普遍较低的条件下，整个社会的积累水平很低，为了保障重工业优先发展所需求的高积累率，压低劳动力投入成本和能源、原材料成本是一个重要途径，中国政府通过各种手段提高积累率，将经济剩余尽可能向工业尤其是重化工业领域集中，从而形成了对居民收入总量的压低。具体实现途径包括以下几种。

第一，全部经济剩余向国家和集体集中，使政府可以集中力量办大事。在农村，为了将农村剩余转移到发展重工业上，国家用农业合作化和人民公社化制度作保证，人民公社实行公社、生产大队、生产队三级所有制，以生产队为基本核算单位，直接组织生产和进行收益分配。通过这种制度安排，国家实现了对农业生产、农产品分配和消费的控制。并且利用农产品统购统销的方式，以利用工农产品价格"剪刀差"为主要手段，将农业积累转化为工业利润。新中国成立后前 30 年，中国工农业产品价格"剪刀差"不断扩大。1950 年工农业产品比价与抗日战争前的 1930～1936 年相比，扩大了34.4%。当时，全国每年的财政收入也不过几百亿元，如 1955 年全国的财政收入为 272 亿元，1960 年为 572.3 亿元，1965 年为 473.3 亿元，1970 年为 662.9 亿元，1975 年为 815.6 亿元。[①]

在城市，为了保证工业剩余能掌握在国家手中，对工业企业实行国有国营制度。一是通过国有化，确保全部工业利润掌控在国家手中；二是通过征税或实行企业利润全部上缴制度，集中工业利润。到 1956 年社会主义改造结束后，社会主义国营工业的产值占工业总产值的比重为 67.5%，公私合营工业产值占32.5%，两者从比例上差不多占到 100%，私人工业几乎全部消失。[②] 国家对

① 国家统计局. 奋进的四十年 1949—1989 [M]. 北京：中国统计出版社，1989：423.
② 林毅夫，蔡昉，李周. 中国的奇迹：发展战略与经济改革 [M]. 上海：上海三联书店，1994：43.

全民所有制的国营企业实行国家直接经营和国家计划管理，由国家管理部门向企业下达指令性指标，由主管部门供应企业生产所需的生产资料，由商业、物资部门收购或调拨企业生产的产品，由财政部门统收统支企业的资金。国家对企业的人、财、物和产、购、销实行直接的控制，企业的利润和折旧基金都上缴国家，纳入国家预算，企业没有自己的独立经济利益。对于企业的超计划利润，1955 年 8 月曾规定，40% 留企业主管部门使用，60% 上缴中央。[①] 1956 年 10 月，规定各主管部门可以将超计划利润留成一部分，给企业使用。[②] 整个"一五"期间，企业的利润留成只相当同期国家财政企业收入的 3.75%。[③] 通过这种国有国营制度，国有企业的利润绝大部分上缴国家，企业因此缺乏提高工人收入的财力，国家对居民收入的控制得以实现。

第二，国民收入分配偏向积累，导致居民收入增长缓慢。在一个国家或地区的经济发展过程中，生产技术、生产要素间的可替代性等因素的综合作用导致产业结构发生规律性的变动，这一复杂变动过程的结果表现为投资率的变化。普遍的规律是，在工业化初期阶段，劳动力资源相对丰富，产业结构以劳动密集型产业为主，经济发展进入工业化中后期阶段，产业结构往往出现重化倾向，到工业化完成后，第三产业在产业结构中的比重往往会大幅提升。随着经济发展和产业结构的演进，投资率往往会呈现先上升后下降的基本态势。钱纳里等（Chenery et al.，1975）利用 101 个国家（地区）的统计资料研究了 1950～1970 年这些国家（地区）的投资率变化与经济发展水平的关系，见表 2－9。表 2－9 中的数据显示，投资率与经济发展水平大致呈正向变化关系。但当经济发展到一定程度后，投资率逐渐趋于稳定，大致保持在 23%。因此，从国际经验来看，对当时的中国而言，20% 的积累率应该是一个比较合理的积累水平。在 1956 年召开的中共八大上，当时的中国领导人根据新中国成立以来的经济建设经验，认为 25% 的积累率是中国在这一经济发展阶段的适当积累率。[④] 应该说这是一个比较符合中国实际的判断。

---

① 当代中国的经济管理编辑部. 中华人民共和国经济管理大事记 [M]. 北京：中国经济出版社，1986：73.

② 当代中国的经济管理编辑部. 中华人民共和国经济管理大事记 [M]. 北京：中国经济出版社，1986：89.

③ 赵德馨. 中华人民共和国经济史 [M]. 郑州：河南人民出版社，1989：399.

④ 刘国光. 中国十个五年计划研究报告 [M]. 北京：人民出版社，2006：165.

但"一五"计划完成后,随着重工业优先发展战略在全国范围的全面实施,积累率迅速上升,并且在 1978 年前的大部分时间持续上升,在这一较长时间段内,中国的积累率居高不下。具体而言,如表 2 - 10 所示,"大跃进"时期的三年投资率迅速上升,分别为 33.9%、43.8%、39.6%。在随后的调整时期,投资率曾有短暂下降,但 1964 年开始的"三线"建设又再度提升了投资率。1967 ~ 1969 年,因受"文化大革命"的冲击,投资率有所下降。但随后而来的"三线"建设第二次高潮,又再次提高了投资率。此后直到 1978 年,投资率都保持在 30% 以上的水平。1978 年的"洋跃进"还一度使投资率攀升到 36.5%。

表 2 - 9　　　1950 ~ 1970 年世界 101 个国家(地区)投资率、消费率与经济发展水平的关系　　　　　单位:%

人均 GDP (1946 年美元)	<100	100	200	300	400	500	800	1000	>1000
投资率	13.6	15.8	18.8	20.3	21.3	22.0	23.4	24.0	23.4
消费率	89.8	85.7	82.0	80.2	79.0	78.0	76.9	76.5	76.5

资料来源:Chenery, Hollis, Moises Syrquin. Patterns of Development, 1950—1970 [M]. Oxford: Oxford University Press, 1975: 21.

表 2 - 10　　　　　　1953 ~ 1978 年国民收入分配中积累和消费的比例

年份	国民收入 使用额(亿元)	消费额 (亿元)	积累额 (亿元)	消费率 (%)	积累率 (%)
1953	727	559	168	76.9	23.1
1954	765	570	195	74.5	25.5
1955	807	622	185	77.1	22.9
1956	888	671	217	75.6	24.4
1957	935	702	233	75.1	24.9
1958	1117	738	379	66.1	33.9
1959	1274	716	558	56.2	43.8
1960	1264	763	501	60.4	39.6
1961	1013	818	195	80.8	19.2
1962	948	849	99	89.6	10.4
1963	1047	864	183	82.5	17.5

续表

年份	国民收入 使用额（亿元）	消费额 （亿元）	积累额 （亿元）	消费率 （%）	积累率 （%）
1964	1184	921	263	77.8	22.2
1965	1347	982	365	72.9	27.1
1966	1535	1065	470	69.4	30.6
1967	1428	1124	304	78.7	21.3
1968	1409	1111	298	78.9	21.1
1969	1537	1180	357	76.8	23.2
1970	1876	1258	618	67.1	32.9
1971	2008	1324	684	65.9	34.1
1972	2052	1404	648	68.4	31.6
1973	2252	1511	741	67.1	32.9
1974	2291	1550	741	67.7	32.3
1975	2451	1621	830	66.1	33.9
1976	2424	1676	748	69.1	30.9
1977	2573	1741	832	67.7	32.3
1978	2975	1888	1087	63.5	36.5

资料来源：国家统计局. 中国统计年鉴（1983）[M]. 北京：中国统计出版社，1983：25.

过高的积累率以及中国政府选择以直接压低居民收入来提高积累率的方式导致居民收入水平增长缓慢。据统计，全部职工平均实际工资的年均增长率，"一五"时期为5.1%；"二五"时期则迅速下降为－6.3%，三年调整时期回升到6.1%，"三五"时期和"四五"时期则分别只有0.9%和0.4%的增长率，1976年和1977年都是负增长，1978年才有较明显的增长，为6.0%。1958～1978年的21年间，全部职工平均实际工资有13个年份出现负增长。[1]

第三，优先发展重工业降低了就业弹性，限制了居民收入提升空间。重工业属于资本密集型产业，吸纳就业的能力有限。优先发展重工业，难以有效吸纳因人口快速增长出现的大量城市剩余劳动力，更致使中国的农村劳动力难以向非农领域转移。考察1953～1978年我国城镇人口状况可以看出，1953年城镇人口占全国总人口的比重为13.3%，而到了1978年这一比例为

[1] 国家统计局. 中国统计年鉴（1993）[M]. 北京：中国统计出版社，1993：132.

17.9%，仅比 1953 年上升了 4.6 个百分点。[①] 大部分劳动力在收入水平低下的农村就业，严重限制了居民收入水平的提高。

综上可见，在重工业优先发展战略的影响下，在政府"利用计划手段配置资源的条件下，可以超越发展阶段地安排国民收入的分配和使用"[②]，由于这一时期过高的积累率，使居民收入水平受到总量抑制，提升缓慢。这种长期压低居民收入的做法，破坏了生产增长和收入分配之间的相互依存关系，造成了严重的不良后果，不仅挫伤了劳动者的生产积极性，而且也导致资源配置效率的低下和经济发展的低效益。

二、粗放型经济增长方式减少了可进行分配的经济剩余

重工业优先发展战略主要以工业总产值和工业产出数量的增长作为衡量指标，而忽视经济质量的提高。其表现在发展方式上，即形成了典型的以高投入做支撑的粗放型经济增长方式，造成了经济增长的低效率，很大程度上决定了这一阶段中国经济增长"高速度、高投入、低效益"的特征，降低了资金使用效率和经济发展质量，使国民经济始终在高积累、低消费、低效益的状态中徘徊。国民经济在这一阶段增长很不稳定，基本上处于扩张—比例失调—调整—扩张的循环之中。重工业领域的投资虽得到保证，但重工业投资的每次上升都难以持续。重工业领域的投资占总投资的比重，每次上升总受到一种力量的钳制。这种钳制的力量就是为重工业提供主要支撑的农业的发展状况。随着基本建设规模急剧扩大，一些重点基建项目纷纷盲目上马。这种依靠高投资，实现高积累，以保证工业高速度的做法，导致职工生活水平出现下降趋势，影响了人民生活质量。

高速度、高消耗的粗放型经济增长方式要求以高资金投入做支撑，因此，1953～1978 年中国国民收入的高积累率以及国家直接减少居民收入的积累方式对居民收入的增长起了很大的抑制作用。

一般而言，国民收入积累率直接影响居民消费，与居民收入是间接关系。如果国家或企业通过减少个人分配而直接进行积累，那么就直接影响居

---

① 根据 1961 年和 1978 年《中国统计年鉴》计算得到。
② 林毅夫，蔡昉，李周. 对赶超战略的反思 [J]. 战略与管理，1994（6）.

民收入。如果是居民收入较高，而在国家、企业积累的同时，通过积极鼓励和吸引居民储蓄将其转化为积累，那么积累率虽高，不一定会影响居民收入。而中国在 20 世纪 50 年代中期至 70 年代末期，主要是通过前一种办法进行积累的。居民的收入只能维持基本的消费，储蓄占的比重很小，1953～1978 年，在居民全部收入中，储蓄只占不到 1%。到 1978 年，全国居民积累起来的储蓄存款只有 281 亿元，其中，城镇居民人均 89.78 元，乡村居民人均 7.05 元。即这一阶段的高积累率是国家通过压低居民分配的方法直接进行的，所以国民收入积累率直接影响居民的收入。1978 年与 1953 年相比，人均国民收入有了较大增长，而全国居民人均收入相比之下增长较少，其中，1953 年国民收入的积累率为 21.4%，1978 年的积累率却高达 36.5% 是重要原因。从各个历史时期来看，"一五"时期，国民收入积累率平均不到 25%。1962～1965 年的调整时期，国民收入积累率也不高，再加上国民经济发展比较好，居民收入增长就比较快。而进入 20 世纪 70 年代之后，积累率一直保持在 30% 以上，国民收入增长又不稳定，居民收入的增长长期处于一个很低的水平上。"大跃进"期间的 1959 年最为典型，当年国民收入增长 8.2%，人口只增长 1%，而全国居民人均收入却下降了 11.69%，一个重要的原因是当年的积累率高达 43.8%。[①]

无论是通过减少居民收入国家直接进行积累，还是通过居民储蓄转化为积累，只要是积累率提高了，必然是当年居民消费相对减少。但不同的积累方式对居民收入和社会经济生活的影响却是不相同的。首先，通过居民储蓄（包括自愿甚至是强制半强制的方式）增加积累，虽然居民近期消费相对减少，但毕竟是增加了收入，也有利于调动劳动者的积极性。其次，通过居民储蓄的方式增加积累，虽然相对减少了居民近期消费，但居民却可以积累消费基金，形成个人和家庭的保险基金，增加远期消费。中国从 20 世纪 50 年代中期至 70 年代末期，通过直接减少居民收入的方式由国家进行积累的资金，主要用于进行扩大再生产。居民收入很低，除本期消费外，自身没有能力积累起保险基金。城镇职工的医疗、养老费用虽由国家或企业支付，但主要是"增量"支付保险，即用当年的收入进行支付，采用现收现付制，并没有积累起社会保险的存量。这样，在 20 世纪 80 年代开始进行企事业改革、

---

① 苏少之. 中国经济通史第十卷（上）[M]. 长沙：湖南人民出版社，2002：1077.

收入分配及人事制度改革时，居民个人和社会都没有积累起必要的保险基金就成为各项改革的最大障碍。

三、高度集中的计划经济体制导致居民收入结构单一

（一）高度集中的计划经济体制的形成

为了保证重工业优先发展战略的实施和优先发展重工业的工业化道路的推进，就不能利用市场机制配置资源，因此，国家选择通过高度集中的计划经济体制，集中配置有限资源。1953～1956年，国家经过三大改造，形成了高度集中统一的计划经济体制。

在高度集中统一的计划经济体制形成的同时，市场调节作用逐渐弱化。1953年以后，在过渡时期总路线的指导下，国家开始有计划、有步骤地消灭私营经济和个体经济。1949～1953年，由于私营工商业的存在，中国还存在资本市场，利率在资本市场中发挥着调节作用。1953年提出过渡时期总路线以后，首先是资本市场基本消亡，利率也不再起调节资本供求的作用。其次是劳动力市场基本消失。新中国成立以后，在新民主主义经济中，由于多种经济成分并存，并且私营、个体经济占很大比重，因此，劳动力市场是存在的。1953年中国进入大规模经济建设后，大量农村劳动力涌入城市和工矿区，给这些地区的管理部门造成很大压力。于是1953年4月政务院发出通知，禁止农民随意进入城市寻找工作，城市公私企业未经政府有关部门批准，不得自行招雇农民工。在城市，1952年7月政务院通过的《政务院关于劳动就业问题的决定》规定：严格限制公私企业解雇职工；实行劳动力由国家统一调配。1953年改为逐步实行，城市就业应实行"介绍就业与自行就业相结合"的方针。到1956年，出于社会主义改造的需要，国家又对公私合营企业的职工实行了"包下来"的政策。与此同时，国家进行了第二次全国工资改革，改革后，不仅国营企事业单位和公私合营企业的工资由国家直接管理，集体经济的工资也由国家控制。在农村，当1956年农民普遍转入高级合作社后，由于生产资料的公有和失去退社的可能，农民除了按国家计划招工、升学、参军，以及"盲流"外，已被固定于所在的集体经济中。[①]

---

① 刘国光. 中国十个五年计划研究报告 [M]. 北京：人民出版社，2006：48.

（二）高度集中的计划经济体制对居民收入的抑制

高度集中的计划经济体制为推行重工业优先发展战略提供了制度保证，却抑制了居民收入水平的提高。

高度集中的计划经济体制由于所有制形式和就业方式单一导致居民收入来源单一。1958年以后，中国在城镇形成了单一公有制的所有制结构，在农村实行了政社合一的人民公社制度。所有制单一导致就业形式的单一化。如果不能在公有制单位就业，一个城里人不仅没有稳固的经济收入，也没有保障其合法权益的组织，完全被排斥在社会之外。[1] 1953年，中央直属工业企业有2800多个，1957年已经增长到9300多个。由于基本建设规模急剧扩张，到1958年全民所有制单位职工人数增长了85%。[2] 所有制结构和就业渠道的单一，导致收入来源单一。居民很难通过其他渠道获得收入。

四、平均主义分配制度导致产出的低效率从而抑制居民收入提高

在保证重工业发展所需资金的前提下，居民收入被挤压，为了在低收入水平下维持居民的基本生活需要，1953～1978年，中国形成了以工分制、等级工资制和单位福利制度为主体的平均主义收入分配制度。这种平均主义收入分配制度抑制了居民收入水平的提高。

（一）农村工分制及其对居民收入的抑制

人民公社化后，农民分配劳动成果的主要分配制度是"工分制"。虽然政策制定者认为"工分制"可以作为实现按劳分配的手段，但在实际操作过程中却演变成了一种平均主义的分配制度。在工分制下，多劳不能多得，少劳不会少得，农民缺乏劳动积极性，往往出工不出力，导致农业劳动生产率低下。

（二）城镇低标准等级工资制及其对居民收入的抑制

计划经济体制时期，城镇实行低标准等级工资制，而工资收入几乎是居

---

① 杨晓民，周翼虎.中国单位制度［M］.北京：中国经济出版社，2000：2.
② 杨晓民，周翼虎.中国单位制度［M］.北京：中国经济出版社，2000：102－103.

民收入的全部，所以，低工资制度必然使居民的收入长期停留在极低的水平。1953～1978 年 20 多年里，城镇居民的收入水平变化不大。1953 年国民经济各部门职工年平均工资为 495 元，1965 年为 590 元，1975 年降低为 580元，居民收入水平经过 20 多年反而下降了，1978 年为 615 元，[①] 扣除价格因素，几乎没有增长。

（三）单位福利制度对居民收入的抑制

传统计划经济体制下，为了与计划经济体制和单一公有制相适应，建立了集体生活设施和补贴制度，即单位福利制度。在单位福利制度下，每个"单位人"在单位获得基本的生育、教育、就业、医疗、工伤、养老等福利。这种福利制度是平均主义收入分配制度的重要组成部分，也是传统计划经济体制的一个特点。这些福利项目保证了居民在低工资条件下的基本生活需求，因此，是中国低工资制度的一个重要组成部分。

第五节 重工业优先发展时期居民低收入分配格局的形成逻辑

重工业优先发展时期所形成的居民低收入分配格局在保证重工业优先发展战略顺利实施的同时，也带来了一系列负面影响，主要表现在以下三方面。

一、居民低收入分配格局抑制了居民消费的提高

重工业优先发展时期所形成的居民低收入分配格局对居民消费形成了很大的负面影响，居民消费在整个计划经济时期的大部分年份处于很低水平，人民的基本生活都不能得到有效保障，到 1978 年底，全国还有很大一部分居民温饱问题都没有得到解决。我们用居民消费率的变动来说明这一时期的

---

① 中国统计局社会统计司. 中国劳动工资统计资料（1949－1985）［M］. 北京：中国统计出版社，1987：151.

居民消费状况。居民消费率是指在一定时期内一国或地区的居民消费支出总额在国内（地区）生产总值中所占的比重，通常以一定时期内该国或地区的居民消费支出与该国 GDP（地区生产总值）的比值来衡量，它与政府消费率（政府消费支出与 GDP 的比值）构成了一国的最终消费率。[①]

（一）居民低收入分配格局对居民消费率的影响

1953～1978 年，中国居民收入水平长期增长缓慢的现实决定了这一时期的居民消费基本上维持在 50% 左右的水平上，并处于波动下降过程中。从图 2 - 2 中 1953～1978 年中国居民消费率变化趋势可以看出，通过新民主主义时期的经济恢复，到 1953 年，我国居民的消费率得到很大恢复，其后则是不断下降，1962 年的反弹是就 1958～1960 年三年困难时期给人们生活带来巨大影响的一种补偿性增长，而且这种增长在重工业优先发展战略指导下没有可持续性，可以看出，此后的居民消费率一直处于下降过程中，这一下降趋势一直持续到 1978 年。

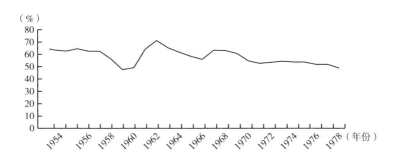

图 2 - 2　1953～1978 年中国居民消费率变化趋势

资料来源：根据《中国统计年鉴（1983）》相关数据绘制。

（二）居民低收入分配格局形成对总需求格局的影响

总需求格局是用支出法国内生产总值核算中的消费、投资与净出口三大需求在支出法国内生产总值中所占比重的变化来表示的，以此来说明消费需求在国民经济增长中所起作用的变动趋势。1953～1978 年我国消费、投资与

---

① 本部分参考了《中国统计年鉴》相关解释。

净出口三大需求占支出法国内生产总值的比例关系变化趋势可以从表 2 - 11 和图 2 - 3 中看出。

表 2 - 11　　1953 ~ 1978 年消费、投资与净出口三大需求占支出法国内

生产总值的比重　　　　　　　　单位:%

年份	最终消费率	资本形成率	净出口率	居民消费率
1953	77. 2	13. 8	- 1. 0	63. 4
1954	74. 5	25. 8	- 0. 3	62. 6
1955	77. 3	23. 7	- 1. 0	64. 5
1956	74. 7	24. 9	0. 4	62. 5
1957	74. 1	25. 4	0. 5	62. 3
1958	66. 0	33. 5	0. 5	56. 1
1959	56. 6	42. 8	0. 6	47. 6
1960	61. 8	38. 1	0. 1	49. 2
1961	78. 0	21. 5	0. 5	64. 0
1962	83. 8	15. 1	1. 1	71. 3
1963	78. 4	20. 5	1. 1	65. 3
1964	74. 8	24. 3	0. 9	61. 7
1965	71. 1	28. 4	0. 5	58. 4
1966	68. 4	31. 2	0. 4	55. 9
1967	74. 7	24. 9	0. 4	63. 3
1968	74. 3	25. 3	0. 4	63. 0
1969	73. 2	26. 2	0. 6	60. 7
1970	66. 1	33. 8	0. 1	54. 7
1971	65. 1	34. 2	0. 7	52. 7
1972	67. 0	32. 2	0. 8	53. 5
1973	65. 6	33. 8	0. 6	54. 4
1974	66. 1	34. 2	- 0. 3	53. 7
1975	64. 0	36. 0	0. 0	53. 6
1976	66. 4	33. 4	0. 2	51. 8
1977	65. 0	34. 7	0. 3	52. 0
1978	62. 1	38. 2	- 0. 3	48. 8

资料来源：根据 2010 年《中国统计年鉴》计算得到。

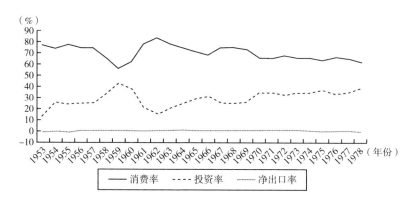

图 2－3　1953～1978 年中国总需求格局变动趋势

资料来源：根据表 2－11 数据绘制。

1953 年支出法国内生产总值中消费、投资与净出口三大需求的比例关系为 77.2∶13.8∶－1.0，到 1957 年这一比例关系变为 74.1∶25.4∶0.5，随着我国开始进行的大规模经济建设，投资所占的比重逐步增加，净出口项目也在增加，而总消费在 GDP 中所占的比重逐渐下降，"大跃进"运动的开展使 1959 年消费、投资与净出口三者在支出法国内生产总值中的比重关系变为 56.6∶42.8∶0.6，在短时间内大幅度增加的投资只能是以牺牲消费为代价，从而对居民生活产生了很大影响，严重影响了居民的生活水平。在这种情况下，政府对国民经济结构进行了调整，主要是对投资需求做了向下的调整，到 1965 年这一比例关系为 71.1∶28.4∶0.5，使消费需求有了较大幅度的提高。接下来的十年，中国经济增长速度缓慢，国民经济各方面包括消费和投资都受到较大影响，消费、投资与净出口的比例关系也遭到破坏，1970 年这一比例关系为 66.1∶33.8∶0.1，1975 年为 64.0∶36.0∶0.03。1953～1978 年消费、投资与净出口三大需求在支出法国内生产总值中所占比重如表 2－11 和图 2－3 所示，从曲线图可以看出，由于这一时期净出口数额小，在总需求格局中所占比重微乎其微，投资额的增长直接影响消费。

二、居民低收入分配格局是高投资发展模式形成的基础

居民收入分配格局在影响居民消费水平的同时，也降低了消费对经济增长的拉动作用。为了维持高的经济增长率，又不得不提高投资率，而投资率的

提高又降低了可用于分配的总量，更进一步加剧居民收入分配格局的固化。

此外，中国在 1950～1970 年维持了 30% 以上的投资率，使消费率远远低于世界同等发展水平的国家。中国经济增长的高投资依赖从这里可以很清楚地表现出来，这也是导致中国传统发展方式得以维持且难以扭转的根本原因。

三、居民低收入分配格局对国民经济可持续发展的抑制作用

考察 1953～1978 年这一历史时期，可以发现，1953～1957 年，"一五"时期实现了经济增长和居民收入增长的基本同步；1958～1960 年，"大跃进"时期严重违反经济发展规律的大规模投资增长抑制了居民收入的增长；1963～1965 年，三年国民经济调整时期随着积累率有所下降居民收入也有所提高，但随后国民收入积累率再次提高，居民收入的增长又陷入停滞状态，这种状况基本上持续到 1978 年。这种格局的形成同重工业优先发展战略推进的三个历史时期紧密相连，而高度集中的计划经济体制和平均主义的分配模式为重工业优先发展战略的实行提供了可能。

这种居民收入分配格局的维持有着一系列制度环境：分配制度方面"吃大锅饭"，平均主义严重，造成生产激励不足；所有制形式和生产方式、分配方式单一化，一味追求"一大二公"等。由于发展战略的影响，长期"重生产、轻消费"使居民收入增长缓慢，单一化的分配方式导致工资收入是居民收入的全部，大部分居民收入低下，人民生活水平长期处于低水平的抑制型徘徊状态。由于对市场的排斥，忽视生产规律，人为提高投资率以拉动经济增长，极度抑制人的需求对生产的激励和回应作用，使经济发展陷入"赶超—过热—停滞—调整—恢复—赶超"的恶性循环之中。到 1977～1978 年的"洋跃进"时期，国民经济比例关系特别是积累和消费的关系已经严重失调，居民收入水平和消费水平仍然处于停滞状态，已经严重影响国民经济的顺利发展。

新中国成立初期的居民低收入分配格局在当时一穷二白的环境下，保障了发展工业化的资金积累，为新中国工业体系的初步建立起到了很大的推动作用，但同时这种高投资低消费的发展模式带来了人民的普遍贫困和国民经济比例关系的失调，最终造成生产萎缩，从长期来看是难以持续的。

| 第三章 |

社会主义市场经济提出时期的居民
收入分配格局（1979～1991 年）

党的十一届三中全会开启了中国改革开放的新征程。"文化大革命"给中国经济带来巨大损失，人民群众的温饱问题都不能得到很好解决。提出实行改革开放的决策，是基于对中国共产党带领中国人民进行社会主义革命和建设实践的深刻总结，是对人民群众现实需要的深切关注。正如邓小平同志所指出的："贫穷不是社会主义""社会主义总要比资本主义优越。社会主义国家应该使经济发展得比较快，人民生活逐渐好起来，国家也就相应地更加富强一些。"① 改革开放带来了我国居民收入分配的重大变革和人民生活水平的巨大提高。

第一节　经济体制转轨及其对居民收入的
影响（1979～1991 年）

党的十一届三中全会的召开，对此后的中国经济产生了重要影响，全会提出，"把党和国家工作中心转移到经济建设上来、实行改革开放"的决策，在这一历史性决策指导下，在邓小平同志的带领下，我国的经济体制改革在实践探索中不断发展，1987 年党的十三大报告中指出：改革开放后"我国经济建设的战略部署大体分三步走"，到现在"已基本实现""第一步"，即

---

① 邓小平文选（第二卷）[M]. 北京：人民出版社，1994：311.

"实现国民生产总值比 1980 年翻一番，解决人民的温饱问题"。其后在经济发展实践中不断探索、总结最终形成"三步走"的经济发展战略，即到 21 世纪中叶达到基本实现社会主义现代化的目标需要分三步走的发展战略。

一、改革开放初期中国经济实现快速增长

党的十一届三中全会的召开是我国经济社会划时代的变革。在实行农村家庭联产承包责任制政策的推动下，农业经济快速发展，农业生产出现超高速增长，很快解决了人民温饱问题，广大农村居民的收入得到迅速提高。随之而来的城镇改革使工业生产快速恢复和发展，城镇居民的收入也大幅增长。全国城乡居民收入的迅速增长，对各种生活必需品形成了强大的有效需求，从而拉动供给的快速增长，使我国国民经济在整体上开始摆脱以积累为中心的状态，转向以需求为主导的阶段，我国经济迸发出强劲的发展动力，实现了经济增长的飞跃。

二、我国居民收入大幅提升，解决了城乡居民温饱问题

1979 年城乡居民年人均可支配收入为 206.6 元，到 1991 年增加到 975.8 元，比 1979 年增加 769.2 元，实际增加 329.39 元，1991 年城乡居民年人均可支配收入是 1979 年的 4.7 倍，平均每年名义增长率为 14.9%，扣除物价因素后的实际增长率为 6.7%。其中，城镇居民 1979 年人均可支配收入为 387.0 元，1991 年为 1700.6 元，增加 1313.6 元，1991 年城镇居民可支配收入是 1979 年的 4.4 倍，扣除物价因素为 1.8 倍，年均增长率为 6.2%。1979 年农村居民平均每人的纯收入为 160.2 元，1991 年为 708.6 元，增加了 548.4 元，扣除物价因素，1991 年农村居民纯收入是 1979 年的 2.7 倍，年均增长率为 8.7%。[①] 在收入水平大幅提高的基础上，全国大部分地区基本解决了温饱问题。城镇居民家庭恩格尔系数由 1979 年的 57.2% 降到 1991 年的 53.8%；农村居民家庭恩格尔系数由 1979 年的 64.0% 降到 1992 年的 57.6%。但同时，由于长期以来实行的居民低收入分配政策，造成对居民收

---

① 新中国五十年统计资料汇编［M］．北京：中国统计出版社，1999：22.

入的欠账过多，这一阶段主要是对居民收入进行补偿，由于包括收入分配体制在内的中国经济体制改革过程实行的是渐进式的改革，收入分配体制在不同领域的改革不同步，因此，在居民收入水平整体有大幅提高的同时，居民收入分配差距明显扩大（如表 3 - 1 所示）。

表 3 - 1　　　　　　　　1978～1991 年城乡居民收入状况

年份	城镇居民家庭平均每人		农村居民家庭平均每人		城镇人均收入/农村人均收入
	可支配收入（元）	恩格尔系数	纯收入（元）	恩格尔系数	
1978	343. 4	57. 5	133. 6	67. 7	2. 57
1979	405. 0		160. 2	64. 0	2. 53
1980	477. 6	56. 9	191. 3	61. 8	2. 50
1981	500. 4	56. 7	223. 4	59. 9	2. 24
1982	535. 3	58. 6	270. 1	60. 7	1. 98
1983	564. 6	59. 2	309. 8	59. 4	1. 82
1984	652. 1	58. 0	355. 3	59. 2	1. 84
1985	739. 1	53. 3	397. 6	57. 8	1. 86
1986	900. 9	52. 4	423. 8	56. 4	2. 13
1987	1002. 1	53. 5	462. 6	55. 8	2. 17
1988	1180. 2	51. 4	544. 9	54. 0	2. 17
1989	1373. 9	54. 5	601. 5	54. 8	2. 28
1990	1510. 2	54. 2	686. 3	58. 8	2. 30
1991	1700. 6	53. 8	708. 6	57. 6	2. 40

资料来源：新中国六十年统计资料汇编［M］．北京：中国统计出版社，2010：25.

第二节　轻重工业协调发展构想及其对居民收入分配格局的改善

中国传统计划经济体制的特点和弊端体现在居民收入分配上，就是平均主义的分配制度和单一化的分配方式。前者表现为劳动者的收入水平与其劳动贡献相脱离，具体来说，就是单位吃国家的"大锅饭"，职工吃单位的"大锅饭"。后者表现为居民获得收入的方式和来源仅仅只有工资这种单一形式。这种居民收入分配制度与传统经济体制是相适应的，传统经济体制的弊端也在居民收入分配方面表现得最为明显。因此，居民收入分配制度改革是1979年以来中国经济体制改革的突破口和重要组成部分。

1979年以来，在摒弃重工业优先发展战略的过程中逐渐形成了轻重工业协调发展，其特征随之发生显著变化。但策略转变的渐进性使轻重工业协调发展在一定程度上仍然保留了传统战略的赶超特征，从而在总体上呈现出转型特征。1979～1991年，中国工业化的战略取向开始从重工业优先发展向轻重工业协调发展转变。随着以市场为导向的经济体制改革的起步，传统计划经济体制开始解体。改革的突破口先表现在分配制度的变化上，在收入分配领域，开始打破"大锅饭"，推行"让一部分人先富起来"的政策。此前抑制收入增长的因素都开始松动。在这一时期，中国居民收入水平获得了前所未有的提高，中国居民收入分配格局出现了松动，自新中国成立以来，这一阶段是居民收入增速最快的时期。但是，因为这一阶段处于战略与体制的转轨期，各种规则和制度不尽完善，收入分配领域的主要表现是居民收入在改革开放之前的极低收入水平上出现较快增长，使这一时期中国居民收入的特征表现为低水平加速增长。但收入分配制度也处于转型期，收入分配状况较混乱，工资外收入大幅增长，并且存在实物分配加强的趋势，这一时期的战略转型特征决定了这一阶段的居民收入状况。但是，在国民收入分配格局上，居民收入分配格局则有所松动，并由此形成了中国经济较高速度增长时期。在这一时期，国民收入初次分配格局中居民收入占比不断增长。

在此，分别用两种方法来表示国民收入初次分配中居民收入的变动：一是劳动收入占比；二是国民收入初次分配中住户部门占比。应该说劳动报酬占GDP的比重基本上反映了国民收入初次分配中劳动所得的比重，只是由于计算方法的差异，我们所得到的劳动报酬占比和国民收入初次分配中住户部门初次分配比例有一定差别，但是，所代表的趋势是一致的。

一、劳动报酬占国内生产总值的比重变化

计划经济时期中国的劳动报酬是明显偏低的，这种压低劳动报酬的做法是中国重工业优先发展战略能够顺利实施的重要保障。但是，这种扭曲生产要素价格的做法不符合市场经济的要求。因此，改革开放以后，这种状况开始发生变化，从 1979 年开始中国的劳动报酬在国民收入中所占的比重处在不断提高的过程中（如表 3-2 所示），从本质上来看，这是在纠正以前被扭曲的要素价格，是劳动这种生产要素要求取得其在国民收入分配中的合理份额的强烈要求。

表 3-2　　　中国劳动报酬占国内生产总值的比重（1979～1991 年）

指标	1979 年	1980 年	1982 年	1984 年	1985 年	1987 年	1989 年	1990 年	1991 年
GDP〔亿元（当年价）〕	4062	4545	5323	7208	9016	12058	16992	18668	19855
劳动报酬（L）〔亿元（当年价）〕	1867	2275	2733	3848	5016	6601	9581	10411	10324.6
L/GDP（%）	46.0	50.0	51.3	53.4	55.6	54.7	56.4	55.8	52.1

资料来源：劳动报酬数据转引自：李扬. 收入功能分配的调整：对国民收入分配向个人倾斜现象的思考〔J〕. 经济研究，1992（7）；其他数据根据《新中国六十年统计资料汇编》相关数据计算得到。

自改革以来中国国民收入分配格局的变化基本倾向是恢复劳动在国民收入中应当占有的份额；这一调整过程主要是在 1985 年前完成的。如果说这一阶段的分配结构调整有什么问题，那也主要表现在它的形式非规范方面，本来应堂堂正正归属劳动报酬的国民收入，现在却以补贴、津贴、奖金、实物支付等形式出现。

国民收入初次分配格局中住户部门所占比重的变化趋势基本上可以代表居民收入占比的变化趋势。对比表 3-2 和表 3-3，可以看出，在这一时期，中国居民收入占比的变化趋势基本一致，一直处在不断上升过程中。

表 3－3 　　　　　　　1979～1991 年中国国民收入分配格局的演变 　　　　　单位:%

年份	初次分配收入比例			可支配收入比例		
	政府部门	企业部门	住户部门	政府部门	企业部门	住户部门
1979	13. 3	37. 9	48. 8	20. 9	24. 2	54. 9
1980	12. 8	36. 0	56. 2	18. 4	23. 4	58. 2
1981	13. 4	32. 9	53. 7	17. 5	20. 6	61. 9
1982	13. 7	32. 1	54. 2	16. 3	21. 2	62. 5
1983	13. 3	32. 1	54. 6	16. 7	20. 5	62. 7
1984	13. 6	31. 3	55. 1	17. 0	19. 5	63. 5
1985	15. 8	26. 9	57. 3	17. 8	16. 4	65. 8
1986	15. 4	26. 9	57. 7	16. 1	18. 3	65. 6
1987	14. 2	28. 1	57. 7	14. 1	20. 2	65. 7
1988	13. 3	28. 6	58. 1	12. 0	21. 4	66. 6
1989	13. 7	28. 2	58. 1	15. 4	21. 7	62. 9
1990	13. 1	33. 5	53. 4	14. 5	23. 8	61. 7
1991	13. 3	34. 5	52. 2	14. 3	24. 9	60. 8

资料来源：根据《中国统计年鉴（1993）》计算得到。

二、我国国民收入再分配格局中居民收入占比不断上升

如表 3－3 所示，经过再分配以后得到各部门的可支配收入，各部门可支配收入的占比形成了我国国民收入再分配格局。再分配格局所显示的居民收入占比在这一阶段基本趋势是处于不断上升的过程中，除少数年份出现下降以外，住户部门收入占比的上升是显而易见的，明显地呈现出居民收入分配格局松动的趋势。这一变化趋势是中国以利益调整为突破口的经济体制改革的成效，是改革开放后抑制居民收入增长的各种因素开始发生变化的集中表现。

第三节　轻重工业协调发展改善居民
收入分配格局的逻辑分析

一、收入分配观念变革是居民收入分配格局转变的思想基础

在任何一种经济体制中，激励机制都是至关重要的，因为激励机制涉及一种经济体制是否能够激励各个经济主体有效地配置资源的问题。中国传统经济体制最主要的问题在于，由于居民收入分配体制上的不合理，不能起到激励劳动者多劳多得的作用，广大人民群众的积极性没有充分发挥出来。因此，1979～1992年中国收入分配制度改革的指导思想就是充分调动广大人民群众的积极性，使收入分配制度起到应有的激励作用。

（一）坚持按劳分配，打破平均主义

按劳分配是社会主义的基本分配原则。但是，1957～1978年，这一原则遭到破坏，如前所述，实际上采用的是平均主义的分配方式。因此，必须先在理论上确立按劳分配这一社会主义的基本分配原则。

1978年5月，《人民日报》发表题为《贯彻执行按劳分配的社会主义原则》的特约评论员文章，着重阐明按劳分配的性质和作用，指出按劳分配不仅不会产生资本主义，而且是最终消灭一切形式的资本主义和资产阶级的重要条件；按劳分配不是生产力发展的障碍，而是促进社会主义阶段生产力发展的重要力量。此后，坚持按劳分配的指导思想不断得到贯彻。1978年12月，党的十一届三中全会通过的《中共中央关于加快农业发展若干问题的决定（草案）》和《农村人民公社工作条例（试行草案）》强调在农村要贯彻按劳分配原则，克服平均主义。其最好的实践就是在农村实施的家庭联产承包责任制，这一改革带来了农村分配方式的重大变化。

1984年10月，党的十二届三中全会通过的《中共中央关于经济体制改革的决定》进一步确立了在城市经济体制改革中要贯彻执行按劳分配原则和克服平均主义的指导思想。其指出，企业在中长期存在着"企业吃国家的'大锅饭'，职工吃企业的'大锅饭'"的问题，这种平均主义的泛滥必然破

坏社会生产力的发展。要以建立各种形式经济责任制的方法，坚决克服平均主义。在企业改革中，要充分体现奖勤罚懒，奖优罚劣，扩大工资差距，拉开工资档次，以充分体现各种劳动差别。

（二）通过让一部分人先富起来带动共同富裕

共同富裕是社会主义的根本目标。但是，长期以来，在指导思想上将共同富裕理解为社会成员的同步富裕，其结果是共同贫穷。早在 1978 年 12 月，邓小平就把允许一部分人、一部分地区先富起来作为解放思想、激发人民群众生产积极性的一个大政策提出来。他说："我们坚持走社会主义道路，根本目标是实现共同富裕，然而平均发展是不可能的。过去搞平均主义，吃'大锅饭'，实际上是共同落后，共同贫穷，我们就是吃了这个亏。改革首先要打破平均主义，打破'大锅饭'。""一部分人生活先好起来，就必然产生巨大的示范力量，影响左邻右舍，带动其他地区、其他单位的人们向他们学习。这样，就会使整个国民经济不断地波浪式地向前发展，使全国各族人民都能够比较快地富裕起来。""让一部分人、一部分地区先富起来，大原则是共同富裕。一部分地区发展快一点，带动大部分地区，这是加速发展、达到共同富裕的捷径。"[①]

1984 年 10 月通过的《中共中央关于经济体制改革的决定》确立了鼓励一部分人先富起来的指导思想，文件指出，共同富裕决不等于也不可能是完全平均，决不等于也不可能是所有社会成员在同一时间以同等速度富裕起来。只有允许和鼓励一部分地区、一部分企业和一部分人依靠勤奋劳动先富起来，才能对大多数人产生强烈的吸引和鼓舞作用，并带动越来越多的人一浪接一浪地走向富裕。鼓励一部分人先富起来的政策，是符合社会主义发展规律的，是整个社会走向富裕的必由之路。

（三）反对两极分化，实现收入分配公平

1979～1991 年的经济体制改革和收入分配政策调整，允许一部分人、地区、行业和企业先富起来，就会出现收入悬殊现象。社会主义初级阶段是中

---

① 中共中央财经领导小组办公室. 邓小平经济理论学习纲要 [M]. 北京：人民出版社，1997：41.

国在这一时期的基本国情，必然会存在一定的收入差距。关键问题是收入差距的大小，如果收入差距过大，就会造成较为严重的后果。

邓小平指出，社会主义最大的优越性就是共同富裕，这是体现社会主义本质的一个东西。① 因此，在推进收入分配制度改革的进程中，在防止平均主义的同时，必须防止社会收入分配差距过大。

二、发展战略调整是居民收入分配格局转变的制度保障

随着经济发展战略和经济体制的转轨，国民经济得到较快发展，长期抑制居民收入水平提高的因素逐渐消失，居民收入水平得到较快提高。

（一）战略调整、分配制度改革及其对居民收入的补偿

1979～1981年，针对宏观经济比例关系严重失调的状况，中国政府对国民经济进行了为期三年的调整。在调整的过程中，中国政府提出了一条经济建设新路子，开始放弃重工业优先发展战略。随着发展战略的转变，居民收入分配格局随之开始转变。

1. 经济发展战略的转变。1979年3月30日，邓小平针对国民经济调整问题指出：过去十多年来，我们一直没有摆脱经济比例严重失调，而没有按比例发展就不可能有稳定的、确实可靠的高速度。看来，我们的经济，我们的农业、工业基建、交通、内外贸易、财政金融，在总的前进的过程中都还需要有一段调整的时间，才能由不同程度的不平衡走向比较平衡。② 1979年4月，中共中央在北京召开有各省区市和中央党政机关主要负责人参加的工作会议，讨论国民经济调整问题。李先念在代表中共中央和国务院的讲话中指出，长期以来，国民经济重大比例严重失调，主要表现在农业和工业、轻工业和重工业、燃料动力工业和其他工业、积累和消费的比例严重失调以及劳动就业问题十分严重五个方面。粉碎"四人帮"后，对比例关系失调的严重状况认识得很不够，基本建设规模搞大了，工业战线普遍存在追求产值、产量而忽视提高质量、增加品种、降低消耗的倾向。根据上述情况，必须下

---

① 中共中央财经领导小组办公室. 邓小平经济理论学习纲要［M］. 北京：人民出版社，1997：43.
② 邓小平文选（第二卷）［M］. 北京：人民出版社，1994：161.

最大决心，对国民经济采取"调整、改革、整顿、提高"的方针。此次中央工作会议决定，从 1979 年起要用三年时间进行调整，坚决地、逐步地把各方面严重失调的比例关系基本上调整过来，继续整顿好现有企业，积极稳妥地改革工业管理和经济管理体制，使整个国民经济真正纳入有计划、按比例健康发展的轨道①。1980 年 6 月，姚依林在中央党校的报告中提出，编制"六五"计划要从我国的实际情况出发，解放思想，实事求是。他指出，先要"对症下药"，在"六五"计划制订中要考虑到以下几点：一是积累率不能太高，发展速度不能要求太急；二是要有一个稳定的增长速度；三是使人民生活逐年有所改善；四是在所有制方面不要"一刀切"；五是发展社会主义商品经济，发挥价值规律的作用；六是立足于现有的基础，十分注意经济效果。在这个基础上，进行经济改组、技术改造、体制改革。②

经过 1979~1981 年的调整，国民经济比例关系初步理顺，为国民经济的进一步发展奠定了良好的基础。在经济建设出现可能长期稳步发展的局面时，客观上需要有一个较长时期的经济发展战略。有鉴于此，1982 年 9 月，中国共产党第十二次全国代表大会召开。大会重新确立了中国经济建设的战略目标、战略重点、战略步骤和方针政策。这一次代表大会正确估量了中国的经济水平和发展的可能，把奋斗目标改为使城乡居民的物质生活水平达到小康水平，并给出了具体的数量规定。会议指出，从 1981 年到 20 世纪末的 20 年，中国经济建设总的奋斗目标是，在不断提高经济效益的前提下，力争使全国工农业总产值翻两番，即由 1980 年的 7100 亿元增加到 2000 年的 28000 亿元左右，人民的物质文化生活达到小康水平。为了实现 20 年奋斗目标，在战略部署上要分两步走，前 10 年主要是打好基础，积蓄力量，创造条件，后 10 年要进入一个新的经济振兴时期。为了实现这一部署，"六五"计划提出，在五年内，要采取有力措施，求得经济的稳定并有一定的增长速度，同时为以后经济和社会的更好发展准备条件。从中国的国情出发，在国民经济和社会发展中，与收入密切相关的重要原则和战略思想有：一切经济活动，都要以提高经济效益为中心，努力求得国民经济按比例地长期稳定地增长；坚持一要吃饭、二要建设的方针，统筹兼顾居民收入水平的提高、人

① 房维中，桂世镛.中华人民共和国国民经济和社会发展计划大事辑要（1949—1985）［M］.杭州：红旗出版社，1987：408.
② 姚依林.关于制定长期计划的一些初步认识［J］.计划经济研究，1980（13）.

民生活的改善和生产建设的发展；正确处理国家、集体、个人三者之间的关系，国家、集体和个人之间的关系在收入分配领域主要是三者在国民收入中所占的比例关系。

根据邓小平的构想和中国社会主义初级阶段的基本国情，1987 年 10 月，党的十三大进一步提出了社会主义现代化建设"三步走"的经济发展战略目标和战略步骤。党的十三大报告提出：党的十一届三中全会以后，我国经济建设的战略部署大体分三步走。第一步，实现国民生产总值比 1980 年翻一番，解决人民的温饱问题。这个任务已经基本实现。第二步，到 20 世纪末，使国民生产总值再增长一倍，人民生活达到小康水平。第三步，到 21 世纪中叶，人均国民生产总值达到中等发达国家水平，人民生活比较富裕，基本实现现代化。然后，在这个基础上继续前进。[①] "三步走"经济发展目标的制定，解决了中国现代化建设的目标、步骤等关系到全局的重大问题，对中国未来几十年的发展产生了深远的影响，也是轻重工业协调发展思想实施效果的体现，人民生活水平提升成为国家发展的指导性目标。

2. 轻重工业协调发展的提出对居民收入的影响。轻重工业协调发展以及"三步走"的经济发展目标，把发展落脚于人民生活水平的不断增长上，即由解决温饱、实现小康到生活比较富裕，因此，从战略层面上推动了居民收入分配格局的松动。

调整国家、集体和个人之间的分配关系，国民收入分配向地方政府和劳动者倾斜。随着经济发展战略的调整，国民收入分配格局也由 1978 年以前偏向中央政府和重工业，转向地方政府和劳动者。1978～1991 年，中央和地方财政收入中中央的比重维持在 30% 左右（1978 年、1980 年、1985 年、1990 年、1991 年分别为 15.5%、24.5%、38.4%、33.8%、29.8%），地方的比重维持在 70% 左右。[②] 职工工资总额迅速增长，1978 年、1980 年、1985年、1991 年的增长率分别为 10.5%、19.4%、22.0%、12.6%，高于同期GDP 的增长比率。[③]

1979～1981 年，国家安排了 2000 多万名城镇劳动力就业，提高 40% 以上职工的工资，再加上奖金制度的推行，以及发给职工副食品价格补贴和提

---

① 中共中央文献研究室. 十三大以来重要文献选编（上）[M]. 北京：人民出版社，1991：16.
② 资料来源：《中国统计年鉴（2008）》。
③ 根据 2008 年《中国统计年鉴》职工工资总额和指数项目数据计算得到。

高农副产品价格，城乡居民生活有了显著改善。国家增加财政开支和减少财政收入共 405 亿元，相应地增加了职工的收入。1980 年，全国职工工资总额达到 773 亿元，比 1978 年增长 35.8%。1979～1981 年国家通过提高农副产品收购价格、减轻部分地区的农村税收负担，共计减少财政收入 520 亿元，相应地增加了农民的收入。[①]

这些改革措施对居民收入的提高起到了明显的促进作用，表现在国民收入分配格局上，如表 3 - 3 所示，在 1979～1991 年间，中国国民收入分配格局演变的明显特征是住户部门收入占比不断上升，这是中国居民收入分配格局松动的具体表现。

（二）社会主义市场经济的提出及其对居民收入的影响

1982 年党的十二大提出了以计划经济为主、市场调节为辅的目标模式；1984 年党的十二届三中全会提出了有计划的商品经济模式；1987 年党的十三大提出了国家调节市场、市场引导企业的经济运行机制；1992 年党的十四大最终确立了经济体制改革的市场化方向。经济体制改革的不断深化，从体制层面推进了居民收入分配格局的松动。

1. 经济体制改革的推进和体制变化。1979～1991 年，计划经济体制开始向市场经济体制转变。在体制改革方面，在城镇，政府开始对国有企业放权让利，随着国有企业内部机制的转变，企业开始逐步形成具备自主性和独立性的经济主体。通过扩大企业自主权，企业开始拥有生产、销售、分配等方面的自主权；通过利改税的实施，企业与政府的分配关系开始由上缴利润的行政关系向以上缴税收为基础的经济关系转变；通过承包制的实施，企业对国家的经济责任开始契约化。所有这些使企业开始摆脱原有政府部门的附属地位，逐步成为具有自主经营、自负盈亏、自我发展和自我约束能力的独立商品生产者与经营者。企业间开始发展起横向经济联系，改变了条块分割的行政管理体制。在农村，人民公社完全解体。伴随着家庭联产承包责任制的实施，人民公社体制开始逐渐解体。政社分开和乡政府建立的完成，标志着农村人民公社的正式终结。人民公社是计划经济体制在农村的延伸，它的终结，标志着计划经济体制在农村初步解体。在市场改革方面，统一市场体

---

① 张美君. 论改革开放初期中国社会发展机制的转型 [J]. 社科纵横，2015 (3).

系基本框架初步形成，市场机制初步发育并逐步发挥作用。商品市场迅速发育，到 1991 年底，已经基本形成商品种类比较齐全、各种层次商品市场并存，基本成熟的商品市场体系。同时，各类要素市场开始发育。在生产资料市场方面，1979 年以前，生产资料是作为产品实行计划分配的，而不是作为商品进行交换的。1979 年以后，生产资料流通体制开始改革。自1984 年以来，生产资料流通体制的改革加快，生产资料市场开始发育。在资本市场方面，短期货币市场和证券市场开始发育。在劳动力市场方面，1979 年以后，由于农村剩余劳动力向非农产业的转移数量激增，劳动力在城乡之间的转移以及劳动力在地区之间的转移趋势不断增强，促进了劳动力市场迅速发展。

2. 经济体制变革对居民收入的影响。改革开放和向市场经济体制转轨以及各种市场的不断发育对中国居民收入增长起到了巨大的推动作用。特别是在改革开放初的 1978～1984 年，由于中国的经济结构变化，居民收入水平有了很大程度的提升。

所有制形式和就业方式多样化导致居民收入来源多元化。[①]

1978 年底党的十一届三中全会确立在以公有制为主体的前提下，调整所有制结构，允许多种经济成分共同发展的方针。此后，中央和各级地方政府在实践中采取了一系列措施，改革和发展公有经济，鼓励、引导并大力支持私营和个体等非公有制经济发展，中国所有制结构调整的步伐明显加快，非国有经济形式多样化，包括集体经济、个体、私营经济、合作企业、外资企业等迅速发展壮大，使中国的所有制结构发生了重大变化。

1979～1991 年中国国有工业年均增长率为 9.01%，而非国有工业年均增长率达到 21.22%。进入 20 世纪 90 年代，全国工业总产值中，非国有部分已超过国有部分，所有制结构发生了根本性的变化（见图 3-1）。

非国有经济中绝大多数企业都是自主经营、自负盈亏，对市场经济有着天生的适应能力，不仅其增长速度大大高于国有经济，而且经济效益也好于国有经济。1991 年工业总产值为 28225 亿元，比上年增长 14.2%。其中乡及乡以上工业总产值为 23121 亿元，增长 12.9%。在全部工业中，全民所有制

---

① 本部分内容主要参考了：赵凌云. 中国发展过大关——发展方式转变的战略与路径［M］. 武汉：湖北人民出版社，2008：106，107，108.

工业增长 8.4%，全民所有制工业新增产值占全部工业新增产值的比重由上年的 37.8% 提高到 43.1%；集体所有制工业增长 18%，个体工业增长 24%；中外合资、中外合作和外商独资经营的工业增长 55.8%。[①]

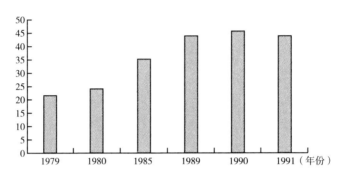

图 3 - 1 非国有经济在全国工业总产值中所占比重

资料来源：根据《中国统计年鉴》（1992 年）中工业总产值表中数据计算得到。

非国有经济的发展壮大，使所有制结构发生了实质性变化，提高了整个国民经济的效益，也增加了税收和就业，促进了社会稳定，对推动经济增长方式转变发挥了积极作用。另外，所有制结构的变化和劳动力市场的初步发育，使居民就业渠道多元化，收入来源多样化，提高了居民收入水平。

三、分配政策变革是居民收入分配格局转变的支撑

（一）分配政策的演变

中国的经济体制改革是以利益调整为突破口的，最初对计划经济内一些管理体制的变革出现在生活水平低、为温饱发愁的农民中，分配方式方面的一些改变为农村发展带来了转机。

1. 原有平均分配型政策的消亡。在农村，1979 年 1 月前后，安徽省凤阳县梨园公社小岗村的 18 户农民冒着风险，将集体耕地承包到户，搞起了"大包干"。这一做法收到了立竿见影的效果，使这些农民很快就解

---

① 资料来源：《中华人民共和国国家统计局关于 1991 年国民经济和社会发展的统计公报》。

决了温饱问题。根据群众的大胆实践，看到这一变革的成效显著，党和政府逐步推行了以家庭联产承包责任制为主要内容的农村经济体制改革。这一改革使农村改革的同时也使中国的经济体制改革迈出了关键的一步。农村改革的这关键一步，标志着农村工分制开始解体，按劳分配开始在农村逐渐实现。

　　2. 企业分配制度改革。在企业，1978 年开始试行奖金制度和计件工资制度，企业在资金分配上的自主权逐步扩大，并对计划经济时期的低工资进行了补偿性的调整。1983 年，进一步加大调整企业内部分配关系的力度。采取调整与改革相结合和"两挂钩""一浮动"的方针。"两挂钩"是：调整工资与企业的经济效益挂钩，与职工个人的劳动成果挂钩。"一浮动"是：升级后连续考核两三年，合格者才予固定，否则把级别降下来。企业调整工资仍然是给部分工资偏低、起骨干作用的中年知识分子多增加一些工资。结合调整职工工资，简化归并原有的工资标准，以便改善企业内部的工资关系。例如，在部分煤矿试行"吨煤工资包量包干"，在一些建筑行业试行"百元产值工资含量包干"等工资制度，引起了较大反响。1984 年中共十二届三中全会通过的《中共中央关于经济体制改革的决定》指出："平均主义思想是贯彻执行按劳分配原则的一个严重障碍，平均主义的泛滥必然破坏社会生产力。""使企业职工的工资和奖金同企业经济效益的提高更好地挂起钩来。在企业内部，要扩大工资差距，拉开档次，以充分体现奖勤罚懒、奖优罚劣，充分体现多劳多得，少劳少得。"[①] 随着经济体制改革的全面铺开，企业制度改革逐渐深入进行，分配制度改革也进入了一个新的阶段。国营企业实行利改税后，企业在全面完成国家计划和税利增加的前提下，发放奖金可以不"封顶"。这在调动企业和职工积极性的同时，也出现了消费基金过快增长的现象。因此，随后采用征收奖金税的方式进行调节。1985 年，对国家机关和事业单位的工资制度进行改革，实行以职务工资为主要内容的工资制度。与此同时，企业工资制度也开始全面改革。企业按新的工资等级标准实行了自费工资套改。《国务院关于国营企业工资改革问题的通知》规定，在国营大中型企业中，实行职工工资总额同企业经济效益按比例浮动办法的企

----

　　① 中共中央文献研究室. 十二大以来重要文献选编（中）[M]. 北京：人民出版社，1986：578，577.

业，不得从留利中提取奖金基金，可以把随同经济效益提高而增加的工资，连同现行奖金的大部分用来改革工资制度。1986年，在工资分配上又进行了新的探索，明确了在国家规定的工资总额和政策范围内，把企业内部职工的工资、奖金分配权交给企业，由企业自己决定分配形式和办法。1988年，企业工资总额同经济效益挂钩的改革进一步深化，开始推行计件工资和定额工资。自从1978年恢复计件、奖励制度起，到1985年，随着计件面和奖励范围的扩大，奖金和计件超额工资成倍增长，职工个人所得的奖金和计件超额工资由1979年的50.4元增加到1985年的159.6元。[①]

随着经济的发展和改革的深化，中国分配格局也出现了新的变化。除了按劳分配这种主要方式和个体劳动所得外，出现了凭债权取得利息收入、股份分红、企业经营者风险补偿、私营企业主的部分非劳动收入。[②]

随着分配制度改革的推进以及商品市场的发展，城市等级工资制的结构在不断发生变化，体现按劳分配的计件工资和体现奖勤罚懒的奖金制覆盖范围不断增加。以全民所有制单位职工工资总额构成变化为例，1991年与1978年相比，计时工资在工资总额中的比重由85%下降到48.6%，计件工资由0.8%上升到9%，各种奖金由2.3%上升到17.8%，各种津贴由6.5%上升到22.1%，[③] 同时，职工的其他收入也有很大增长。

（二）分配政策变革对居民低收入的影响

在这一时期，无论是农民实行的家庭联产承包责任制还是企业改革，其实质都是分配领域的变革，这些改革对居民收入产生了很大影响。农村居民和城镇居民的收入水平都有了很大提高，从绝对收入上来看，按当年价格计算，农村居民家庭人均收入从1979年的60.1元上升到1991年的708.6元，城镇居民家庭人均可支配收入由1979年的387.0元上升到1991年的1713.1元。[④]在收入水平提高的同时，居民的收入结构也逐渐呈现多元化，收入来源渠道

---

① 《当代中国》丛书编辑部. 当代中国的职工福利和社会保险 [M]. 北京：中国社会科学院出版社，1987：109.

② 向熙杨，沈冲. 十年来：理论·政策·实践——资料选编（三）[M]. 北京：求实出版社，1988：11，12.

③ 资料来源：《中国统计年鉴（1992）》。

④ 根据《中国统计年鉴（1999）》中城乡居民家庭人均收入及指数整理得到。

增加，除工资性收入以外，经营性收入和财产性收入都有较大幅度的增加。

　　收入分配方式的变革在提升居民绝对收入的同时，打破了计划经济时期的平均主义分配方式，带来了居民收入差距的扩大。其主要表现在农村居民之间的收入差距、城镇居民之间的收入差距，还有城乡之间的收入差距。这一阶段是我国居民收入差距扩大的起始点。

四、收入分配制度改革深刻影响居民收入的方方面面

　　改革开放以后，我们对收入分配制度的认识进一步深化，对按劳分配也有了新的理解，并在政策上允许市场机制参与收入分配，允许一部分人先富起来，使收入差距合理拉开，打破平均主义。

（一）收入分配制度改革

　　1. 农村居民收入分配制度改革。伴随家庭联产承包责任制在农村的全面推广和不断完善，农村集体经济原有的"工分制"分配方式逐渐被"大包干"分配方式取代，从根本上打破了改革开放之前农村平均主义的分配方式。

　　原有农村人民公社体制下的个人收入分配采取的主要是"工分制"的形式。这种形式具有两个明显的特点：一是与社员的实际劳动贡献脱钩，是一种平均主义的分配方式；二是现金分配比重小，是一种以实物分配为主的方式。"工分制"的这两个特点严重制约了社员劳动积极性的充分发挥，制约了农业生产的发展和农民生活水平的提高。

　　1979 年以后，各种形式的联产承包责任制的实际意义在于改革了农村集体经济的分配方式。即由原来的集体统一按照"工分制"进行分配逐渐演变为按"大包干"方式分配。"大包干"分配方式相对于"工分制"来说，其特点与优越性明显，主要表现于：首先，"大包干"分配方式克服了"工分制"平均主义的弊端。联产承包责任制将农户的责、权、利结合起来，农产品的产量和产值成为衡量农户劳动数量、质量和收入的统一标准，劳动数量和质量与农户收入直接联系起来。其次，"大包干"分配方式克服了"工分制"实物分配的缺陷，提高了农民的货币收入水平。

　　2. 城镇工资制度与保险福利制度改革。中国城镇传统工资制度的主要特

点与弊端也在于分配上的平均主义倾向，主要表现为"两个脱离"和"两个大锅饭"：一是单位的工资分配与经济效益相脱离，导致单位吃国家的"大锅饭"；二是职工的工资分配与职工的努力水平相脱离，导致职工吃单位的"大锅饭"。因此，1979 年以后，伴随着经济体制改革的深入，中国国有企业工资制度改革成为调整城镇居民收入分配的主要形式，城镇传统的固定工资模式逐渐瓦解，工资改革的指导思想先是打破"两个脱离"，将单位的工资总额同单位的社会经济效益联系起来，将职工的工资与其劳动贡献联系起来。具体来讲，一是对于作出较大经济贡献的单位特别是企业，用于分配的工资总额要高一些，同时职工的劳动报酬也相应高一些；二是对单位或企业作出较大贡献的职工，其报酬也应相应高一些。工资制度改革的方向是给予企业自主决定工人工资的权利，将原先集中在劳动部门手中的工资决定权逐渐下放到企业，由企业根据职工的劳动贡献自主决定其工资水平和奖金水平。1979～1991 年，城镇职工工资进行了多次调整，主要内容是：1977 年的全面调整工资，1979 年分地区进行了调整物价补贴，1981 年对小学教师和医疗卫生行业的工资进行了调整，1982 年的工资调整主要针对国家机关和科教文卫等平均工资相对较低的事业单位，1983 年进行了企业工资结构调整，1988 年的工资调整主要针对平均工资水平过低的中小学教师，1989 年的工资调整主要针对机关事业单位，1991 年的工资调整主要是增加了机关工龄补贴。

第一，恢复并改进计件和奖励工资制。1978 年 2 月恢复奖金制度的思想被提出。在这一思想的指导下，1978 年 5 月，国务院印发《关于实行奖励和计件工资制度的通知》，要求在调查研究的基础上先进行试点，然后总结经验，再有条件地推进恢复奖金制度和计件工资制度。到 1978 年底，全国约有 9000 多个企业试点。试点的效果是好的，推动了这些企业改进经营管理，加强经济核算，提高了劳动生产率，增加了利润。在总结经验的基础上，1979 年奖金和计件工资制基本上全面推开。之后，各部门又陆续恢复各种奖励制度，国家基建委员会、国家劳动总局、财政部、商业部等都发出通知，要求在本系统内推广基本工资加超额奖励的制度。1980 年 4 月，国家计划委员会、国家劳动总局、国家经济委员会联合印发《关于国营企业计件工资暂行办法（草案）》的通知，在国营企业扩大了计件工资制度的实施范围。此后，奖金制度和计件工资制度在全国得到广泛的推广。1980 年，全国全民所有制单位中实行计件工资制度的职工占职工总数的 3.7%，1981 年上升到 6.7%，1982 年为 8.9%，1983 年又进一步上升到 16%，① 从这些数据可以看出实行计件工资制度的企业不断增多。

　　1980 年以后，我国逐渐改革和完善国营企业奖金制度，使奖金与企业经济效益真正联系起来。1980 年，国营企业开始利润留成改革试点工作，奖金制度也开始相应调整。当时规定，从成本中开支的职工奖金，一般企业按标准工资的 10% 提取，最多不超过 12%。但是，企业的奖金仍然没有与企业的经济效益真正挂钩。1981 年，国务院规定，所有企业必须在完成和超额完成国家计划规定的产量、质量、利润、供货合同等主要经济技术指标的条件下，才能提取和发放奖金。并且奖金总额控制在一至两个月标准工资之内。从 1982 年起，国务院决定对各省区市和国务院各部门下达奖金控制总额，逐步实行奖金的计划管理。

　　这种严格控制奖金总额的管理办法不久后就开始松动。在国营企业全面推行生产责任制后，进一步改革工资奖励制度。国务院批转的《关于实行工业生产经济责任制若干问题意见的通知》明确指出"把企业和职工的经济利益同他们所承担的责任和实现的经济效益联系起来"，指明了进一步工资改革的方向。1983 年国营企业开始实行第一步"利改税"，奖金改为从税后留用的利润中提取，并核定了职工奖金基金所占的比例。

　　1984 年 4 月，国务院决定，随着国营企业第二步"利改税"的实施，实行奖金不封顶、超过一定额度征收奖金税的办法。"封顶"限制的取消和奖金税的实施，使奖金完全与企业的经济效益浮动挂钩，企业在内部分配的具体形式和水平上有了比较充分的自主权。1985 年 1 月，《国务院关于国营企业工资改革问题的通知》规定，在国营大中型企业中，实行职工工资总额同企业经济效益按比例浮动办法的企业，不得从留利中提取奖金基金，可以把随同经济效益提高而增加的工资，连同现行奖金的大部分用来改革工资制度。此后，奖金及其在职工工资总额中的比重迅速提高。从 1978 年恢复计件工资、奖励制度起，到 1985 年，随着计件面和奖励范围的扩大，奖金和计件超额工资成倍增长，职工个人所得的奖金和计件超额工资由 1979 年的

---

　　①　袁伦渠. 中国劳动经济史［M］. 北京：北京经济学院出版社，1990：356.

50.4 元增加到 1985 年的 159.6 元。① 具体变化情况如表 3 – 4 所示。

表 3 – 4　　1978 ~ 1991 年职工奖金和计件工资增长及其在工资总额中比重的变化

年份	奖金和计件超额工资总额（亿元）				占工资总额的比重（%）			
	合计	全民所有 制单位	城镇集体 所有制单位	其他所有 制单位	合计	全民所有 制单位	城镇集体 所有制单位	其他所有 制单位
1978	11.3	11.3			2.0	2.4		
1980	70.3	60.9	9.4		9.1	9.7	6.6	
1985	208.6	154.7	52.6	1.3	15.1	14.5	16.8	22.0
1989	511.3	409.4	93.9	8.0	19.5	20.0	17.6	23.6
1990	537.8	443.6	84.6	9.6	18.2	19.1	14.6	20.9
1991	627.2	517.5	95.9	13.8	18.9	19.9	14.6	19.6

资料来源：根据《中国统计年鉴（1992）》相关数据计算得到。

第二，工资总额与企业效益挂钩。在传统体制下，职工工资长期处于冻结状态。1977 年以后开始对职工工资进行调整。1977 年 10 月，国家第一次对部分职工工资进行调整。1978 年以后按劳分配的原则逐渐得到体现，对职工工资的调整逐步走上正轨。1978 年给成绩优异的职工升级。

1979 年职工工资调整，职工升级面按全国平均 40% 安排。要求各地区各部门在分配所属单位升级指标时，根据鼓励先进、督促后进赶超先进的原则，区别对待。鉴于科研、设计、高等院校、医疗卫生等单位知识分子比较集中，技术骨干的工资偏低，这次使这些单位技术骨干的升级面达到了 50% ~ 70%。② 各个地区、各个部门在分配所属单位升级面时，应根据其生产情况的好坏。对于经营性亏损比较严重的企业暂缓升级，一年内扭亏有显著成绩的，可以补升。一年内无明显变化的，不再补升。这样，根据企业经营绩效的好坏，就拉开了企业之间实际工资水平的差距。这次调整工资，全国除 40% 的职工升级外，还将原三、四类工资区各提高一类，绝大多数职工都不同程度地增加了工资，不仅改善了职工生活，而且也使工资等级和地区工资关系得到了一些改善。

1983 年企业职工的工资调整。1983 年，实行"利改税"的企业，奖金

① 当代中国的职工福利和社会保险 [M]. 北京：中国社会科学院出版社，1987：109.
② 当代中国的职工福利和社会保险 [M]. 北京：中国社会科学院出版社，1987：103.

改为从税后留用的利润中提取，并核定了职工奖金基金所占的比例。工资调整采取调整与改革相结合和"两挂钩""一浮动"的方针。"两挂钩"是：调整工资与企业的经济效益挂钩，与职工个人的劳动成果挂钩。"一浮动"是：升级后连续考核两三年，合格者才予固定，否则把级别降下来。企业调整工资仍然是给部分工资偏低、起骨干作用的中年知识分子多增加一些工资。结合调整职工工资，简化归并原有的工资标准，以便改善企业内部的工资关系。这次企业职工调整工资，改变了多年来升级工作中存在的平均主义做法，效果比较好，对企业改善经营管理、提高经济效益和促使职工努力学习技术业务起到了积极作用。

（二）收入分配制度改革对居民收入的影响

对农村居民来说，家庭联产承包责任制调动了农民的劳动积极性，农副产品产量大幅提高。另外，伴随农副产品统购统销制度的改革和农副产品市场的发育，增产的农副产品大量进入市场，使农民获得了比以前更多的货币收入。最后，"大包干"分配方式减少了分配环节，并因此降低了分配成本。在"大包干"体制下，农户只要交够了国家的，留够了集体的，剩下的就是农户自己的，不需要生产队再参与分配，以前那种生产队工分分配的烦琐程序减少了。家庭联产承包责任制之所以能够调动农户的积极性，最主要的原因就是分配方式层面的改革。

对城镇居民来说，从总体上来看，工效挂钩改革是国营企业改革和工资改革的重要内容，它使分配主体从政府转向企业，在实践中，工效挂钩也取得了很好的效果。据统计，挂钩企业与未挂钩企业相比，效益增长一般高5%左右，工资增长则一般低1%左右。[①]

这一阶段，除了国营企业的工资改革对居民收入分配产生了巨大影响以外，乡镇企业、个体私营企业、外资企业迅速发展。这些企业中，收入分配方式除了按劳分配这种主要方式以外，个体劳动所得也占有相当大比重，另外还出现了承包、租赁、按经营成果分配、按资分配、按劳动力价值分配等多种形式；同时各种合法的除按劳分配以外的劳动收入、资本收入、经营收入等也得到允许和保护。

---

① 张彦宁. 中国企业改革十年［M］. 北京：改革出版社，1990：509.

这一阶段中国居民收入分配制度发生了较大的变化。收入分配制度改革的理论基础是，在促进效率前提下体现社会公平，提出以按劳分配为主体、其他分配方式为补充的分配方式。收入分配制度改革在理论上也经过了逐步深化的过程。党的十三大报告、十四大报告提出的分配原则是坚持以按劳分配为主体，其他分配方式为补充。而党的十四届三中全会通过的《中共中央关于建立社会主义市场经济体制若干问题的决定》指出了个人收入分配要坚持以按劳分配为主体、多种分配方式并存的制度，体现效率优先、兼顾公平的原则。① 至此在新中国收入分配史上首次提出了"效率优先、兼顾公平"原则，这种变化在分配制度上体现出打破平均主义、实行多劳多得、合理拉开差距的改革方向。

第四节　社会主义市场经济提出时期居民收入分配格局的特征

1979～1991 年，在中国城乡居民收入水平迅速提高的同时，居民收入结构也开始发生变化。特别是在来源结构、行业结构和所有制结构方面均发生了根本性的、有重要意义的变化。

一、我国居民收入结构与来源的多元化

1979 年以前，中国居民收入在来源、途径和形式等方面都具有明显的单一性特征，具体表现在：城镇居民收入主要是职工工资收入，农村居民收入主要是来自农村集体经济组织的收入。根据《中国劳动工资统计年鉴》的数据可知，1953～1978 年，中国城镇职工工资总额占城镇居民全部货币收入的比重达到 80% 左右。从农村来看，农村家庭纯收入中来自所在农村基层经济组织的比重，1957 年为 59.49%，1978 年为 66.28%，这部分是农村集体劳动收入；农民家庭副业收入以及其他非借贷性收入占农民纯收入的比重，1957 年分别为 29.42% 和 11.09%，1978 年分别为 26.79% 和 6.93%。② 收入

---

① 中共中央关于建立社会主义市场经济体制若干问题的决定（中国共产党第十四届中央委员会第三次会议 1993 年 11 月 14 日通过）[J]. 党的建设，1994.

② 国家统计局. 中国统计年鉴（1983）[M]. 北京：中国统计出版社，1983：449.

来源和途径的单一化是导致1979年前居民收入水平低、增长慢的重要因素。

（一）居民收入来源结构趋向多元化

1979年以后，居民收入来源逐渐呈现多元化趋势，可以给居民带来收入的途径在逐步增加，带来居民收入结构的多样化，这与改革开放前居民收入的组成有很大差别，同时这种收入来源的多样化在城镇居民和农村居民收入中都有明显表现，工资外收入在居民收入中所占比重在提升。

1. 城镇居民收入来源结构变化。从城镇来看，首先，职工工资性收入除了标准工资以外，奖金、津贴和其他工资形式在职工全部工资收入中的地位越来越重要。以全民所有制单位职工工资总额构成变化为例，1991年与1978年[①]相比，计时工资在工资总额中的比重由85%下降到48.6%，计件工资由0.8%上升到9%，各种奖金由2.3%上升到17.8%，各种津贴由6.5%上升到22.1%。[②]

其次，职工工资外货币收入增加。职工工资外货币收入有广义和狭义两种含义。广义的职工工资外货币收入是指城镇居民全部货币收入中工资以外的部分，狭义的职工工资外货币收入是指城镇职工全部货币收入中工资以外的部分。根据统计资料可知，仅在1978~1988年，广义的职工工资外货币收入占城镇居民全部货币收入的比重由约24%上升到37%，上升了13个百分点左右。至于狭义的职工工资外货币收入则有更多的来源，主要包括：第一，第二职业收入。根据劳动部门调查可知，20世纪80年代末期，从事第二职业的职工约占职工总数的18%，沿海五省份的调查表明，1988年职工第二职业收入比1987年增长了77.6%。[③] 第二，利息收入。1979年以来，城镇居民存款迅速增加。1991年与1979年相比，城乡储蓄存款年末余额由281亿元增长到9110.3亿元，增长31.4倍。[④] 与此相对应的是，居民利息收入迅速增加。据有关资料可知，1987年，中国城镇居民存款利息收入为62亿元，1988年为88亿元。[⑤] 此外，还有劳保福利收入、租赁收入、单位创

---

① 注：使用1978年的数据，而不是1979年的数据，因为是对城市居民家庭收支调查资料，《中国统计年鉴》显示，有1978年和1980年的调查数据。

② 国家统计局. 中国统计年鉴（1992）[M]. 北京：中国统计出版社，1992：125.

③ 洪佳和，等. 我国城镇居民其他货币收入浅析[J]. 中国劳动科学，1990（6）.

④ 根据《中国统计年鉴（1992）》第281页数据计算得到.

⑤ 郭树清，等. 中国GDP的分配和使用[M]. 北京：中国人民大学出版社，1991：122.

收分配等。第三，职工工资外非货币收入增加，包括职工无偿或以不足价从单位得到的实物，以其他非货币形式享有的福利收入如公共食堂补贴，单位替个人缴纳的供暖、供气费用等，还有为维持居民消费品低价而支出的财政补贴。根据对部分企业的调查可知，1988 年职工实物收入平均为 332 元，占职工总收入的 15%。① 第四，城镇个体劳动者和私营企业主，一方面由于其从业人员增加，另一方面由于其收入水平相对较高，在城镇居民收入中的比重提高。第五，离退休职工中的相当一部分已经不再单纯依靠退休金和部分福利作为收入来源，而是长期被聘回原来单位或其他单位继续工作，或加入个体劳动者队伍，从而获得更多的收入。

2. 农村居民收入来源结构变化。从农村来看，1979 年以后，中国农民的收入来源渠道也出现多元化趋势，主要包括农民家庭经营收入、乡镇企业收入和其他收入。

首先，农民家庭经营收入迅速增加。农民家庭经营收入主要取决于农产品产量和农产品价格水平。1979 ~ 1991 年，农产品产量几经波折，有了较大幅度的增长，而农产品的收购量有了更大的增长，这是农民收入提高的重要因素。同时，1979 ~ 1991 年，农产品收购价格大幅度提高，由于农业生产资料和农村工业消费品物价上涨幅度低于农副产品收购价格上涨幅度，因此，1979 ~ 1991 年，农民的纯收入仍然是迅速增长的。

其次，乡镇企业的发展也是农民收入水平提高的重要来源。1979 年以来乡镇企业迅速发展。1979 ~ 1991 年，乡镇企业单位数由 148.04 万家增加到 1908.88 万家，增长 12 倍多，乡镇企业职工从 2909.34 万人增加到 9609.11 万人，增长 2.3 倍，乡镇企业总产值由 548.41 亿元增加到 11621.69 亿元，增长 20 倍，乡镇企业纯利润由 104.5 亿元增加到 284.7 亿元，增长 1.7 倍，乡镇企业工资总额由 103.8 亿元增加到 706.5 亿元，增长 5.8 倍。②

总体来看，如表 3 - 5 所示，1978 ~ 1991 年农民收入来源结构变化的基本趋势是，从集体经营中得到的收入在总收入中所占比重大幅下降，由 1978 年的 66.3% 下降到 1991 年的 9.3%，家庭经营纯收入所占比重大幅上升，由 1978 年的 26.8% 上升到 1991 年的 81.3%。从收入性质来看，农业生产性收

① 郭树清，等. 中国 GDP 的分配和使用 [M]. 北京：中国人民大学出版社，1991：124.
② 根据《中国统计年鉴（1992）》第 389 ~ 391 页数据计算得到。

入的比重下降，而非农业性收入和非生产性收入的比重上升。

表 3 - 5　　　　　1978～1991 年农民家庭人均纯收入来源结构变化

项目		1978 年		1991 年	
		数量（元）	比重（%）	数量（元）	比重（%）
人均年纯收入		133.51	100	708.55	100
按收入来源分	从集体统一经营中得到	88.53	66.3	66.09	9.3
	从经济联合体得到	0	0	1.97	0.3
	家庭经营纯收入	35.75	26.8	588.52	83.1
	其他非生产性收入	9.25	6.9	51.97	7.3
按收入性质分	农业生产性收入	113.47	85	460.55	65
	非农业生产性收入	9.39	7	178.34	25
	非生产性收入	10.71	8	69.66	10

　　注：此数使用 1978 年数据是因为《中国统计年鉴》中对于农村家庭收支中有 1978 年和 1980 年的调查数据。

　　资料来源：根据《中国统计年鉴（1992）》第 307 页数据计算，转引自：赵凌云. 中国经济通史第十卷（下册）［M］. 长沙：湖南人民出版社，2002：682.

（二）居民收入行业结构的变化

　　由于经济结构变化和收入分配体制的变化，居民收入的行业结构也发生了变化。1979～1991 年，不同行业职工平均工资绝对量水平的变化位次不大（如表 3 - 6 所示）。建筑业、国家机关、金融保险、商业饮食业的职工平均工资水平的位次有所下降，交通通信、工业、公用事业、卫生体育、教育文化行业的位次有所提高，其他行业基本不变。但是，通过对这一期间不同行业职工平均工资增长速度的比较表明，公用事业、卫生文化、教育文化、交通通信、地质勘探、科研与技术服务等第三产业和国民经济发展基础部门的职工平均工资增长的速度较快，这是国民经济发展结构变化的结果。

表 3 - 6　　　　　1979～1991 年不同行业职工平均工资　　　　　单位：元

行业	1979 年		1991 年		1979～1991 年	
	平均工资	行业位次	平均工资	行业位次	增长量	行业位次
地质普查和勘探	885	1	3129	1	353.6	6
建筑业	771	2	2653	3	344.1	9

行业	1979 年		1991 年		1979 ~ 1991 年	
	平均工资	行业位次	平均工资	行业位次	增长量	行业位次
交通运输、邮电通讯	758	3	2796	2	368.9	4
科研与综合技术服务	717	4	2573	4	358.9	5
工业	691	5	2424	5	350.8	7
国家机关	684	6	2275	8	332.6	10
金融、保险业	652	7	2255	9	345.9	8
公用事业	633	8	2418	6	382.0	3
商业饮食业	616	9	1986	11	322.4	11
卫生、体育和社会福利	598	10	2370	7	396.3	1
教育文化	584	11	2243	10	384.1	2
农林水利	540	12	1703	12	315.4	12

资料来源：根据《中国统计年鉴（1993）》第 133 页数据计算得到，赵凌云．中国经济通史第十卷（下册）［M］．长沙：湖南人民出版社，2002：683．

（三）工资所有制结构的变化

由于经济所有制结构的变化，居民收入的所有制结构也发生了变化。从职工平均工资绝对量来看，1991 年，华侨或港澳工商业者经营部门水平最高，然后是全民与私人合营部门，最后是外资企业经营部门，集体单位最低。从增长速度来看，1985 ~ 1991 年，职工平均工资增长最快的是全民与集体合营部门，然后是集体与私人合营部门，最后是其他部门（个体私营经济部门）和全民所有制单位，如表 3 - 7 所示。

表 3 - 7 不同所有制单位或经济类型职工平均工资增长状况

经济类型	1978 年（元）	1985 年（元）	1991 年（元）	1978 ~ 1985 年年均增长率（%）	1985 ~ 1991 年年均增长率（%）
全民单位	615	1213	2477	10.2	12.7
集体单位	506	967	1866	9.7	11.6
全民与集体合营		1172	2614		14.3
全民与私人合营		2194	3851		9.8
集体与私人合营		1612	3497		13.8

经济类型	1978年 （元）	1985年 （元）	1991年 （元）	1978～1985年 年均增长率（%）	1985～1991年 年均增长率（%）
中外合资		2111	3406		8.3
华侨或港澳工商业者经营		2500	4879		11.8
外资企业		2144	3806		10.0
其他		1247	2569		12.8

资料来源：根据1992年《中国统计年鉴》第131页数据计算得到。

二、我国居民收入差距逐渐扩大

1979～1991年，在居民收入水平普遍有所提高的同时，出现了居民收入差距逐渐扩大的趋势。

居民收入差距是指高收入者和低收入者差距状况。国际上通常用基尼系数来衡量。收入水平结构的变化可以从农村收入差距、城镇收入差距、城乡收入差距以及区域收入差距等角度来分析。

（一）农村居民收入差距的变化

农村居民收入水平省际差距拉大。1979～1991年，由于地区经济水平不平衡等诸多因素的影响，农村居民收入水平省份间差距不断扩大。1978年农村家庭人均纯收入最高为290元（上海市），最低为91.5元（河北省）。最高水平与最低水平之比为1∶3.2，绝对差距为198.5元。1992年农村家庭人均纯收入最高为2225.87元（上海市），最低为489.47元（甘肃省），两者之比为1∶4.5，绝对差距为1736.4元。①

农村居民收入水平地区差距拉大。从按地理位置划分的东、中、西三大地带农村居民收入水平差距进行分析，东部沿海地区省份农村居民收入远远高于中西部地区农村居民收入。1992年人均纯收入超过1000元的省份都在东部沿海地区：即北京市（1571.56元）、天津市（1309.01元）、上海市（2225.87元）、江苏省（1060.71元）、浙江省（1359.13元）、广东省

---

① 根据1996年《中国统计年鉴》计算得到。

(1307.65 元)。全国农村居民收入最低的省份都在西部地区，中部地区农村居民收入介于东西部之间，人均收入都在 600 元以上。1992 年，全国农村居民收入最低的三个省份为陕西省、贵州省和甘肃省，都在西部地区，西部地区全部省份的农村家庭人均纯收入都在全国平均收入 783.99 元以下。[1]

运用基尼系数可以进一步说明 1978～1991 年农村居民收入差距的变化情况。如表 3-8 所示，在 1979～1990 年，农村收入分配的基尼系数是逐渐增大的，只有 1991 年有微小下降。1978 年以后，随着家庭联产承包责任制的普遍推行，农村居民收入迅速提高，农村居民集体内部收入差距逐渐扩大。但直到 1987 年收入分配的基尼系数在 0.2～0.3 之间，高低收入倍数在2.88～4.16 之间，仍为"相对平均"阶段。从 1988 年开始，随着全国范围内经济体制改革的进一步推进，农村居民收入分配的基尼系数第一次超过0.3，进入"相对合理"阶段。至 1991 年，农村居民收入分配差异更在一定程度上进一步拉开，收入分配的基尼系数达到 0.3072。

表 3-8　　　　农民家庭平均每人纯收入、收入分配的基尼系数和 20%
人口高低收入组倍差情况

年份	人均纯收入（元）	基尼系数	高低倍数
1978	133.57	0.2124	2.88
1980	191.33	0.2366	3.16
1985	397.60	0.2635	3.65
1987	462.55	0.2916	4.16
1988	544.94	0.3014	4.68
1990	629.79	0.3099	4.50
1991	708.55	0.3072	5.00

资料来源：赵凌云. 中国经济通史第十卷（下册）［M］. 长沙：湖南人民出版社，2002：686；新增数据根据历年《中国统计年鉴》计算得到。

（二）农村区域收入差距

从农村收入差距变化的区域特征来看，东西地带农村居民内部收入差异扩大，中部地带农村居民内部差异程度甚小。根据农村住户调查资料可知，

---

① 根据 1996 年《中国统计年鉴》计算得到。

1978～1990 年，东西地带农村居民内部收入分配的差异程度都有扩大，其中，东部地带由 1978 年的 0.28 扩大到 1990 年的 0.32，西部地带由 1978 年的 0.24 扩大到 1990 年的 0.28。但中部地带农村居民内部收入分配的差异程度则变化甚小，由 1978 年的 0.25 变化为 1990 年的 0.27。[①]

（三）城镇居民收入差距的变化

1979～1991 年，计划经济时期城镇居民收入分配中的平均主义格局开始被打破，收入分配差距开始拉开。

首先，从总体上来看，城镇居民收入差距在扩大，表示收入差距的基尼系数有了提高，但不是很明显。如表 3-9 所示，1980～1988 年，城镇居民收入基尼系数呈现逐渐提高趋势，但没有达到国际上公认的收入分配不公平基尼系数的下限，不过又高于分配过于平均的上限，说明这一期间，中国城镇居民收入分配差距总体上进入了合理的区间。

表 3-9　　　　　　　　　1980～1988 年中国城镇居民收入基尼系数

项目	1980 年	1981 年	1982 年	1983 年	1984 年	1985 年	1986 年	1987 年	1988 年
基尼系数	0.16	0.15	0.15	0.15	0.16	0.19	0.19	0.20	0.23

资料来源：王忠民. 我国收入分配矛盾现象的理论透视 [J]. 中国工业经济研究，1990（4）；新增数据为个人计算得到。

1981～1988 年，从全国平均来看，城镇居民高收入水平与低收入水平的差距虽呈现出拉大的趋势，但变化速度很慢，如表 3-10 所示，可以看出，这一阶段城镇高收入者的收入与低收入者收入之比在 2.3 左右。

表 3-10　　　　　1979～1991 年城镇高收入者和低收入者收入以及倍差

项目	1979 年	1981 年	1982 年	1984 年	1985 年	1988 年	1991 年
低收入（元）	226.68	326.4	316.2	426.4	540.96	765.55	1006.54
高收入（元）	704.16	749.52	723.72	995.12	1240.98	1855.79	2956.81
高收入是低收入的倍数	3.11	2.30	2.29	2.33	2.29	2.42	2.94

资料来源：根据相关年份《中国统计年鉴》计算得到。

[①]　赵德馨. 中华人民共和国经济史（1985—1991）[M]. 郑州：河南人民出版社，1999：55.

其次，大小城市间人均生活费收入有了一定差距，但相差也不是很大。1990 年全国城镇人均生活费收入为 1387 元，特大城市为 1684 元，大城市为 1413 元，中等城市为 1498 元，小城市为 1320 元，县城为 1187 元。1991 年全国城镇人均生活费收入为 1544.30 元，特大城市为 1901.64 元，大城市为 1553.40 元，中等城市为 1661.76 元，小城市为 1495.30 元，县城为 1329.64 元。[①]但城镇高收入者与低收入者之间的收入差距在逐渐扩大（如表 3－10 所示）。

最后，从城镇居民收入差距的具体项目和来源来看，工资收入差距并未明显拉大，如表 3－11 所示，1988 年城镇居民收入差距主要表现和贡献因素是非就业成员的现金收入、财产收入、个体和私营业者的收入的差距拉大。

表 3－11　　　　　1988 年城镇居民收入差距的具体项目和来源

收入及其构成	收入来源所占比重（%）	基尼系数
就业人员的现金收入	44.42	0.178
退休再就业者的现金收入	6.68	0.335
非就业人员的现金收入	0.47	0.433
票证补贴	5.26	0.130
实物住房补贴	18.14	0.311
其他净补贴和实物收入	15.68	0.208
私有住房的租金	3.90	0.338
个体和私营者的收入	0.74	0.413
财产收入	0.49	0.437
其他收入（个人转移额）	4.06	0.377
总收入	100.00	0.233

资料来源：张向达. 中国收入分配与经济运行［M］. 大连：东北财经大学出版社，1996：205；新增数据为个人计算得到。

可见，1979～1991 年，中国城镇居民收入差距变化的总特点是：一方面工薪人员（尤其是全民所有制单位职工）之间的工资收入差距没有合理拉开；另一方面非工薪人员的收入迅速增长，与一般居民收入的差距越来越大。

（四）城乡居民收入差距的变化

1979～1991 年，城乡收入差距的变化经过了两个阶段。1979～1985 年

---

① 张向达. 中国收入分配与经济运行［M］. 大连：东北财经大学出版社，1996：203.

是新中国历史上少有的城乡收入差距缩小阶段。伴随着农业生产责任制的推广和农副产品收购价格的提高，农民收入迅速提高，并且其增长的速度超过了城镇居民收入增长的速度，致使城乡居民收入差距缩小。1985～1991年，城乡收入差距又开始拉大。主要是随着城镇经济体制改革的全面推进和收入分配体制的改革，城镇居民收入增长加快，并且其增长速度很快超过农民居民收入的增长速度，城乡居民纯收入差距由1978年的2.37∶1降低到1985年的1.72∶1。1985年以后，这一差距又逐渐扩大，到1992年又达2.58∶1（如表3-12所示）。需要说明的是，这种差距尚不包括城镇居民享受到的如住房补贴、医疗补贴和劳保福利等大量隐性收入。城乡居民可支配收入的差距变化也呈现出先缩小后扩大的轨迹（如表3-13所示）。

表3-12　　　　　　　　1978～1991年城乡居民纯收入差距变化

年份	农村居民家庭人均纯收入		城镇居民家庭人均纯收入		城乡居民收入差距
	绝对数（元）	指数（%）	绝对数（元）	指数（%）	
1978	133.6	100	316.0	100	2.37∶1
1980	191.3	138.1	439.4	127	2.29∶1
1985	397.6	261.2	685.3	161.6	1.72∶1
1986	423.8	267.9	827.9	182.5	1.95∶1
1987	462.6	278.4	916.0	185.6	1.98∶1
1988	544.9	289.6	1119.4	187.9	2.05∶1
1989	601.5	285.3	1260.7	181.7	2.10∶1
1990	686.3	300.7	1387.3	197.8	2.02∶1
1991	708.6	317.8	1544.3	209.5	2.18∶1

资料来源：根据历年《中国统计年鉴》计算得到。

表3-13　　　　　　　　1980～1991年城乡居民可支配收入差距比较

年份	城镇居民人均可支配收入（元）	扣除物价因素后城镇居民可支配收入（元）	农村居民人均可支配收入（元）	扣除物价因素后农村居民可支配收入（元）	城乡居民收入比例（农村居民为1）
1980	620.2	576.92	191.33	186.66	1∶3.09
1981	681.7	665.08	223.44	219.92	1∶3.02
1982	721.5	707.39	270.11	257.98	1∶2.74
1983	770.4	755.25	309.77	309.15	1∶2.44

年份	城镇居民人均可支配收入（元）	扣除物价因素后城镇居民可支配收入（元）	农村居民人均可支配收入（元）	扣除物价因素后农村居民可支配收入（元）	城乡居民收入比例（农村居民为1）
1984	870.3	847.43	355.33	353.91	1：2.39
1985	967.2	864.34	397.60	383.05	1：2.26
1986	1143.5	1068.69	423.76	410.32	1：2.60
1987	1268.7	1174.68	462.55	445.79	1：2.64
1988	1477.75	1224.27	544.94	491.69	1：2.49
1989	1704.7	1465.76	601.51	536.22	1：2.73
1990	1922.0	1897.29	686.31	667.62	1：2.84
1991	2148.5	2044.26	708.55	700.04	1：2.92

资料来源：根据历年《中国统计年鉴》计算得到。

三、我国居民财产性收入开始出现但占比过低

改革开放以后，在居民收入中，非劳动收入所占的比重在逐渐扩大，这其中财产性收入又是居民非劳动收入的主要组成部分，因此，我们以财产性收入的变化来说明这一时期居民非劳动收入的特征。

（一）对非劳动收入的肯定

对非劳动收入的肯定主要是指1984年10月～1991年12月这一历史时期。党的十三大论述了中国正处在社会主义初级阶段这一国情，为适应这一国情，党的十三大报告明确指出："社会主义初级阶段的分配方式不可能是单一的。我们必须坚持的原则是，以按劳分配为主体，其他分配方式为补充。"同时指出："除了按劳分配这种主要方式和个体劳动所得以外，企业发行债券筹集资金，就会出现凭债权取得利息；随着股份经济的产生，就会出现股份分红；企业经营者的收入中，包含部分风险补偿；私营企业雇用一定数量劳动力，会给企业主带来部分非劳动收入。以上这些收入，只要是合法的，就应当允许。"首次肯定了债券利息、股票红利等是合法非劳动收入，这些收入是财产性收入的各种形式。

（二）居民财产性收入状况分析

1978年以后出现的集体企业和小型国有企业的股份制改造，使一些劳动者在获得按劳分配的工资收入外，还能获得部分股息收入。1981年国债恢复发行，1990年底全国性资本市场的建立，标志着全国范围内居民理财新时代的到来。这一时期是中国在理论上允许非劳动收入存在的初始阶段，居民财产性收入开始增长，但是总量还很少。从城镇部门来看，从1984年允许非劳动收入存在，到1985年中国城镇居民财产性收入为3.74元，1990年增加到15.6元。从绝对量来看，城镇居民的财产性收入水平很低，而从增量来看，增长率则是较快。在1995年以前，《中国统计年鉴》上没有关于中国农村居民财产性收入的统计数据，直到1995年的统计数据表明，农村家庭平均每人纯收入中财产性收入为40.98元，约占总收入的2.6%。[①]

第五节　社会主义市场经济提出时期居民收入分配格局中的潜在问题

1979~1991年，中国居民收入水平迅速提高。但是，在收入分配领域中也出现了一些新问题，主要是在居民收入总量迅速增长的同时，居民收入分配中工资收入出现新的平均主义倾向，同时，社会收入分配不公也开始出现。

一、我国居民收入分配中平均主义与收入不公同时存在

（一）居民收入分配中依然存在平均主义倾向

从总体上来看，1979年以来的居民收入分配制度改革旨在打破计划经济时期一直存在的平均主义分配制度，但是，1979~1991年，中国居民收入分配总体上仍然是相对平均的。如前所述，反映居民收入差距的基尼系数较低（如表3-14所示）。按照国际上通用的标准，这一时期中国城镇居民收入差

---

① 根据历年《中国统计年鉴》计算得到。

距介于"高度平均"和"相对平均"之间。

表 3 – 14   1979 ~ 1991 年中国的基尼系数

年份	农村基尼系数	城镇基尼系数	全国基尼系数
1979	0.225	0.16	0.305
1980	0.241	0.16	0.322
1981	0.241	0.161	0.297
1982	0.232	0.162	0.269
1983	0.246	0.155	0.263
1984	0.244	0.163	0.264
1985	0.227	0.164	0.242
1986	0.304	0.166	0.305
1987	0.305	0.166	0.309
1988	0.303	0.174	0.319
1989	0.31	0.176	0.348
1990	0.31	0.167	0.341
1991	0.307	0.204	0.358

注：农村基尼系数根据历年《中国农村住户调查年鉴》计算得到，城镇基尼系数根据历年《中国城市生活与价格年鉴》计算得到，全国基尼系数根据修正城乡加权公式计算得到。

资料来源：常兴华，徐振斌，李伟，杨永恒. 促进形成合理的居民收入分配机制研究（总报告）[J]. 经济研究参考，2010 (25).

居民收入分配平均主义先表现在工资收入方面。从 1977 年到 1983 年，虽然政府对工资收入进行了多次调整，但调资升级的标准基本上是依据资格和工龄，这种调整方法不仅没有消除平均主义的弊端，反而使其有所发展。1985 年的工资制度改革实行了结构工资制和工资套改，其结果更是缩小了级差，加剧了平均主义倾向。首先，针对结构工资制，结构工资由基础工资、职务工资、工龄津贴和奖励工资四部分组成。据国家统计局的资料可知，结构工资出台前后的高、低级工作人员的工资比例普遍降低，所以，结构工资制改革并没有贯彻以"按劳分配"为指导的原则，如表 3 – 15 所示，比较工资改革前后不同行业人员工资差距，改革以后反而是收入差距更小了，所对比的几个行业呈现出一致性特征。

表 3 - 15　　　工资改革前后各行业不同级别工作人员之间的工资比例

行业	工资改革前	工资改革后
科研单位研究实习员与研究员	1：3.0	1：2.2
医院医师与主治医师	1：3.0	1：2.2
中学三级教师与高级教师	1：3.0	1：1.8
大学助教与教授	1：4.1	1：2.1
国家机关办事员与司局长	1：3.1	1：1.6

资料来源：苏树厚，等. 新中国劳动制度发展与创新研究 [M]. 济南：山东人民出版社，2005：249.

其次，1985年国营企业的工资改革，本意是要把企业单位的工资改革同机关事业单位的工资改革在办法和体制上分开，然而，在实际进行改革时，仍然是依照结构工资制进行的，并且以正常性的附加工资替代原有的奖金，使奖金分配更趋于平均化，奖金也失去了原有的体现差别、刺激效率的作用。

最后，福利供给制的分配方式以及津贴按人头平均发放的方式进一步加剧了平均主义的倾向。1979～1991年，住房、医疗、交通、教育、文化设施在总量上大体相当于职工工资的80%左右，这部分没有进入工资和流通，仍然主要是以公共福利的方式供给的。同时，按人头方式发放的津贴在职工工资总额中的比重上升，1978年这一比重为6.5%，1985年上升到18.5%，1991年进一步上升到20.9%。① 津贴的发放没有与劳动贡献挂钩，也没有拉开档次，因此，加剧了分配中的平均主义倾向。

（二）社会分配不公现象出现

社会分配不公是指社会收入分配不能体现出社会成员劳动贡献的大小。从这个意义上来说，平均主义也是社会分配不公的一种表现形式。1979～1991年，社会分配不公出现了一种新的形式，即社会成员的收入与社会成员的劳动贡献严重背离。这突出地表现在以下几个方面。

1. 出现了少数畸高收入者和畸低收入者。承包租赁者、外企工作人员、出租汽车司机、个体经营者、演员等社会阶层和职业的人员收入偏高。而工人、商业工作人员以及服务业工作人员和离退休人员的收入偏低

————————

① 　根据1991年《中国统计年鉴》第120页数据计算得到。

（如表 3 – 16 所示）。

表 3 – 16　　　　1990 年不同社会阶层和职业的人员的收入差距

人员分类	人均年收入（元）	为平均收入的倍数
承包租赁者	8000	3.20
外企工作人员	7000	2.80
出租汽车司机	5000	2.00
个体经营者	4500	1.80
演员	4000	1.60
从事第二职业者	3700	1.48
机关企事业单位负责人	2900	1.16
各类专业技术人员	2800	1.12
离退休再就业者	2660	1.06
办事人员	2540	1.02
工人	2400	0.96
商业工作人员	2270	0.91
服务业工作人员	2200	0.88
离退休人员	1700	0.68

资料来源：国家经济体制改革委员会分配司. 差距与公平 [M]. 北京：中国经济出版社，1991：30.

2. 非法所得数量增加。非法所得主要是指国家机关和公有制企业的工作人员以及公共财政的管理人员通过贪污受贿和倒买倒卖获得的收入。据统计，1986 年非法所得在万元以上、不足 3 万元的比上一年增加 179.23%，非法所得在 3 万元以上的比上一年增加 358.5%。1988 年全国检察院立案侦查贪污、受贿 10 万~50 万元的 122 件，50 万~100 万元的 72 件，100 万元以上的 15 件。1986 年全国法院判处贪污案件中，数额最高的达 334 万元。①

二、体制转轨是我国收入分配领域问题产生的主要原因

1979~1991 年导致中国收入分配领域中产生问题的原因是多方面的，有经济发展战略调整和经济体制改革过程中的不完善；有税收、法制等具体政

---

① 赵凌云. 中国经济通史第十卷（下册）[M]. 长沙：湖南人民出版社，2002：696.

策方面的失误和缺陷；也有政治体制改革与经济体制改革的不配套等，但最根本的原因是双重体制的摩擦与冲突。

（一）计划与市场并存的双轨经济体制和分配体制

1979～1991年中国的经济体制呈现出典型的计划与市场并存的双轨制特征。在分配体制方面，传统计划经济体制下的收入分配体制仍然存在，市场分配方式开始出现。双重分配体制之间出现矛盾和摩擦，导致居民收入分配领域出现了各种问题，主要表现在以下几个方面：第一，对按照市场形式分配的部分经济活动缺乏有效的间接调控，致使市场分配机制运行失序，这是计划外经济活动能够获得高收入的重要体制原因。第二，由于经济体制改革以简政放权和放权让利为主线展开，中央对计划内经济活动的调控能力被削弱。因此，一方面，国家难以在全社会范围内调节收入分配；另一方面，在国家所能支配的财力日益缩小、全民所有制职工的工资总额在整个消费基金中的比重日益缩小的情况下，计划内的居民收入分配部分不但不能拉开差距，反而只能进一步缩小差距，进一步平均化分配。第三，双轨制集中表现为双重价格体制，双重价格形成了巨额的经济租金。而这一巨额租金的存在，又是流通领域中寻租活动泛滥以及滋生腐败现象和导致分配不公的重要原因。据估计，当时生产资料平价和议价差额为2000亿～3000亿元。这个巨大的差额，虽有部分落到国家和企业手中，但相当大一部分却落到不法分子和大大小小的"倒爷"手中。在计划内的收入很难有所增长甚至因通货膨胀有所减少的情况下，一些单位和个人就想方设法从寻租中获得补充收益，形成了工资、奖金和正当经营收入以外的"灰色收入"，"灰色收入"既形成了居民收入差距又造成社会成员对收入分配状况的不满。

（二）改革不同步，政策不统一

1979年以来，中央实行了许多有差别的政策。例如，为了鼓励个体、乡镇集体和中外合资企业的发展，在税收、信贷等方面采取了减免税等扶持政策，对个体、集体、中外合资和国营企业分别采取不同的所得税税率，税负轻重不等；为了充分发挥技术人员的作用和鼓励人才流动，允许科技、设计单位进行经营性活动，允许企业的租赁者、承包者有较高的收入等。对特区有各种优惠，对一些省会城市有计划单列的优待，对试点城市有试点的优惠。这些单项的有差别的优惠政策虽然对于调动各方面的积极性起了一定的作用，但是由于这些政策缺乏统一的客观标准和科学的横向比较，也必然会在分配上产生苦乐不均。这种政策的不一致是造成地区性和各阶层之间收入分配不公的重要原因。

（三）市场体系不健全

一是商品市场不完善，价格不合理。从 1979 年起，对长期以来实行管制的价格体系逐渐放开，地方政府的控制又取代了中央的控制，商品的国内统一市场价格一直没有完全形成，价格背离价值的现象还普遍存在，这是导致行业之间和企业之间收入不公的重要原因。二是劳动力市场还没有形成。劳动者不能在计划指导下自主地选择职业，这就造成了极大的机会不均等。这种就业机会的不均等，一方面使在不同所有制、不同部门、不同行业和企业就业的职工的收入差距脱离各自的劳动贡献，另一方面收入攀比机制又通过提高工资或消极怠工等形式使真正由劳动贡献差别所决定劳动收入的差别进一步拉平。另外，人才市场刚刚出现，还没有发挥应有的作用，企业家等管理人员的才能与社会贡献没有形成合理的市场评价机制，从而造成部分承包和租赁者收入过高。

三、传统管理体制是收入分配问题产生的深层次原因

（一）经济效益先升后降

片面追求速度而忽视经济效益的提高，是中国经济发展中长期存在的倾向。"六五"计划提出，要把经济发展模式转变到以提高经济效益为中心的轨道上来，这一现象开始引起重视并有了一定程度的改善，但并没有得到根本扭转。"六五"时期是我国新旧体制转换的过渡时期，因此，片面追求经济增长速度的发展格局仍有很大生存空间，传统管理体制还在发挥其惯性作用，中央提出的"以提高经济效益为中心"的国民经济发展方式还没有得到切实落实。

在传统经济增长和管理体制中，追求高增长率和高投资率的冲动会经常出现。经过 1981 年和 1982 年上半年的经济调整，刚刚取得一些成效，1982

年下半年又再次出现，并在 1984 年达到一个"高潮"，各地都要实现国民收入的"提前翻番"，竞相增加投资、上项目，拼命提高产值增长的速度，各地加上消费基金增长过猛，形成了 1984 年下半年货币（包括现金和信贷）的过量供给和工业增长速度直线上升。1985 年，总需求与总供给的差距继续拉大，经济环境趋于过热，使全社会的整体经济效益有所下降。"六五"计划后期，产品质量普遍下降，物耗和成本明显上升，经济效益并不理想。

1985～1990 年，农、工、建、运、商各行业在社会总产值的比重没有多大的变化，但物耗率却由 1985 年的 57.7%，上升到 1990 年的 61.9%。全部独立核算工业企业资金利税率由 1985 年的 23.8% 下降为 1989 年的 16.8%，成本急剧上升，企业亏损大幅度增加。在建设领域中，建设工期拖长，基本建设投资的固定资产交付使用率由"六五"时期的 75.5% 下降为 73%；投资超概算、盲目引进、重复建设的现象突出。在全国重点企业考核的指标中，1989 年和 1985 年相比，有 48% 的质量指标下降，52% 的消耗指标上升。同时，产业结构调整缓慢，资源利用率不高。1991 年主要加工产品的生产能力的利用率很低，有相当部分在 50% 左右。企业亏损面为 29.7%，如果考虑潜亏因素，实际亏损面还要大得多。[1] 1991 年企业亏损额比上年又增长 10.6%，全年实现利润比上年下降 14.2%。[2]经济效益的降低减少了可以用于分配的国民经济收入总量。

（二）积累率先降后升

1970～1980 年，连续 11 年，积累率都在 30% 以上，1978 年的积累率高达 36.5%。"六五"时期前三年，过高的积累率有所下降。但是，这一好形势没有维持下来，"六五"时期后两年，由于投资过热，积累率再次提升，超过了 30%。1984 年和 1985 年的积累率分别为 31.2% 和 33.7%。"六五"期间的年平均积累率为 30.8%。"六五"后期积累率的回升为"七五"建设留下了隐患。[3]

伴随着积累率的提高，"六五"后期，固定资产投资规模又开始膨胀，投资方向偏向于增加新建项目和投资少见效快的加工工业，投资结构不合理

---

①② 中国经济年鉴编辑委员会. 中国经济年鉴（1992）［M］. 北京：经济管理出版社，1992.
③ 国家统计局编. "六五"期间国民经济和社会发展概况［M］. 北京：中国统计出版社，1986：15－18，21，100.

现象仍然突出。1982～1985 年，固定资产投资平均每年增长 22%，与过去情况不同的是，由于改革，现在的固定资产投资总规模中，由预算外资金安排的建设已占 40% 以上，投资规模突破较多的是自筹投资。预算外投资增长过快，超过了国民收入、工农业总产值和财政收入的增长率。① 积累需求和投资规模过大的原因，在于传统的经济体制还没有根本改变，传统的经济发展方式，即以外延型为主的扩大再生产方式，还没有转到以内涵型为主的新路子上来。把投资规模控制在一个合理的范围内，逐步实现由以外延型为主向以内涵型为主的经济增长方式转变，还是一项艰巨的任务。

（三）资源配置方式与机制仍限于传统体制上的行政性资源配置方式

在这一阶段，资源配置方式与机制仍限于传统体制上的行政性资源配置方式，这种资源配置方式与工业化处在初级阶段的经济增长格局以及相应的高度集中的经济体制相适应，因而不可避免地存在诸多历史缺陷。首先，这种机制的作用具有不确定性，在经济建设指导思想相对准确时可以发挥巨大作用（如在“一五”时期、20 世纪 60 年代上半期的调整时期），但在宏观指导思想失误时，可能发挥巨大的消极作用（如“大跃进”时期、1977～1978 年“洋跃进”时期）。其次，其价值取向主要是高产值、高速度、大规模，经济效益与经济内在质量的改善被放在次要位置，这样就内含着资源配置偏向高产值产业部门，如工业特别是加工制造工业的可能。再次，其手段主要是指令性的行政手段，这种手段较少考虑地区、行业差距，这种“一刀切”“一拉齐”的资源配置方式为新的资源配置失衡埋下“伏笔”。最后，从性质上来看，它与市场经济的要求是相悖的。传统的行政性资源配置方式未能与经济市场化、社会化和专业化以及分工协作内在地契合在一起，因此，资源配置主要是按条块关系进行的，这样又潜伏着地区、部门之间的“大而全”“小而全”以及地区之间产业结构攀比的可能。所有这些说明，20 世纪 80 年代上半期调整中采用的资源配置机制只是在当时特定的历史条件下显示了绩效。在 20 世纪 80 年代下半期，这种资源配置机制即失去了其历史合理性。其内涵的缺陷在新的历史条件下迅速暴露出来，而且有了新的

---

① 杨振家，谢渡扬. 保持经济稳定是顺利实现“七五”计划的基础［J］. 宏观经济研究，1985（16）.

发展。首先，资源配置的价值标准仍然是产值、规模等，而且这一点不仅体现在中央决策层仍以产值或人均国民生产总值为经济发展的主要目标，而且还表现在地方决策层片面地以产值定政绩大小的思维与行为模式。所以，中央和地方都或多或少、自觉或不自觉地偏向于产值高的产业部门。其次，社会资源的配置主要由行政系统进行，而行政系统又逐渐有了自己独立的经济利益，所以，地区间产业结构的趋同与封闭现象迅速加剧。从某种意义上来说，20世纪80年代下半期地区间经济联系被割裂的程度远甚于此前时期。最后，市场机制开始在资源配置中发挥重要作用，本应促使资源配置向合理化方向发展，但这种机制的作用是在宏观经济管理逐渐失控、经济中出现了普遍"短缺"与"瓶颈"制约的条件下发挥的，而且，其中的参数开始受到行政因素的干扰与扭曲，所以，市场机制反而加剧了行政性质资源配置的弊端。[①]

应该说，随着改革开放和中国从计划经济体制向市场经济体制的转型，随着软预算约束的打破，在改革开放的前期，政府对经济的干预程度不断降低，可惜的是，传统发展方式的巨大惯性使发展方式的转变难以实现，尽管为了适应市场化改革，政府也意识到自身改革的重要性，从很早就定下了政府改革的原则，例如政府需要"简政放权"，政府管理部门需要"松绑让利"，政府需要"转变职能"等，总体上政府应该撤出直接参与市场利益竞争的领域，但实际上在很长时期内政府从市场上获得的利益还是在不断增加，政府并没有退出直接支配资源配置的领域，政府支配资源的能力还在不断增加。尽管计划经济已然远去，但在实际经济运行中，各级政府并没有放弃对资源配置的支配力。特别是在20世纪90年代以后，在新条件下，同市场结合，政府主导反而更加强化。1994年国家全面实行财政分权的分税制改革，按照中央和地方政府的事权划分财权，主要是提高了中央财政收入占国家财政总收入的比重。这种改革在政府行为不受约束的条件下，奠定了收入分配向中央，进而向各级政府倾斜的基础。而政府部门收入占比的过快增长，正是这一时期中国居民收入分配转型和深化的一个很重要的原因。

---

① 赵凌云. 论产业比例复归 [J]. 当代经济科学，1992 (4).

第六节　社会主义市场经济提出时期居民收入
　　　分配格局变动的经济效应

一、居民收入分配格局变动对居民消费的影响

（一）居民收入格局变动对居民消费率的影响

居民收入在国民收入分配格局中所占比重提升对居民消费率产生了显著提升作用。1979～1991年，中国居民消费率在50%以上的水平上下波动，在居民收入有了较大提高的基础上，这样的消费率比起改革开放之前已经是比较高了。

（二）居民收入格局变动对总需求格局的影响

改革开放以后，由于中国经济的快速发展，投资需求增加较快，消费需求在比例变动不大的情况下，总量增加是比较快的，1978年支出法国内生产总值中消费、投资与净出口三大需求的比例关系为62.1：38.2：－0.3，1980年为65.5：34.8：－0.3，这一比例关系大体持续到1991年。[①]

从图3-2的统计数据可以看出，1979～1991年，中国居民消费率在1980～1990年，一直处于50%以上，其中1981年达到高点，为52.2%，此后十年基本稳定在50%以上，只是1990年以后居民消费率下降较为明显，1991年下降到47.5%，较1979年以来的最高值下降4.7个百分点。[②]

从另外一个角度来看，分析1979～1991年消费、投资与净出口占支出法国内生产总值的比重，也可以看出居民消费率的规律性变化。

在这一时期的总需求格局中，投资需求所占比重仍然比较高，消费需求在1980～1989年维持在50%左右，从1990年开始有下降趋势，但是消费需求的总比率不低，所以这一时期消费需求对经济增长的拉动作用明显（如图3-2所示）。

---

①② 笔者根据相关年份的《中国统计年鉴》计算得到。

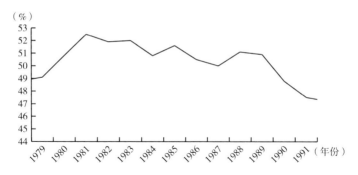

图 3 - 2　1979 ~ 1991 年中国居民消费率

资料来源：根据表 3 - 17 数据绘制。

二、我国居民收入格局变动带来经济快速发展

1979 ~ 1991 年这一阶段是新中国成立以来发展史上居民收入增长最快的时期，并由此造成中国国民收入分配格局发生了较大的变化，居民收入分配格局出现松动。这种收入分配格局变化对国民经济增长起到巨大的促进作用，可以说在一定程度上实现了经济增长与居民收入增长的基本同步，在经济快速增长的同时，实现了居民收入和消费的增长，人民生活有了较大改善，彻底改变了居民的生活状况，在较短时间内解决了人民的温饱问题。这是改革开放以来中国经济发展所取得的重大成就（如表 3 - 17、图 3 - 3 所示）。

表 3 - 17　　1979 ~ 1991 年消费、投资与净出口占支出法国内生产总值的比重　单位：%

年份	最终消费率	资本形成率	净出口率	居民消费率
1979	64.4	36.1	- 0.5	49.1
1980	65.5	34.8	- 0.3	50.8
1981	67.1	32.5	0.5	52.5
1982	66.5	31.9	1.6	51.9
1983	66.4	32.8	0.8	52.0
1984	65.8	34.2	0	50.8
1985	66.0	38.1	- 4.1	51.6
1986	64.9	37.5	- 2.4	50.5
1987	63.6	36.3	0.1	50.0
1988	63.9	37.0	- 0.9	51.1

年份	最终消费率	资本形成率	净出口率	居民消费率
1989	64.5	36.6	-1.1	50.9
1990	62.5	34.9	2.6	48.8
1991	62.4	34.8	2.8	47.5

资料来源：根据2010年《中国统计年鉴》计算得到。

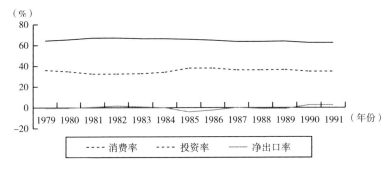

图3-3　1979～1991年中国的总需求格局

资料来源：根据表3-17数据绘制。

| 第四章 |

社会主义市场经济体制确立时期的
居民收入分配格局（1992～2011 年）

1992 年初，邓小平在南方谈话中系统地阐述了社会主义市场经济思想，这一讲话精神极大地推动了全社会的思想解放，经济体制改革步伐也在加快。1992 年 10 月，党的十四大正式把建立社会主义市场经济体制确立为我国经济体制改革目标。在社会主义市场经济体制确立过程中，由于社会主义市场经济体制对资源配置的高效率，带来我国经济的高速发展阶段，同时，也存在新旧体制之间的冲突与摩擦，使经济增长也有陷入低迷的时期，总体上经济波动较为频繁，分配制度处于不断调整过程中，居民收入也随之呈现出波动性变化，基本表现为居民收入增速滞后，从而形成了居民收入分配格局不同于上一阶段的新特征。

第一节　重新重工业化的形成与特征表现

从改革开放到 20 世纪 80 年代中期，中国经济增长很快，到 80 年代末期，由于市场约束的形成，企业经营出现困难，为解决市场疲软和经济萧条问题，政府开始加大投资规模，这些投资的作用在 90 年代初期开始出现，加之邓小平南方谈话的推动，新一轮的经济建设热潮在全国掀起，连续 3 年实现经济高速增长，全面提前完成"八五"计划。伴随着经济的高增长，经济运行出现了不正常现象，表现出经济过热的征兆。在高投资、高货币投放的作用下，物价水平快速攀升。为支持经济高速增长，弥补国内资源供给不足，国家不得不扩大进口和压缩国内紧缺的原材料和能源的出口。同时，由于市场需求旺盛，生产资料价格普遍大幅上扬，在这种生产资料价格暴涨的推动下，出现了经济和金融秩序的混乱。在此状况下，1993 年 6 月 24 日，中共中央正式下发《中共中央、国务院关于当前经济情况和加强宏观调控的意见》，标志着在社会主义市场经济体制新形势下的宏观调控全面展开，也标志着"软着陆"的启动。

在实施"软着陆"过程中，除较好地运用行政管理手段以外，更多地运用了间接宏观调控手段，其中货币政策发挥了更重要的作用，包括中国人民银行开始运用利率、准备金率、公开市场业务等货币政策工具手段进行宏观调控。

1993～2009 年，随着中国市场化改革的不断深化、出口导向型战略的确立以及产业结构的升级，中国工业化由 1979～1991 年的轻重工业协调发展阶段，再次转向重工业化阶段。与此前不同的是，这次重工业化的再次出现，并非中国政府的主动选择，而是在经济转型过程中，在日益市场化的条件下，各种利益主体相互博弈的结果。1992～2011 年，中国经济基本维持较高的增长速度，虽然从总体上看居民收入水平有了较大的提高，但是社会保障体制的改革使居民承担了越来越多的成本，居民的可支配收入增长不多，因此，这一时期居民收入分配的特征是收入增速滞后，造成相对于政府部门和企业部门收入，住户部门收入总量在国民收入中所占的比重一直处于下降状态。另外，这一阶段居民收入的了一个主要特征是居民收入差距明显扩大，居民收入差距已经由前一阶段的绝对平均演变成收入差距过大。如果说 1953～1978 年中国居民低收入分配格局是推行重工业优先发展战略的结果，那么，1992～2011 年的居民低收入分配格局则是市场机制作用下自发的重工业化、市场化改革对居民收入各方面产生综合影响作用的结果。

一、社会主义市场经济体制确立后的发展思路转变

我国社会主义市场经济体制的确立，对新中国成立以来所形成的发展思路产生了很大影响，从根本上说是初步形成了经济增长必须从目前的数量扩张向今后的质量提高转变的思想。

经过新中国几十年的建设，特别是改革开放以来的高速发展，从数量上

来看，我国已经形成了门类齐全、比较完整的工业体系。但是，从工业生产质量方面来看，我国工业产业还存在十分突出的问题，主要包括：产业结构不合理，基础产业比较薄弱，传统产业所占比重大，高新技术产业还处在发展阶段，缺乏被国内外市场普遍认可的名牌产品，国际竞争力较弱，产业结构同质化现象较为突出。

20 世纪 90 年代以后，经济形势和经济体制发生了根本性改变，产业调整和产业升级成为国民经济发展中的重大战略问题，也是实现"三步走"发展战略的关键。1995 年 9 月，中共十四届五中全会提出，实现第三步发展战略目标，"关键是实行两个具有全局意义的根本性转变：一是经济体制从传统的计划经济体制向社会主义市场经济体制转变；二是经济增长方式从粗放型向集约型转变"。

但是经济增长方式的转变是一个长期任务，转变过程中遇到的最大障碍是我国劳动力的严重剩余，这种劳动力剩余主要是由于工业生产领域因经济增长方式转变、资本有机构成提高对劳动力吸纳力减弱，以及由于农业领域劳动生产率提高、大量农业劳动力要向非农产业转移，劳动力需求与供给的巨大缺口给多用先进技术少用人的生产方式造成巨大压力。

二、市场经济体制改革带来居民收入的巨大变化

1992～2011 年，我国居民收入增加很快，不论是从城镇居民家庭人均可支配收入还是从农村居民家庭人均纯收入的增长数据中都可以明显看出。城镇居民家庭人均可支配收入的绝对值从 1992 年的 2026.6 元增长到 2011 年的 21809.8 元，即 2011 年的名义收入是 1992 年的 10.8 倍；农村居民家庭人均纯收入的绝对值从 1992 年的 784.0 元增长到 2011 年的 6977.3 元，即 2011 年的名义收入是 1992 年的 8.9 倍（如表 4－1 所示）。从这一变化中可以看出，城镇居民人均可支配收入增长速度远远快于农村居民家庭人均纯收入的增长速度。

在这一时期，我国居民家庭生活水平有了巨大提升，这一点可以从恩格尔系数的变化看出。城镇居民家庭恩格尔系数从 1992 年的 53.0% 降低到 2011 年的 36.3%，农村居民家庭恩格尔系数从 1992 年的 57.6% 降低到 2011 年的 40.4%，城乡居民家庭社会都发生了质的改变，处于由温饱状态转向整体小康社会阶段。

表4-1　　　　　　　　　　城乡居民家庭人均收入及恩格尔系数

年份	城镇居民家庭人均可支配收入		农村居民家庭人均纯收入		城镇居民家庭	农村居民家庭
	绝对数（元）	指数（1978=100）	绝对数（元）	指数（1978=100）	恩格尔系数（%）	恩格尔系数（%）
1992	2026.6	232.9	784.0	336.2	53.0	57.6
1993	2577.4	255.1	921.6	346.9	50.3	58.1
1994	3496.2	276.8	1221.0	364.3	50.0	58.9
1995	4283.0	290.3	1577.7	383.6	50.1	58.6
1996	4838.9	301.6	1926.1	418.1	48.8	56.3
1997	5160.3	311.9	2090.1	437.3	46.6	55.1
1998	5425.1	329.9	2162.0	456.1	44.7	53.4
1999	5854.0	360.6	2210.3	473.5	42.1	52.6
2000	6280.0	383.7	2253.4	483.4	39.4	49.1
2001	6859.6	416.3	2366.4	503.7	38.2	47.7
2002	7702.8	472.2	2475.6	527.9	37.7	46.2
2003	8472.2	514.6	2622.2	550.6	37.1	45.6
2004	9421.6	554.2	2936.4	588.0	37.7	47.2
2005	10493.0	607.4	3254.9	624.5	36.7	45.5
2006	11759.5	670.7	3587.0	670.7	35.8	43.0
2007	13785.8	752.5	4140.4	734.4	36.3	43.1
2008	15780.8	815.7	4760.6	793.2	37.9	43.7
2009	17174.7	895.4	5153.2	860.6	36.5	41.0
2010	19109.4	965.2	5919.0	954.4	35.7	41.1
2011	21809.8	1046.3	6977.3	1063.2	36.4	40.4

资料来源：根据2012年《中国统计年鉴》计算得到。

第二节　社会主义市场经济体制改革
对居民收入的提升作用

1992~2011年，随着中国市场化改革的不断深化、出口导向型战略的确立以及产业结构的升级，中国工业化由1978~1991年的轻重工业协调发展阶段，再次转向重工业化阶段。与此前不同的是，这次重工业化的再次出现，并非中国政府的主动选择，而是在经济转型过程中，在日益市场化的条件下，各种利益主体相互博弈的结果。1992～2011 年，中国经济基本维持较高的增长速度，虽然从总体来看、从名义收入来看，居民收入水平有了较大的提高，但是社会保障体制的改革使居民承担了越来越多的成本，居民的可支配收入增长不多，因此，这一时期居民收入分配的特征是收入增速滞后，造成相对于政府和企业收入，居民收入总量在国民收入中所占的比重一直处于下降状态。另外，这一阶段居民收入的一个主要特征是居民收入差距明显扩大，居民收入差距已经由前一阶段的收入差距较大演变成收入差距过大。如果说 1953～1978 年中国居民收入分配格局是推行重工业优先发展战略的结果，那么，1992～2011 年的居民收入分配格局，则是市场条件下自发的重工业化、市场化改革对居民收入各方面产生综合影响作用的结果。本章我们将从居民收入增速下降的现状入手，分析本历史阶段中国居民收入分配格局的转型和深化。

一、中国劳动收入占国内生产总值的比重不断下降

在国民收入分配格局中，对政府、企业、居民三者之间所占比重关系的考察，是研究功能性分配的主要目的，这一关系是收入分配领域最重要的一组相互关系。自 20 世纪 90 年代以来，中国国民收入分配格局发生了显著变化，政府、企业、居民三者所得在国民收入中所占比重调整很大，一方面，从绝对量来看，政府部门、企业部门和住户部门的收入绝对量都随着中国经济总量的增加而有了较大幅度的增加。另一方面，从国民收入分配格局来看，三者比例关系的变化很大，这一变化对经济发展会产生很大影响。即，在政府部门、企业部门、住户部门三者的收入分配份额调整和变动过程中出现了一些问题，影响最大的问题是，住户部门所获得的收入在国民收入分配中所占比重过小，即劳动报酬占 GDP 的比例过低，工薪阶层难以分享经济增长的成果。1992 年以来劳动报酬占 GDP 比重的变化历程的考察如下。

20 世纪 90 年代以来，尽管中国国内生产总值基本上都保持了较高的增长速度，但是职工工资总额占 GDP 的比重基本上维持在比较低的水平上。一般来说，衡量一国国民收入初次分配是否公平的主要指标是分配率，即劳动报酬总额占国内生产总值的比重。劳动者的报酬总额占 GDP 的比重越高，则表明国民收入的初次分配越公平。中国在初次分配领域面临着资本所有者所得

畸高、财政收入大幅增长、劳动所得持续下降的局面。1992 年以来劳动报酬总额占 GDP 的比重变化可以分为两个阶段：1992 ~ 2002 年阶段和 2003 ~ 2011 年阶段。

如表 4 - 2 所示，考察 1992 ~ 2011 年阶段的劳动报酬总额与 GDP 关系，劳动报酬基本上在较低水平保持稳定。1992 年邓小平南方谈话以后，中国社会主义市场经济的主体地位得到确立，市场机制在经济领域中的基础性作用不断增强，对收入分配的调节作用也明显增加。1992 ~ 1999 年，随着经济增长速度由回升、过热转向回落，占居民收入主要部分的劳动报酬收入的增长也经历了一个由上升转向回落的过程，但大体上变化不大，在国民收入分配格局中劳动报酬的占比处于一种低水平稳定状态。

表 4 - 2　　　　　　1992 ~ 2011 年不同数据来源的劳动收入份额比较

年份	收入法 GDP	资金流量表（修订前）	资金流量表（修订后）
1992		无	0.677
1993	0.560	0.662	0.610
1994	0.572	0.660	0.619
1995	0.586	0.664	0.614
1996	0.588	0.680	0.613
1997	0.591	0.692	0.628
1998	0.593	0.701	0.628
1999	0.587	0.718	0.628
2000	0.575	0.713	0.603
2001	0.572	0.712	0.597
2002	0.566	0.716	0.609
2003	0.548	0.715	0.595
2004	0.540	0.632	0.553
2005	0.542	0.696	0.604
2006	0.538	0.693	0.597
2007	0.529	0.691	0.590
2008		0.571	0.583
2009		无	0.605
2010		无	0.604
2011		无	0.608

资料来源：1993 ~ 2007 年数据来源于：周明海. 中国劳动收入份额变动的测度与机理分析 [D]. 浙江大学博士学位论文，2011；其他数据根据相关年份资金流量表计算得到。

2000 年以来，劳动报酬总额占 GDP 的比重处于不断下降过程中。由于企业改革的进行，企业自负盈亏的核算对企业形成了成本收益的约束机制，约束机制的形成使企业变成了市场经济中的"经济人"，在劳动力充足的条件下，尽量压低劳动成本就是企业的理性选择。2000~2011 年，企业的经营风险更多是由出资方承担，而劳动者更趋向于获得较为固定的工资收入，在企业利润分红中的谈判能力在逐步下降，这也是导致企业总收入中劳动份额逐步下降的重要原因之一。

二、国民收入初次分配格局中居民部分呈现下降趋势

根据国家统计局正式公布的 1992 年以来"资金流量表（实物交易）"部分的统计数据，计算中国国民总收入及其在企业、政府和居民之间的初次分配情况如表 4-3 所示。表中的数据表明，在中国国民总收入的初次分配格局中，2008 年与 1993 年比较，企业所得的比重由 20.6% 上升至 26.6%，增加了 6.0 个百分点；政府所得的比重由 16.8% 下降至 14.7%，增加了 2.1 个百分点；而居民所得的比重则由 62.6% 降至 58.7%，下降了 3.9 个百分点。造成这种状况的直接原因在于三者的增长速度不同。2008 年与 1993 年比较，以当年价格计算，国民总收入增长 9.15 倍，年均增长 15.9%，其中，企业收入增长 11.2 倍，年均增长 17.5%；政府部门收入增长 9.5 倍，年均增长 16.2%；居民收入增长 8.37 倍，年均增长 15.2%。由此可见，增速最高者是企业，政府次之，而居民收入增长最慢，明显滞后于政府和企业部门的收入增长。

1992~2011 年中国国民收入分配格局的演变状况如表 4-3 所示，根据表中数据，可以看出 1992 年以来中国国民收入分配格局中的居民收入份额变动情况。在国民收入初次分配格局中，住户部门所得份额于 1992~2003 年基本处于稳定状态，只是这种状态是一种低水平的稳定；自 2004 年以来政府部门所得份额基本稳定，而住户部门所得份额处于快速下降通道中，与此同时，企业部门所得份额则较快上升，即存在"资本侵蚀劳动"现象，这也是中国经济发展再重工业化的一个表现。

表 4 - 3   1992～2011 年中国国民总收入及其初次分配情况

年份	国民总收入		企业部门收入		政府部门收入		住户部门收入	
	总额（亿元）	比重（%）	总额（亿元）	比重（%）	总额（亿元）	比重（%）	总额（亿元）	比重（%）
1992	26651.8	100.0	5080.6	19.1	4138.3	15.5	17432.9	65.4
1993	34560.5	100.0	7123.1	20.6	5815.0	16.8	21622.4	62.6
1994	46670.1	100.0	9168.5	19.6	7588.4	16.3	29913.2	64.1
1995	57494.9	100.0	11565.1	20.1	8705.4	15.1	37224.4	64.8
1996	66850.6	100.0	11522.5	17.2	10381.5	15.5	44946.6	67.3
1997	73142.0	100.0	13250.9	18.1	11829.7	16.2	48061.4	65.7
1998	76967.3	100.0	13489.3	17.5	12982.8	16.9	50495.2	65.6
2000	98000.5	100.0	19324.3	19.7	12865.2	13.1	65811.0	67.2
2001	108068.2	100.0	23122.2	21.4	13697.3	12.7	71248.7	65.9
2002	119095.7	100.0	25694.1	21.6	16600.0	13.9	76801.6	64.5
2003	134977.0	100.0	30077.0	22.3	18387.5	13.6	86512.5	64.1
2004	159453.6	100.0	40051.2	25.1	21912.7	13.7	97489.7	61.2
2005	183617.4	100.0	45026.4	24.5	26073.9	14.2	112517.1	61.3
2006	215904.4	100.0	53416.5	24.7	31373.0	14.5	131114.9	60.8
2007	266422.0	100.0	68349.8	25.7	39266.9	14.7	158805.3	59.6
2008	316030.3	100.0	84085.7	26.6	46549.1	14.7	185395.4	58.7
2009	340320.0	100.0	84169.6	24.7	49606.3	14.6	206544.0	60.7
2010	399759.5	100.0	97968.3	24.5	59926.7	15.0	241864.5	60.5
2011	468562.4	100.0	112212.5	23.9	72066.9	15.4	284282.9	60.7

注：中国自 1992 年开始编制该表，1998 年第一次向社会公布。

资料来源：2005 年以前数据引自：杨圣明. 关于我国国民总收入分配的几个问题 [J]. 中国社会科学院研究生院学报，2009（3）；2006～2011 年数据根据相关年份《中国统计年鉴》中的资金流量表（实物交易部分）计算得到。

三、国民收入再分配格局中居民部门也呈现下降趋势

再分配格局对各收入主体来说，是其真实可用的收入份额，也被认为是能够最充分和准确地代表一个国家在一定时期内国民收入分配状况的指标。国民总收入的最终格局是由初次分配和再分配共同决定的。再分配主要是在初次分配的基础上利用财政、税收、金融等调节杠杆，通过这些调节机制进

行再分配之后形成最终收入分配格局。中国国民总收入最终分配格局如表 4－4 所示。事实上，政府部门从再分配中获利最大，尤其是 2000 年之后，国民收入经过再分配后，政府部门收入提高得更多，2008 年提高了近 4 个百分点。2008 年国民收入初次分配中，政府部门收入占比为 17.5%，经过再分配后，占比上升为 21.3%，上升了 21.7%。在再分配中，政府部门的增速是最高的，企业部门收入增速次之，住户部门收入在国民总收入中所占比重则一直处于下降过程中。

表 4－4　　1992~2011 年中国国民总收入再分配后形成的可支配总收入情况

年份	国民总收入		企业部门收入		政府部门收入		住户部门收入	
	总额（亿元）	比重（%）	总额（亿元）	比重（%）	总额（亿元）	比重（%）	总额（亿元）	比重（%）
1992	26715.5	100.0	3560.3	13.3	5064.9	19.0	18090.3	67.7
1993	34628.0	100.0	5593.4	16.2	6660.3	19.2	22374.2	64.6
1994	46785.4	100.0	7495.5	16.0	8427.9	18.0	30862.0	66.0
1995	57614.6	100.0	9618.8	16.7	9504.6	16.5	38491.2	66.8
1996	67028.4	100.0	9092.6	13.6	11492.8	17.1	46442.9	69.3
1997	73568.0	100.0	10568.6	14.4	12878.1	17.5	50121.3	68.1
1998	77321.8	100.0	11077.4	14.3	13555.9	17.5	52688.6	68.1
2000	98523.0	100.0	17670.2	17.9	14314.1	14.5	66538.7	67.6
2001	108771.1	100.0	20581.6	18.9	16324.2	15.0	71865.3	66.1
2002	120170.4	100.0	23241.2	19.3	19505.9	16.2	77423.3	64.5
2003	136421.2	100.0	27206.0	19.9	21946.8	16.1	87268.4	64.0
2004	161348.8	100.0	36322.3	22.5	26517.6	16.4	98508.9	61.1
2005	185572.4	100.0	40088.5	21.6	32573.7	17.6	112910.2	60.8
2006	218141.8	100.0	46990.5	21.5	39724.9	18.2	131426.4	60.3
2007	269243.2	100.0	59492.5	22.1	51192.1	19.0	158558.6	58.9
2008	319027.2	100.0	72557.1	22.7	60544.1	19.0	185926.1	58.3
2009	342482.5	100.0	72576.8	21.2	62603.3	18.3	207302.4	60.5
2010	402513.7	100.0	85275.7	21.2	74116.3	18.4	243121.7	60.4
2011	470145.4	100.0	94169.7	20.0	90203.2	19.2	285772.6	60.8

资料来源：2005 年以前数据转引自：杨圣明. 关于我国国民总收入分配的几个问题 [J]. 中国社会科学院研究生院学报，2009（3）；2006~2011 年数据根据相关年份《中国统计年鉴》中的资金流量表（实物交易部分）计算得到。

通过再分配调整后三主体的收入格局特点为：第一，从总量来看，政府部门、企业部门和住户部门的可支配收入中企业所得增速最快，居民所得增速较慢。第二，国民收入再分配格局变化表现为 20 世纪 90 年代变化缓慢，居民可支配收入在一种低水平上保持较稳定状态，而 2000 年以来变化明显的特征。第三，调整后的可支配收入与未调整的可支配收入相比，政府所得上升和企业所得下降对比明显，而居民所得变化不明显。

通过比较分析可以看出，在 20 世纪 90 年代中国国民收入分配格局大体上是比较稳定的，但这是一种在居民低收入格局基础上的稳定，2000 年以来出现明显的变化，表现为政府部门所得份额呈现明显上升趋势，企业部门所得增速较快，住户部门所得增速滞后，导致居民收入分配格局重现的特点。具体变化趋势可以概括为：一是初次分配企业部门所得增速较快；二是再分配明显向政府部门倾斜；三是作为居民收入的住户部门所得份额逐渐下降。

通过表 4-4 中的数据分析表明，中国国民总收入经过再分配后所形成的最终分配格局同初次分配的结果趋势相同，依然是企业部门、政府部门所得的比重上升，而住户部门所得的比重下降，而且上升和下降的程度更剧烈。2008 年与 1993 年相比，企业所得的比重由 16.2% 上升至 22.7%，增加 5.4 个百分点；政府部门所得的比重由 19.2% 上升至 21.3%，增加 2.1 个百分点；而住户部门所代表的居民所得的比重则由 64.6% 下降至 57.1%，减少 7.5 个百分点，住户部门收入分配格局表现出强化趋势。这种格局形成的直接原因依然是企业部门收入和政府部门收入的增长速度高于住户部门收入的增长速度。2008 年与 1993 年相比，以当年价格计算，企业部门收入增长了 12.3 倍，年均增长 18.2%，政府部门收入增长了 10.2 倍，年均增长 16.7%，而住户部门收入增长了 8.15 倍，年均增长 15%。2019 年后，企业部门收入份额在高位上有所降低，并保持相对稳定。总之，无论是从国民总收入的初次分配来看，还是从再分配来看，都是中国国民收入分配的重点倾向于政府部门和企业部门，而不是住户部门，则住户部门收入分配格局的重现就是必然的结果。

比较分析表 4-3 和表 4-4 可以看出，国民收入经过再分配调节以后，形成了中国国民收入再分配格局。再分配格局所显示的居民收入占比与初次分配格局的变化趋势基本一致，1992～2003 年住户部门收入所占份额基本处于一种稳定状态，2004 年以后则是处于不断下降过程中，并且居民收入在国民收入分配格局中的占比低于 1953～1978 年阶段，呈现出居民收入分配格局重现并强化的趋势，这一变化趋势也是自 1992 年以来宏观经济环境和微观分配机制抑制居民收入增长的集中表现。

第三节　社会主义市场经济建立期的居民收入分配格局特征

一、居民收入总水平上升和相对水平下降

（一）居民总体收入水平上升

经过 20 世纪 90 年代的深化改革和经济建设的快速发展，人民生活水平上了一个大台阶，1992 年以来，中国城乡居民家庭人均收入都有较大增长，城乡居民家庭人均收入的具体情况如表 4 – 5 所示，城镇家庭人均可支配收入由 1992 年的 2026.6 元上升到 2011 年的 21809.8 元，农村家庭人均纯收入由 1992 年的 784.0 元上升到 2011 年的 6977.3 元。

表 4 – 5　　　　　　　　1992～2011 年城乡居民家庭人均收入

年份	城镇家庭人均可支配收入		农村家庭人均纯收入	
	绝对数（元）	指数（1978＝100）	绝对数（元）	指数（1978＝100）
1992	2026.6	232.9	784.0	336.2
1993	2577.4	255.1	921.6	346.9
1994	3496.2	276.8	1221.0	364.3
1995	4283.0	290.3	1577.7	383.6
1996	4838.9	301.6	1926.1	418.1
1997	5160.3	311.9	2090.1	437.3
1998	5425.1	329.9	2162.0	456.1
1999	5854.0	360.6	2210.3	473.5
2000	6280.0	383.7	2253.4	483.4
2001	6859.6	416.3	2366.4	503.7
2002	7702.8	472.1	2475.6	527.9
2003	8472.2	514.6	2622.2	550.6

年份	城镇家庭人均可支配收入		农村家庭人均纯收入	
	绝对数（元）	指数（1978 = 100）	绝对数（元）	指数（1978 = 100）
2004	9421.6	554.2	2936.4	588.0
2005	10493.0	607.4	3254.9	624.5
2006	11759.5	670.7	3587.0	670.7
2007	13785.8	752.3	4140.0	677.07
2008	15780.6	815.7	4760.6	793.2
2009	17174.7	895.4	5153.2	860.6
2010	19109.4	965.2	5919.0	954.5
2011	21809.8	1046.3	6977.3	1063.2

资料来源：根据2013年《中国统计年鉴》计算得到。

（二）居民收入与政府和企业收入相比，相对水平在下降

首先，表现为居民收入水平的增长速度明显低于同期 GDP 的增长速度，1992～2011 年 GDP 每年的增长率多数维持在 10% 以上的水平，平均每年增长 10.4%，而居民收入水平的增长率基本在 10% 以下。1992～2011 年城镇居民家庭可支配收入平均每年增长 7.8%，农村居民家庭人均纯收入平均每年增长 6.1%，GDP 的增长率远远高于同期居民收入水平的增长率。与此同时，政府部门的收入则处于不断上升过程中，如表 4-6 所示，从中可以看出，除了 1992 年以外，从 1993～2011 年国家财政收入的增长率远远超过 GDP 的增长率（如图 4-1 所示）。

表 4-6　　　　　1992～2011 年中国政府财政收入与 GDP 增长率　　　　单位：%

年份	财政收入增速	不变价 GDP 增速	现价 GDP 增速
1992	10.6	14.20	23.22
1993	24.8	13.50	30.02
1994	20.0	13.08	26.69
1995	19.6	10.92	20.72
1996	18.7	10.01	14.59
1997	16.8	9.3	9.87
1998	14.2	7.83	6.43

续表

年份	财政收入增速	不变价 GDP 增速	现价 GDP 增速
1999	15.9	7.62	5.88
2000	17	8.43	9.61
2001	22.3	8.3	9.52
2002	15.4	9.08	8.87
2003	14.9	10.03	11.4
2004	21.6	10.09	15.05
2005	19.9	11.31	13.55
2006	22.5	12.68	14.51
2007	32.4	14.16	18.62
2008	19.5	9.63	15.36
2009	11.7	9.11	7.77
2010	21.3	10.2	17.5
2011	25.0	8.7	17.2

资料来源：根据 2013 年《中国统计年鉴》计算得到。

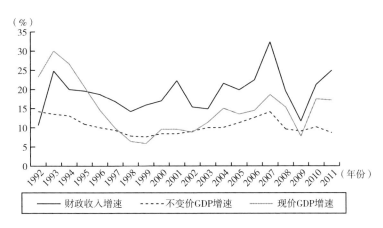

图 4-1　1992～2011 年财政收入、不变价 GDP、现价 GDP 增长率

资料来源：根据表 4-6 中数据绘制。

其次，居民收入在国民收入中所占比重过低，基本上处于一种低水平稳定状态，到 2003 年以后这一比重则持续下降。从表 4-4 中的数据可以看出，居民收入在国民收入分配中所占比重于 1996 年达到最高，以后基本上处于一种低水平稳定状态，2003 年以后则以更快的速度逐年递减。

二、我国居民收入差距加大

在 1979～1991 年，居民收入差距已经出现，但是，总的看来，这一阶段的收入差距只是和改革开放前绝对平均相比有了差距，收入差距还处在相对合理的区间。而 1992 年以后，中国居民收入分配差距迅速扩大，城乡收入差距、城镇内部收入差距和农村内部收入差距都有很大的提高。

（一）城乡居民收入差距

城乡居民收入差距扩大，农村居民收入相对水平不断下降。1992 年以来，随着居民收入水平的提高，分配不公、收入差距过大现象成为社会关注的焦点，这些现象可以从这一时期数据变动的轨迹中看出来。最明显的表现是基尼系数在不断扩大，如图 4 - 2 所示，国家发改委宏观经济研究院的研究结果表明，自 1992 年以来，基尼系数一直处于上升的趋势。农村的基尼系数由 1978 年的 0.212 扩大到 1992 年的 0.313 又不断扩大到 2011 年的 0.389；城镇的基尼系数由 1992 年的 0.211 扩大到 2011 年的 0.330。而全国的基尼系数则一直较高，并且也呈不断扩大的态势，从 1992 年的 0.377 上升到 2011 年的 0.477，而 1999 年中国基尼系数已经高达 0.389，接近国际警戒线 0.4 的水平，超过高收入国家于 20 世纪 90 年代 0.338 的平均水平，如果将城镇高收入户也纳入统计中，则基尼系数超过国际警戒线。2000～2011 年，我国的基尼系数一直处于 0.4 以上的高位，超过国际警戒线 0.4 的水平（如表 4 - 7 所示）。

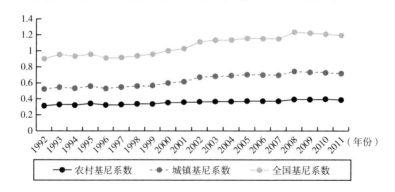

图 4 - 2　1992～2011 年中国城镇、农村及全国基尼系数

资料来源：根据表 4 - 7 数据绘制。

表 4 - 7   1992~2011 年中国城乡居民收入基尼系数

年份	农村基尼系数	城镇基尼系数	全国基尼系数
1992	0.313	0.211	0.377
1993	0.329	0.218	0.407
1994	0.321	0.213	0.399
1995	0.342	0.218	0.397
1996	0.323	0.208	0.380
1997	0.329	0.219	0.369
1998	0.337	0.225	0.376
1999	0.336	0.233	0.389
2000	0.354	0.245	0.402
2001	0.360	0.256	0.411
2002	0.365	0.307	0.440
2003	0.368	0.315	0.450
2004	0.369	0.323	0.444
2005	0.375	0.329	0.452
2006	0.374	0.326	0.453
2007	0.373	0.323	0.454
2008	0.395①	0.350	0.491
2009	0.394	0.340	0.490
2010	0.399	0.330	0.481
2011	0.389②	0.330	0.477

注：1992~2007 年数据来自：常兴华，李伟. 促进形成合理的居民收入分配机制［J］. 宏观经济研究，2009（5）；2008~2011 年数据来源 http://www.stats.gov.cn/zt_18555/zdtjgz/yblh/zysj/202302/t20230215_1904762.html.

（二）城镇内部居民收入差距

城镇内部不同收入层次间居民收入差距扩大，形成了城市"二元结构"。据国家统计局数据可知，中国城镇居民家庭收入结构中，人均收入最高的

---

① 张磊，韩雷，刘长庚. 中国收入不平等可能性边界及不平等提取率：1978~2017 年［J］. 数量经济技术经济研究，2019（11）.

② 详见时任国家统计局局长马建堂在 2012 年"两会"期间列席全国政协经济界委员分组讨论时的发言，http://china.rednet.cn/c/2012/03/08/2542131.htm。

40%家庭人均年收入是人均收入最低的40%家庭人均年收入的倍数且持续上升，1992年为13.3倍，1997年为4.2倍，2000年为5.0倍，2004年上升为8.9倍，2009年为8.6倍，2011年为8.2，比2009年收入差距有所下降，但仍然很高。可见城镇内部"二元结构"问题已相当严重。[①] 具体如图4-2、表4-8所示。

表4-8　　　　　　　　各地区城镇登记失业人员的失业率

地区	失业率（%）				地区	失业率（%）			
	1990年	2005年	2010年	2011年		1990年	2005年	2010年	2011年
北京	0.4	2.1	1.4	1.4	湖北	1.7	4.3	4.2	4.1
天津	2.7	3.7	3.6	3.6	湖南	2.7	4.3	4.2	4.2
河北	1.1	3.9	3.9	3.8	广东	2.2	2.6	2.5	2.5
山西	1.2	3.0	3.6	3.5	广西	3.9	4.2	3.7	3.5
内蒙古	3.8	4.3	3.9	3.8	海南	3.0	3.6	3.0	1.7
辽宁	2.2	5.6	3.6	3.7	重庆		4.1	3.9	3.5
吉林	1.9	4.2	3.8	3.7	四川	3.7	4.6	4.1	4.2
黑龙江	2.2	4.4	4.3	4.1	贵州	4.1	4.2	3.6	3.6
上海	1.5		4.4	3.5	云南	2.5	4.2	4.2	4.1
江苏	2.4	3.6	3.2	3.2	西藏			4.0	3.2
浙江	2.2	3.7	3.2	3.1	陕西	2.8	4.2	3.9	3.6
安徽	2.8	4.4	3.7	3.7	甘肃	4.9	3.3	3.2	3.1
福建	2.6	4.0	3.8	3.7	青海	5.6	3.9	3.8	3.8
江西	2.4	3.5	3.3	3.0	宁夏	5.4	4.5	4.4	4.4
山东	3.2	3.3	3.4	3.4	新疆	3.0	3.9	3.2	3.2
河南	3.3	3.5	3.4	3.4					

资料来源：根据2012年《中国统计年鉴》中各地区城镇登记失业人员及失业率整理得到。

另外，从就业的角度来看，如表4-8所示，1990～2011年，除了海南、甘肃、青海、宁夏等少数几个地区外，其余各地区城镇登记的失业率是不断

_____

[①] 根据相关年份《中国统计年鉴》计算得到。

增加的，2005年、2010年、2011年失业率的最高值与1990年相比，失业率增加幅度最大的依次为河北、湖北、山西、上海、黑龙江、吉林，通过表4-8的数据计算可知，失业率分别增加了2.7、2.4、2.3、2.0、1.9、1.8个百分点，增加幅度都在一倍左右或以上。失业率的增加在2005年达到高峰，2010年又有反弹现象。从上面的分析，我们了解到20世纪90年代以后，居民的整体收入水平是上升的，而在同一时期就业率下降的幅度如此之大，这只能说明增加的收入集中到城镇中一部分人手中了，那么另一部分人则收入相对较低，收入的差距在不断扩大。

（三）农村内部居民收入差距

据国家统计局数据可知，中国农村居民家庭收入结构中，人均纯收入最高的20%家庭与人均纯收入最低的20%家庭之间的收入差距不断扩大，倍差持续上升，从1990年的3.7个倍差扩大到2011年的7.4个倍差，具体统计数据如表4-9所示。可见农村内部居民收入差距扩大问题相当严重。

表4-9　　　　　　农村居民人均纯收入五等份分组组间收入差距

年份	低收入组	中等偏下收入组	中等收入组	中等偏上收入组	高收入组	高低收入差距
1990	1	1.57	2.06	2.73	4.67	3.7
1995	1	1.7	2.31	3.18	5.79	4.8
2000	1	1.8	2.5	3.45	6.47	5.5
2004	1	1.83	2.56	3.58	6.88	5.9
2005	1	1.89	2.67	3.75	7.26	6.3
2007	1	1.92	2.72	3.81	7.27	6.3
2009	1	2.01	2.91	4.17	7.95	7.0
2011	1	2.13	3.10	4.45	8.39	7.4

资料来源：根据历年《中国统计年鉴》按收入五等份分农村居民家庭基本情况中的相关数据计算。

综上所述，在1992~2011年这一时期，我国居民收入分配的特征性表现是绝对收入水平的上升和相对收入水平的下降并存，这说明相对于政府和企业，居民在国民收入分配格局中处于弱势地位；另一个特征是居民收入差距扩大问题越发严重。

三、居民收入来源单一，降低了收入的稳定性

在劳动报酬下降的同时，其他收入不能起到补充作用，主要是财产性收入在居民收入结构中所占的比重太小。

（一）中国居民财产性收入状况分析

在 1992～2011 年这一时期，中国在居民财产性收入的理论认知方面不断深化，有了很多创新性理论成果，在增加居民财产性收入的实践上取得明显成效。

1. 财产性收入理论的创新。1992 年以后，中国居民财产性收入增长速度加快，居民所拥有的财产性收入有了实质性的提高。对于居民的财产性收入，国家在理论的提出和具体实践操作方面是一个渐进的过程，根据财产性收入理论创新的不同层次，可以划分为几个不同阶段。第一，1992 年至1997 年 9 月阶段，在国家政策层面上允许生产要素参与收益分配，使财产性收入合法化。党的十四届三中全会通过的《中共中央关于建立社会主义市场经济体制若干问题的决定》中提出国家依法保护法人和居民的一切合法收入和财产，鼓励城乡居民储蓄和投资，允许属于个人的资本等生产要素参与收益分配。第二，1997 年 10 月至 2004 年 8 月阶段，确立了生产要素按贡献参与分配原则。在经济体制改革进一步深化以及收入分配制度不断完善的新形势下，政府提出了保护一切合法的劳动收入和合法的非劳动收入，对于维护改革开放的成果、推动社会主义市场经济进一步发展和完善具有重要意义。第三，2004 年 9 月至 2011 年阶段，鼓励居民增加财产性收入。从 2004 年 9 月党的十六届四中全会召开至今是居民财产性收入思想正式提出阶段。2005 年 10 月党的十六届五中全会通过的《中共中央关于制定国民经济和社会发展第十一个五年规划的建议》首次提出"注重社会公平，特别要关注就业机会和分配过程的公平，加大调节收入分配的力度，强化对分配结果的监管"。这些思想的提出被理论界认为是中国分配制度的一个重大转折，亦即从"先

富论" 到 "共富论"① 的历史性转变。

为防范收入差距扩大，党的十七大报告指出，要坚持和完善按劳分配为主体、多种分配方式并存的分配制度，健全劳动、资本、技术、管理等生产要素按贡献参与分配的制度，提出合理的收入分配制度是社会公平的重要体现，对收入分配格局的调整提出了更为具体的措施，并且首次提出了创造条件让更多群众拥有财产性收入。党的十七大报告提出要逐步提高居民收入在国民收入分配中的比重，提高劳动报酬在初次分配中的比重。为此，要着力提高低收入者收入，逐步提高扶贫标准和最低工资标准，建立企业职工工资正常增长机制和支付保障机制。创造条件让更多群众拥有财产性收入。正是财产性收入分配理论的不断发展使这一阶段中国居民的财产性收入水平有了很大的提高。

2. 居民财产收入的增长状况。随着市场经济的发展和居民收入水平的不断提高，城乡居民存款余额从 1978 年的 210.6 亿元迅速增加到 2011 年的 34.36 万亿元。同时，居民所拥有的财产价值也在不断增加，财产性收入的形式也越来越多样化。股票和商品房拥有量的快速增长，构成了这一时期居民财富的重要内容，目前中国居民所拥有的主要财产为房产、储蓄、股票和债券等有价证券。

根据国家统计局公布的数据可知中国居民财产性收入的情况，从城镇部门来看，1992 年中国城镇居民人均年财产性收入为 30.5 元，到 1996 年突破 100 元，而 1997～2001 年在 130 元左右徘徊，2002 年下跌到 102 元，2003 年开始增加到 135 元，2004～2007 年分别达到 161 元、193 元、244 元和 349 元。按照可比价格计算，年均增长 15.4%。与此同时，农村居民的财产性收入也从 1995 年的 41 元稳步增加到 2007 年的 128 元，年均增长 7.9%。用城乡人口加权的数据显示，1995～2007 年，全国居民财产性收入从 1995 年的 55 元增加到 2007 年的 228 元。按照可比价格计算，年均增长 10.5%。② 到 2010 年和 2011 年，城镇居民人均年收入中财产性收入所占的比重有较大幅度上升，由 2019 年的 2.29% 上升到 2011 年的 2.71%（如表 4 - 10 所示）。

---

① 李炳炎．共同富裕经济学 [M]．北京：经济科学出版社，2006：49.
② 付敏杰．建国以来我国居民财产性收入的演进分析 [J]．中国物价，2009（12）.

表 4 – 10　　　　　　　　1992～2011 年城镇居民人均年收入的构成

年份	年均总收入 （元）	工薪收入 （%）	经营性收入 （%）	财产性收入 （%）	转移性收入 （%）
1992	2031. 53	85. 40	1. 41	1. 50	11. 69
1995	4279. 02	79. 23	1. 70	2. 11	16. 96
2000	6295. 91	71. 17	3. 91	2. 04	22. 88
2007	14908. 61	68. 65	6. 31	2. 34	22. 70
2008	17067. 78	66. 20	8. 52	2. 27	23. 01
2009	18858. 09	65. 59	8. 11	2. 29	23. 94
2010	21033. 42	65. 17	8. 15	2. 47	24. 21
2011	23979. 20	64. 27	9. 22	2. 71	23. 81

资料来源：根据相关年份《中国统计年鉴》计算得到。

这一时期中国居民家庭财产分布呈现增长速度快，但是增长不均等程度高的趋势。国家统计局对财产性收入的定义是指家庭拥有的动产不动产所获得的收入。根据《中国统计年鉴（2012）》所提供的城镇居民家庭基本情况调查表可知，中国城镇居民各项收入占可支配收入的比重变化如表 4 – 10所示。

从表 4 – 10 可以看出，1990～2009 年，在城镇居民的收入组成中除了工薪收入呈现下降趋势外，其他三项收入基本是逐步增加的。

从表 4 – 11 可以看出，1995～2009 年，在农村居民的纯收入组成中除了经营性收入呈现下降趋势外，其他三项收入基本是逐步增加的。考察 1990～2011 年中国城镇居民人均财产性收入的变化情况，从图 4 – 3 中可以看出，21 年间家庭人均财产性收入的总体趋势是逐渐上升的，只是在 2002 年出现了下滑。从 2003 年起，人均财产性收入加速增长，到 2008 年达到人均387. 02 元，到 2011 年达到人均 648. 97 元。

表 4 – 11　　　　　　　1995～2011 年农村居民人均年纯收入的构成

年份	年均总收入 （元）	工薪收入 （%）	经营性收入 （%）	财产性收入 （%）	转移性收入 （%）
1995	1577. 74	22. 42	71. 35	2. 60	3. 63
2000	2253. 42	31. 17	63. 34	2. 00	3. 50
2005	3254. 93	36. 08	56. 67	2. 72	4. 53

续表

年份	年均总收入 （元）	工薪收入 （%）	经营性收入 （%）	财产性收入 （%）	转移性收入 （%）
2008	4760.62	38.94	51.16	3.11	6.79
2009	5153.17	40.00	49.03	3.24	7.72
2010	5919.01	41.10	47.90	3.40	7.70
2011	6977.29	42.50	46.20	3.30	8.10

资料来源：根据相关年份《中国统计年鉴》计算得到。1995 年之前农村居民人均年纯收入的构成与城镇居民不同，因为可比性需要，数据从 1995 年开始。

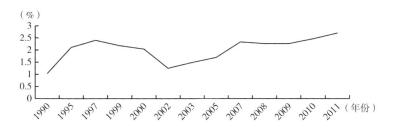

图 4 - 3　1990～2011 年中国城镇居民家庭人均财产性收入占比变化趋势

资料来源：根据表 4 - 12 数据绘制。

从表 4 - 12 中可见财产性收入占总收入的比重在 20 年间波动变化，但到 2007 年达到 2.34%，仅次于 1997 年的 2.4%。这说明中国城镇居民的财产性收入还很不稳定，并不随总收入的增长而稳定地增长，而是在增长过程中存在较大幅度波动。中国居民财产性收入占总收入的比重均在 2% 左右，并且波动明显。居民财产性收入共经历了两个拐点，即 1999 年和 2003 年：1999 年开始下降，2003 年开始缓慢上升，2005 年开始加速上升，这与中国资本市场的波动基本相同。农村居民财产性收入的变动趋势基本上和城镇居民一致，只是平均绝对水平要低很多。

表 4 - 12　　　　　　1990～2011 年中国城镇居民家庭财产性收入占
家庭年平均总收入的比重变化　　　　　　　　　　单位:%

项目	1990 年	1995 年	1997 年	1999 年	2000 年	2002 年	2003 年	2005 年	2007 年	2008 年	2009 年	2010 年	2011 年
占比	1.03	2.11	2.4	2.18	2.04	1.25	1.49	1.70	2.34	2.27	2.29	2.47	2.71

资料来源：根据相关年份《中国统计年鉴》计算得到。

（二）中国居民家庭财产和财产性收入的演进特征及问题

第一，财产性收入渠道来源多样化。计划经济时期，中国居民主要的财产性收入来自少量储蓄获得的利息收入。改革开放以来，市场经济的发展使居民的财产性收入来源渠道越来越多，2006～2008 年的平均数据显示，中国城镇居民的财产性收入中，储蓄所占的比重已经下降到 10% 左右，而房租收入已经上升到 50% 左右，有价证券所带来的利息收入上升到 20% 左右，另外还有各种保险等形式的财产性收入也呈现迅速上升的趋势。

第二，财产性收入增速较快。改革开放以来，中国城镇居民财产性收入增长幅度大大高于同一时期居民可支配收入增长的水平，当然，由于中国居民拥有财产性收入的时间短，起点低，财产性收入绝对量还在很低水平上，城镇居民年均财产性收入在 1990 年为 15.6 元，到 2011 年增加到 648.97 元，在居民总收入中占比仅为 2.71%。因此，中国居民收入的主体部分还是工资性收入，收入结构很不合理。

第三，财产性收入占比水平较低，波动明显。财产性收入占居民可支配收入的比重，往往是衡量一个国家居民富裕程度的一个重要尺度。在美国，财产性收入大约占到居民可支配收入的 40% 以上，90% 以上的居民持有股票、基金等有价证券，财产性收入的绝大部分都是来自金融资产投资收益。[①] 而在中国，工资性收入占到 70% 以上，财产性收入在可支配收入中的比重为 2% 左右，[②] 收入结构极不合理。同时，财产性收入在城乡居民总收入中所占的比重波动很大，1995 年以来城镇居民的财产性收入占总收入的比重呈现出很大的波动，1997 年财产性收入比重最高，2002 年下降到谷底，之后开始缓慢上升，一直到 2010 年才超过 1997 年的水平。

第四，居民所拥有的财产性收入差距巨大，财产性收入更多流向高收入群体。财产性收入差距在居民之间主要表现为不同收入群体财产性收入差距巨大，以及不同地区居民之间的财产性收入差距。如表 4 - 12 所示，根据相关年份的《中国统计年鉴》计算可知，中国居民的财产性收入于 1990～2011 年一直保持 20% 以上的增长速度，但增长的不均衡也日益突出，少数高收入者获得了绝大部分的财产性收入。2007 年，城镇最高收入户人均财产

---

①② 谭伟. 财产性收入会为中国带来什么 [N]. 北京周报，2007 - 12 - 06.

性收入为 1911.3 元，低收入户的人均财产性收入只有 53.6 元。2009 年农村最高收入户人均财产性收入为 629.72 元，是平均水平的 3.77 倍，最低收入户人均财产性收入为 25.81 元，仅是平均水平的 15%，最高财产收入是最低财产收入的 24.4 倍。财产性收入在全国各省份的分布很不平均，2010 年《中国统计年鉴》的资料显示，2009 年全国各地区城镇居民平均每人全年家庭收入来源中，对于财产性收入，全国平均为 431.84 元，最高的为浙江，人均为 1414.52 元，而最低的青海，人均为 45.70 元，省份最高财产性收入是省份最低财产性收入的 31 倍。2009 年全国各地区农村居民全年家庭人均纯收入中，对于财产性收入，全国平均为 167.20 元，最高的为北京，人均为 1268.61 元，而最低的甘肃，人均仅为 34.06 元，省份最高财产性收入是省份最低财产性收入的 37 倍。到 2011 年，全国各地区城镇居民平均每人全年家庭收入来源中，对于财产性收入，全国平均为 648.97 元，最高的为福建，人均为 1752.82 元，而最低的青海，人均为 78.64 元，最高财产收入是最低财产收入的 22.3 倍。2011 年全国各地区农村居民全年家庭人均纯收入中，对于财产性收入，全国平均为 228.57 元，最高的为北京，人均为 1537.01 元，而最低的广西，人均仅为 41.22 元，最高财产收入是最低财产收入的 37.3 倍。可见，居民财产性收入的差距要远远大于总收入的差距。

（三）制约中国居民财产性收入增加的因素

1. 居民所拥有的财产量对财产性收入的影响。居民家庭投资性财产积累不高是财产性收入总量少、比重低的最根本原因，中国居民财产性收入偏低的根本原因是收入水平较低，财富积累不足，所以不具备创造更多财产性收入的基本条件。

2. 宏观经济发展对财产性收入的影响。宏观经济发展快，居民就业机会增多，劳动报酬增加，财富基础也会随之增加；与此同时，各类市场不断发展和完善，也可以为居民投资提供良好的环境。1992～2011 年，居民财产性收入也和经济增长的态势基本吻合，并且变动幅度比经济增长的变动幅度更明显，每次经济增长速度加快时，居民财产性收入就相应有较大增长；而经济增长回落时，居民财产性收入的增速也相应减缓，甚至出现负增长，可见居民财产性收入与宏观经济发展息息相关。

3. 相关的制度安排对财产性收入的影响。第一，国民收入在国家、企业和居民间的分配不合理，造成居民收入增长缓慢，制约了居民家庭财产的积累。1992～2011 年，由于前面分析的国民收入分配格局的失衡，国民财富更多地流向政府和企业，居民没有充分合理地分享到国民经济高速增长带来的成果，居民收入占国民收入的份额较低且呈下降趋势，居民工资性收入增长有限，难以持续扩充家庭财产，进而获得更多的财产性收入。第二，居民间收入分配差距较大，居民工资性收入和财产性收入之间的正相关性决定了大多数工资性收入较低的家庭极少甚至没有财产性收入。由于收入分配制度的不完善，居民收入差距呈扩大趋势，以 2010 年为例，全国城镇居民家庭收入 10% 高收入户和 10% 低收入户的人均可支配收入差距达 8.9 倍。[①] 由此带来的是大部分居民户没有任何财产性收入，居民投资主要集中在高收入阶层。第三，社会保障制度不完善，居民的预防性储蓄必然挤占投资资本，导致财产性收入减少。如前所述，改革开放以来，中国政府在再分配中的公共财政转移支付所占比重过小，教育、住房和养老等的改革使居民自身承担了越来越多的成本，缺乏来自社会的必要保障，居民的抗风险能力就比较弱，相对安全的储蓄就成为居民主要投资方式，但是投资回报率低，财产性收入也就不高，制约了居民财产性收入的增长速度。第四，保护居民个人财产的法律法规建设滞后，监管和执行不力，使居民获得的财产性收入缺乏应有的保障。在法律上对个人财产权的界定不清晰、规范投资市场的相关法律法规不完善、投资市场监管和居民财产保护的力度不够都对居民财产性收入的增长不利。

第四节　建立社会主义市场经济时期影响居民收入分配格局的内在逻辑

一、宏观经济形势对居民收入的冲击

1992～2011 年，中国居民收入分配转向居民收入差距加大，以及居民收

---

① 根据 2010 年《中国统计年鉴》计算得到。

入在国民收入中所占比重持续下降的格局。从经济结构特征及特点来看，这一转型主要经历了两个阶段的变化。第一阶段是1992～2003年确立社会主义市场经济体制的阶段，又可以分为两个小阶段，第一小阶段是1992～1997年，表现为出口和投资快速上升，资本形成率和出口依存度分别升至40%和20%以上，加上市场机制对企业的硬约束逐渐形成，企业的成本意识增强，导致对劳动收入增长的抑制，居民收入增长较慢。第二小阶段是1998～2003年，资本形成率明显下降且保持在36%左右，出口依存度变化不大且稳定在20%左右，由于国际环境的影响，内需拉动经济增长的作用受到重视，相应地居民收入有了较快增长。第二阶段是2003～2011年，按照科学发展观转变发展方式的阶段。中国资本形成率和出口依存度快速上升，分别达到2008年的43.8%和33.33%，在企业部门追求利润和政府部门收入份额快速增长的同时，住户部门收入份额下降幅度加快。在这一阶段国民收入格局的变化主要表现在：一是居民收入水平的增长速度低于GDP的增长速度；二是在国家、企业和居民三者的分配关系中，居民收入在国民收入中所占比重过低，基本上处于一种低水平稳定状态，到2004年以后这一比重则持续下降；三是要素参与分配的比重增加，居民收入差距明显扩大。

（一）宏观经济形势的变化形成对居民收入的约束机制

从20世纪90年代中期开始，中国所面临的国内经济环境悄然发生变化。

1. "买方市场"给企业约束机制的形成带来了就业率下降。中国国民经济在改革开放前以供给短缺为主要特征[①]，这种局面在改革开放以来逐步得到改观。市场取向的经济体制改革使市场化资源配置机制逐渐形成，在这个过程中生产力获得了极大的解放。随着生产能力的迅速提高，工业品短缺局面得到逐步改善，具体表现在从20世纪90年代初起绝大多数产品市场特别是日用工业品市场已经由卖方市场转为买方市场，到20世纪90年代中期，中国的产品市场供求总量格局发生了根本性的变化，即总量的不均衡由供不应求转变为供过于求，就总体而言，短缺经济状态已经基本消失，买方市场初步形成。

在产品供不应求的市场环境中，决定买卖是否成交的是生产者，是产品

---

① 刘国光，等. 中国十个五年计划研究报告 [M]. 北京：人民出版社，2006：613-614.

的卖方。经济体制和经济运行机制只要能够提供充分的激励和活力，市场的巨大需求量和由此所产生的利润空间就足以引导生产者去投资生产，就能够满足经济发展的要求和实现经济增长的目标。但是，随着买方市场的形成，经济发展阶段发生了实质性的变化，仅有激励机制，而缺少风险责任约束机制的经济体制和经济运行机制就很难适应这种买方市场的要求了。因为随着供过于求的市场供求关系变化，买方成为产品是否能够销售的决定者。企业和各级政府部门在卖方市场环境下进行的大量生产投资所形成的过剩生产能力和不良资产等问题开始暴露出来。当这些问题越来越严重时，必然要求建立对经济参与主体的风险责任约束机制。20 世纪 90 年代中期以来随着经济体制改革的不断深化，对企业和金融机构等市场主体的风险责任方面的要求越来越严格。于是，企业对自己的生产投资活动变得愈加谨慎，金融部门的市场意识和自我约束能力也逐渐增强。从 20 世纪 90 年代中期开始，国有企业改革进入攻坚阶段，以减员增效为目标的企业改革和国有经济战略性重组力度的明显增大，以及国际国内不利于经济增长因素的叠加，使微观层次困境加剧，就业压力明显增大，于是这一阶段改革对居民最直接的影响是带来了大量的"下岗分流"人员，并且增加速度很快。1997 年底，全国城镇尚有登记失业人员 576.8 万人，全国国有企业尚有下岗未就业人员 634.3 万人，合计未就业人数超过 1200 万人。① 截至 1998 年底，全国城镇登记失业人员 571 万人，全国企业（西藏未作统计）下岗职工 892.1 万人。就业状况的恶化导致城镇居民收入的增势开始减缓，根据 1999 年《中国统计年鉴》数据计算，1997 年中国城镇居民实际人均可支配收入增长 6.64%，是 20 世纪 90 年代以来的最低水平。

  2. "走出去"战略的提出及影响。经过近 20 年的改革开放历程，尤其是在 1992 年召开的党的十四大上确立社会主义市场经济体制的改革目标之后，中国经济外向型程度在增加，中国经济与世界经济的联系也日益紧密，相互之间影响越来越大。在这样的情况下，"如何趋利避害、掌握主动权，始终是摆在我们面前的大问题。"② 在国内国际形势发生了这样深刻变化的情况下，中国政府适时地提出了两大战略：一是实施"引进来"和"走出去"

---

  ① 1997 年度劳动事业发展统计公报 [EB/OL]. (2006 - 02 - 07). http：//www. mohrss. gov. cn/SYrlzyhshbzb/zwgk/szrs/tjgb/200602/t20060207_69886. html.

  ② 江泽民文选（第 2 卷）[M]. 北京：人民出版社，2006：102.

相结合的开放战略，进一步扩大开放，扩大出口，增加外需对中国经济增长的拉动；二是实施扩大内需的战略方针，将立足点放在国内，提高内需对经济增长的推动，以应对国际市场上可能出现的各种风险。

这两个战略提出以后，实施情况差别较大，从而对中国的经济发展产生了不同的影响。一方面，"走出去"战略得到了较好的贯彻实施，出口导向型战略得以确立，并由此导致中国工业化发展阶段的逆转，即由 1978～1992 年的轻工业化阶段，再次转向重工业化阶段，投资率重新回到较高水平，从而在战略上形成了对居民收入水平的抑制。但是，另一方面，扩大内需的战略却一直没有得到很好落实，其根本的原因在于出口导向型战略所导致的重新重工业化降低了居民收入在国民收入分配中的份额，扩大内需的收入支撑不足。

（二）出口导向型战略及其对居民收入的抑制

1. 出口导向型战略的形成。从新中国成立到党的十一届三中全会召开的30 年中，中国的经济发展基本上处于一种封闭型状态。党的十一届三中全会作出了"对内搞活，对外开放"的重大改革决策之后，中国对外经济发展方向发生了从进口替代向出口导向的转变。不过，20 世纪 80 年代，中国对外开放基本上是在试点的基础上进行的，通过建立经济特区、经济技术开发区等手段，不断在探索中前进。1992 年邓小平南方谈话后，中国对外开放程度不断深化，并开始从沿海地区向内陆地区、从东部地区向中西部地区扩展，对外开放的范围不断扩大。在对外开放环境方面，1994 年中国实行了有管理的浮动汇率制，"人民币汇率一次性贬值51%，标志着中国全面实行出口导向型战略"[①]。

为了促进对外贸易的快速发展，中国制定了一系列优惠政策与措施，主要包括：第一，出口奖励制度等优惠政策，即给予外贸经营企业和出口生产企业一定的出口奖励基金。第二，调整人民币汇率。人民币对美元的官方汇率一直处于上升（贬值）趋势，由改革开放前的 1.50：1 调整到 1987 年的3.72：1，1991 年又调整到 5.32：1，1993 年调整到 5.76：1。1994 年人民币对美元的官方汇率与市场汇率开始逐步并轨，人民币对美元的汇率大幅上升

---

① 丁平. 金融危机与我国经济发展方式 [J]. 湖北社会科学，2009（11）.

达到 8.62：1，此后基本上维持在 8.2：1。同时，政府规定了出口创汇企业可以实行外汇留成，以此鼓励企业多出口。2006 年以来，中国实行了人民币与美元的浮动汇率制，人民币对美元的汇率开始从 8.1：1 的高位下降。① 第三，出口退税。国内生产企业长期以来面临着不合理的产品税与增值税等流转税的状况，为鼓励企业出口创汇，20 世纪 90 年代中期以来，中国政府逐步实施了对出口商品全面退还流转税的政策。此外，自 20 世纪 80 年代以来的出口补贴政策还在持续实行。

在这一阶段，经过 30 多年的对外开放，中国进出口贸易得到了高速发展，外汇储备也迅速增加。1990 年中国的对外贸易在连续 6 年出现逆差的情况下，首次出现 87.5 亿美元的顺差。② 此后一直维持外贸顺差快速增长的势头，中国外汇结存逐年增加。以 2001 年底中国加入世界贸易组织为界，1979~2001 年，中国进出口贸易额从 206.4 亿美元增加到 5096.5 亿美元，在世界上的排位从第 32 位上升到第 6 位，对外贸易依存度③从 1978 年的 9.8% 上升到 2001 年的 38.5%，到 2007 年更是快速上升到 66.91%④。

2. 出口导向型战略的实施对居民收入的影响。出口导向型战略的实施对居民收入产生了三个方面的影响。

首先，出口导向增加了中国经济增长对国际市场的依赖，导致高投资和过分依靠投入，挤压了可用于分配的总量。

出口导向的外向型经济发展方式增加了中国经济增长对国际市场的依赖，并进一步加深了对投资的依赖，挤压了可用于分配的总量。特别是 2000 年以来，中国经济增长对外需的依赖程度越来越高，2005 年，净出口对 GDP 增长的贡献接近 1/4，已经达到 24.1%⑤。外需对中国经济增长的支撑作用使居民消费拉动经济增长的作用被忽视，居民收入增长得不到重视和保障。然后是投资依赖。2000~2008 年，资本形成对国内生产总值增长的贡献率从 22.4% 上升到 47.5%，提升 25.1 个百分点⑥。资本形成率的快速增长，导

---

① 丁志杰，严灏，丁玥. 人民币汇率市场化改革四十年：进程、经验与展望 [J]. 管理世界（月刊），2018（10）.

② 根据 1992 年《中国统计年鉴》计算得到。

③ 对外贸易依存度的计算公式是：对外贸易依存度 = 进出口贸易总额/GDP。

④⑥ 根据相关年份《中国统计年鉴》计算得到。

⑤ 根据 2007 年《中国统计年鉴》计算得到。

致了对分配总量的挤占。

其次，粗放的出口方式使资源浪费严重，投资效益低下，降低了可用于分配的总量。粗放型发展方式的实质是将以资源为代表的大量要素投入作为增长动力，是以增加资源投入来谋求发展，大量的资源消耗成为粗放型经济增长模式的鲜明特征。

中国由于人口众多，虽然资源总产量大，但人均占有资源量并不高。资源的过度消耗甚至达到需求无法得到保障的程度，进口资源的大量增长又会引发国际商品市场价格上扬，从而通过进出口传导可能引发国内通货膨胀。由于经济发展的需要，进口原材料、初级产品的数量大幅增加，间接导致了一些资源性产品的价格上扬。这对于以消耗资源为基础的中国加工型企业是一个巨大的不利影响。同时，原材料价格上涨带来的生产成本降低了企业利润和可供分配的总量，影响居民收入的增长。

最后，出口的工业制成品拉动中国工业发展重新重工业化，进而影响居民收入增长。

进入 20 世纪 90 年代中期以后，中国出口产品的结构和数量都发生了显著的变化，在出口产品结构上，实现了由最初的农产品和原材料出口为主，到后来的以轻纺加工产品出口为主，再到以机电产品等工业制成品出口为主的转变；在出口产品数量上则是实现了快速增长。因此，大量工业制成品的出口是中国 20 世纪中后期特别是进入 21 世纪以后的主要外贸业务，这种大量工业制成品的出口导致市场对工业制成品原料的需求大增，这也加速了中国新一轮重工业化的形成。

对外开放对中国经济发展所起的作用是毋庸置疑的。然而，中国在推进对外开放的过程中，过多地、长期地倚重低成本优势，从而忽视了对技术、服务、投资环境等软实力的提升。并且中国出口的产品以劳动密集型产品为主，这些产品的低成本主要就是指劳动力成本的低廉，因此，这种经济发展方式必然导致劳动收入一直维持在较低水平。

（三）重新重工业化对居民收入的影响

1. 中国工业结构的重新重工业化发展趋势。1992 年以后，中国工业化进程出现了重新重工业化趋势，特别是从 1999 年开始的 5 年多时间内，这种变化趋势愈加明显，中国工业发展出现了转折性变化，无论是从产值、投资、利润增长方面来看，还是从比重来看，重工业都超过了轻工业，出现了重新重工业化的趋势。1999 年重工业增长速度超过了轻工业 1 个百分点，到 2003 年甚至高出 4 个百分点；重工业的比重也从 1997 年的 53.8% 猛增至 2000 年的 59.1%，2003 年更是快速上升到 64.3%，几乎接近了重工业优先发展时期的最高纪录（1960 年的 66.6%）[①]。

1992 年轻重工业的比重分别为 49.9% 和 50.1%。1999 年中国重工业增长速度超过轻工业 1 个百分点，以此为开端，中国工业结构发生了新的变化，显现出重新重工业化的趋势。2000 年重工业增长速度比轻工业高出 3.5 个百分点，2003 年则高出 4 个百分点。2002 年重工业的比重上升到 60.9%，轻工业的比重则下降为 39.1%。同时，在规模以上工业增加值中，重工业的比重从 1997 年的 53.8% 猛升至 2003 年的 64.3%，接近 1960 年的比重（66.6%）。2003 年 1～11 月，石油、汽车、电力、冶金、电子、化工六大行业实现利润共 3914 亿元，占整个工业利润总额的 54%，这六大行业新增利润共 1281 亿元，占整个工业新增利润总额的 57.3%。利润总额和利润增量的一半以上均由这六大行业创造，这些都充分说明了中国工业结构的重化工业特征。[②] 总之，从 20 世纪 90 年代后期到 2008 年，中国重工业产值增长迅速，在工业总产值中的比重保持持续增长的态势，从 1998 年的 57.1% 增长到 2008 年的 71.3%[③]，工业结构的重化工特征日益明显。

2. 重新重工业化对居民收入的影响。从形式来看，这一阶段的重工业化发展与改革开放前的情况大致相同，因而对居民收入的抑制因素也基本一致。

第一，重新重工业化导致国民收入向资本和政府部门倾斜。重工业化必然要求国民收入向资本和政府部门倾斜，因而导致政府对经济的干预加强，这种加强又强化了收入向政府和资本倾斜，最终导致居民收入在国民收入中所占比重的持续下降。我们可以利用 1992 年之后中国国民收入分配格局的变化来说明这个问题。

第二，关于国民收入初次分配的计算结果。根据杨圣明对国民收入各主体初次分配格局的测算（见表 4－3、表 4－4 部分数据），结合中国统计局

---

① 简新华. 论中国的重新重工业化 [J]. 中国经济问题，2005（5）.

② 赵凌云. 中国发展过大关 [M]. 武汉：湖北人民出版社，2008：147.

③ 根据相关年份《中国统计年鉴》计算得到.

已经正式公布的统计数据，中国国民总收入及其在企业、政府和居民之间的初次分配情况如表 4-3 所示。表中的数据表明，在中国国民总收入的初次分配格局中，1992～2011 年，企业部门所得的比重由 19.1% 上升至 23.9%，增加了 4.8 个百分点；政府部门所得的比重由 15.5% 下降至 15.4%，减少了 0.1 个百分点；而住户部门所得的比重则由 65.4% 下降至 60.7%，减少了 4.6 个百分点。造成这种状况的直接原因在于三者的增长速度不同。2011 年与 1992 年相比，以当年价格计算，2011 年 GDP 是 1992 年 GDP 的 17.5 倍，年均增长 16.2%，其中，企业部门收入增长 21.1 倍，年均增长 17.7%；政府部门收入增长 16.4 倍，年均增长 16.23%；住户部门收入增长 15.3 倍，年均增长 15.8%。由此可见，增速最高者是企业部门，政府部门次之，而住户部门收入增长最慢，明显滞后于政府部门和企业部门的收入增长。

　　再分配格局对各收入主体来说，是其真实可用的收入份额，也被认为是能够最充分和准确地代表一个国家在一定时期内国民收入分配状况的指标。国民总收入的最终格局是由初次分配和再分配共同决定的。再分配主要是在初次分配的基础上利用财政、税收、金融等调节杠杆，通过这些调节机制进行再分配之后形成最终收入分配格局。中国国民总收入最终分配格局如表 4-4 所示。事实上，政府部门从再分配中获利最大，尤其是 2000 年之后，国民收入经过再分配后，政府部门收入提高得更多，2011 年提高了近 4 个百分点。2011 年国民收入初次分配中，政府部门收入占比为 15.4%，经过再分配后，占比上升为 19.2%（如表 4-3、表 4-4 所示）。在再分配中，政府部门收入增速是最高的，企业部门收入增速次之，住户部门收入在国民总收入中所占比重则一直处于下降过程中。

　　通过再分配调整后三主体的收入格局呈现出以下主要特点：从总量上来看，政府部门、企业部门和住户部门的可支配收入中企业所得增速最快，居民部门所得增速较慢。国民收入再分配格局变化表现为 20 世纪 90 年代变化缓慢，居民可支配收入在一种低水平上保持较稳定状态，而 2000 年以来变化明显的特征。调整后的可支配收入与未调整的可支配收入相比，政府部门所得上升和企业部门所得下降对比明显，而居民部门所得变化不明显。通过比较分析可以看出，在 20 世纪 90 年代中国国民收入分配格局大体上是比较稳定的，但这是一种在居民低收入格局基础上的稳定，2000 年以来出现明显的变化，表现出政府部门所得份额呈现明显上升趋势，企业部门所得增速较快，代表居民收入的住户部门所得增速滞后，导致居民收入分配格局重现的特点。具体变化趋势可以概括为：一是初次分配企业部门所得增速较快；二是再分配明显向政府部门倾斜；三是表示居民收入的住户部门所得份额逐渐下降。

对比表 4 - 3 和表 4 - 4 中的数据分析表明，中国国民总收入经过再分配后所形成的最终分配格局同初次分配的结果趋势相同，依然是企业部门、政府部门所得的比重上升，而住户部门所得的比重下降，而且上升和下降的程度更剧烈。从 1992 年到 2011 年，企业部门所得的比重由 13.3% 上升至20%，增加 6.7 个百分点；政府部门所得的比重由 19.0% 上升至 19.2%，增加 0.2 个百分点；而住户部门所得的比重则由 67.7% 下降至 60.8%，减少 6.9 个百分点，居民收入分配格局表现出强化趋势。这种格局形成的直接原因依然是企业部门收入和政府部门收入的增长速度高于住户部门收入的增长速度。2011 年与 1992 年相比，以当年价格计算，2011 年企业部门收入是 1992 年的 26.45 倍，年均增长 18.81%，2011 年政府部门收入是 1992 年的 17.81 倍，年均增长 16.37%，而 2011 年住户部门收入是 1992 年的 15.80 倍，年均增长 15.63%。从以上分析可以看出，在国民收入的初次分配和再分配格局中，各种因素都倾向于提升政府部门和企业部门所占份额，而对住户部门收入提高的支撑因素不足，则居民收入分配格局的重现就是必然的结果。

总之，不论是从国民总收入的初次分配来看，还是从再分配来看，都是中国国民收入分配的重点倾向于政府部门和企业部门，从而造成了居民收入分配格局的不合理。

（四）国民收入分配格局调整的结果分析

1. 初次分配企业所得份额增速较快的分析。在 20 世纪 90 年代主要有两个因素影响着企业部门所得份额的变化。一是市场经济体制的建立推动了多种所有制经济共同发展，尤其是 1992 年邓小平的南方谈话，给非公有制经济发展以巨大动力，再加上市场机制在分配领域的作用加大，企业活力大幅提升，这就使企业所得份额保持上升势头，在这一阶段，应该说非公有制企业所得上升更快。这是积极的因素。二是市场供求关系的变化，20 世纪 90 年代初期的经济高速发展使宏观经济中开始出现社会总供给大于总需求的矛盾，到 20 世纪 90 年代中期中国的大多数产品市场基本实现了由卖方市场向买方市场的转变。市场约束使各种非国有企业经营出现困难，企业陷入无法正常维持生产的困境；而此时，国有企业还没有开始大规模改革，国企社会负担沉重，经济效益低下，这些因素总体的影响使企业所得份额下降。这是负面的影响因素。这两种因素相互影响和交织，总体上使企业所得份额变化不大。而2000年后这两个因素都转变为积极因素。一是市场经济不断完善，使市场机制配置资源能力有了大幅提高，非国有企业经历了一个优胜劣汰的过程，经营规模和效益都有较大增长；另外国有企业改制大体完成，社会负担大幅减轻，效益有了明显提高。二是加入世界贸易组织的推动，以及中国这一时期提出的"走出去"的发展战略，出口导向型经济快速发展，外需的拉动使企业生产扭转了内需不足的不利局面。这两个因素推动了2000年以来初次分配格局中企业份额的较快增加。[①]

2. 国民收入分配向政府倾斜。1994年国家全面实行财政分权的分税制改革，按照中央和地方政府的事权划分财权，主要是提高了中央财政收入占国家财政总收入的比重。为了与1994年的税制改革相配套，国家又出台了《中华人民共和国个人所得税法》《试点地区工资指导线制度试行办法》《国务院关于加强预算外资金管理的决定》等法律法规，重新调整了政府、企业和居民间的分配关系。这种改革在政府行为不受约束的条件下，奠定了收入分配向中央，进而向各级政府倾斜的基础。

企业部门和政府部门收入份额的大幅度增长必然导致住户部门收入份额的下降。按照美国耶鲁大学陈志武教授和新疆财经大学公共经济与管理学院杜树章博士的研究，[②] 1995～2007年的12年里，中国政府财政税收年均增长16%（去掉通货膨胀率后），城镇居民可支配收入年均增长8%，农民的纯收入年均增长6.2%。这期间，GDP的年均增长速度为10.2%。表3-6清楚地反映出财政收入的增长速度明显快于GDP的增长速度。近些年中国政府财政收入高速增长所导致的一个结果是，1995～2007年，去掉通货膨胀成分后，政府财政收入增加了5.7倍，城镇居民人均可支配收入只增加了1.6倍，农民的人均纯收入才增加了1.2倍。

3. 居民所得份额下降。居民所得份额自1992～2002年基本处于一种低

① 常兴华，李伟. 我国国民收入分配格局：变化、原因及对策 [J]. 经济学动态，2010 (5).

② 韦森. 减税富民：大规模生产能力过剩条件下启动内需之本 [Z]. 中国经济学教育科研网，2009 - 01 - 19.

水平稳定状态，2003～2011年则大体上呈现出下降趋势，除了企业和政府部门收入份额增长的挤占外，还存在导致居民收入份额下降的其他原因，这些原因需要从居民收入以及居民支出两个方面来探究。

第一，从居民收入方面来看，我国居民收入来源结构太过单一，居民收入主要是劳动报酬收入和财产性收入，而且工资收入在总收入中所占份额过大，则工资收入增速下降直接影响居民总收入。自20世纪90年代以来伴随中国产业结构的逐步升级，重工业所占比重不断提升，表现为第二产业产值成为中国的主导产业，第二产业产值占生产总值的比重快速上升，这一变化必然导致资本有机构成的提高，资本对劳动的替代性越来越强，劳动要素收入份额下降就是必然趋势。还有很重要的一点，在这一阶段，我国还处在劳动力资源丰富时期，劳动力总量供给长期大于对劳动力的总需求，市场竞争的结果导致均衡的平均工资较低，并长期维持在这种低水平状态，在这种长期维持的低工资水平，劳动在国民收入分配格局中的份额不会有很大提升。

第二，从支出方面来看，改革开放以来我国居民各项支出费用明显增加，这一支出增加必然导致个人可支配收入下降。自20世纪90年代以来，我国城镇改革主要是住房市场化改革和养老、医疗保障等方面的社会化改革，居民个人在住房、医疗和养老方面的支出增加很快，以社会保险费用为例，2000～2005年居民社会保险缴款由2491.6亿元增加到6975.2亿元，其占居民可支配收入的比重也从4.3%上升到了6.3%，[①] 居民支出增加较快导致居民的可支配收入随之减少。与此同时，原本由政府和企业负担的这些社会成本的支出相应下降，政府和企业的可支配收入比重必然会上升。

(五) 重工业对居民收入的影响

1. 重工业对就业的吸纳有限，降低了居民收入增长的来源。随着中国现阶段重化工业的规模扩大和发展，总体上工业接纳就业的能力不断减弱。因此，重化工业发展与增加就业的矛盾日益突出。这一方面是由于第二产业的劳动生产率不断提高；另一方面是由于工业结构的不断重型化导致的就业吸纳能力减弱。从结果来看，近年来，中国在第二产业就业人数的增长率明显

---

① 常兴华，李伟. 我国国民收入分配格局：变化、原因及对策 [J]. 经济学动态，2010 (5).

低于其第二产业增加值的增长率。

　　而失业问题日益严重也正是中国面临的严峻问题。中国是世界上人口数量较大的国家，实现充分就业的压力极大。在未来若干年，高失业率必然会给中国社会造成极大的压力。近年来中国城镇登记失业率一直维持在较高的水平，2008年就有20%左右的大学生不能及时就业。人力资源和社会保障部"十二五"规划中提出，要"努力实现充分就业。就业规模持续扩大，就业结构进一步优化，就业局势保持稳定。五年城镇新增就业4500万人，转移农业劳动力4000万人，城镇登记失业率控制在5%以内"。这一目标充分说明中国就业问题的严重性。

　　2.重化工业发展模式依然较粗放，造成投资效益低下。当前，中国重化工业平均技术水平仍然相对落后，主要表现在资源利用效率依然较低。中国单位GDP的能耗是世界平均水平的2倍以上。到2008年，中国石油、汽车、电力、冶金、电子、化工等高耗能工业多数产品单位能耗仍然低于2004年的国际先进水平。高消耗使投资效益依然低下，从固定资产交付使用率来看，2000～2011年更低，说明中国粗放型发展方式没有得到很大的改善，使收入增长缺乏来源。

　　从表4-13的数据中可以看出，1995～2011年，中国固定资产的交付使用率是在降低的，特别是2002年以后，从69.9%一直降低到2008年的56.8%，2009年为58.8%，也不高。这说明中国固定资产投资利用率不高，闲置浪费程度增加。

表4-13　　　　　1995～2011年城镇固定资产投资及交付使用率

年份	固定资产投资额（亿元）	新增固定资产（亿元）	固定资产交付使用率（%）
1995	15643.7	10146.2	64.9
1996	17567.2	13080.6	74.5
1997	19194.2	14959.9	77.9
1998	22491.4	17081.3	75.9
1999	23732.0	18682.7	78.7
2000	26221.8	20715.2	79.0
2001	30001.2	21666.3	72.2

年份	固定资产投资额（亿元）	新增固定资产（亿元）	固定资产交付使用率（%）
2002	35488.8	24791.9	69.9
2003	45811.7	28663.9	62.6
2004	59028.2	34731.4	58.8
2005	75095.1	45206.6	60.2
2006	93368.7	56290.9	60.3
2007	117464.5	67367.5	57.4
2008	148738.3	84545.26	56.8
2009	193920.4	113943.9	58.8
2010	243797.8	136970.3	56.7
2011	302396.1	184353.9	61.0

资料来源：根据2012年《中国统计年鉴》计算得到。

从表4-14的数据中也可以看出，中国的固定资产投资效果系数总体上呈下降趋势。特别是2000～2011年投资效果与前期相比相差很大。2000～2001年的固定资产投资系数远远低于2000年之前，这就是说要取得相同数量的GDP，2000年需要的投资额比1985年多3倍左右，比20世纪90年代多1倍左右。这种固定资产投资效果降低，形成了一种恶性循环：投资规模越大，投资效果越差；反之，投资效果越差，为了保证GDP增长率投资规模必须越大，因而投资的效率也越来越低。投资效益的低下，使可用于分配的总量减少。

表4-14　　　　　1985～2011年固定资产投资效果系数变化　　　　　单位：元/百元

项目	1990年	1995年	2000年	2001年	2002年	2003年	2005年	2006年	2007年	2008年	2009年	2010年	2011年
系数	37.1	62.9	29.0	17.4	17.2	21.7	25.3	24.5	26.0	32.4	13.6	—	23.6

注：固定资产投资效果系数＝报告期新增国内生产总值/同期固定资产投资额。
资料来源：根据历年《中国统计摘要》中的数据整理得到。

二、市场经济体制改革导致居民收入差距扩大

在1992年1月邓小平南方谈话以及党的十四大以后，中国最终确立了

社会主义市场经济改革的目标模式。1993 年召开的中共十四届三中全会通过的《中共中央关于建立社会主义市场经济体制若干问题的决定》，要求在 20 世纪末期初步建立起社会主义市场经济体制，第一次全面阐述了社会主义市场经济体制的基本框架。这一基本框架的形成标志着市场体制目标的确立。另外，随着中国进入重工业化，政府干预经济的能力增加，在市场经济体制改革中，新体制的建立有一个逐步成熟的过程，在这个过程中，不可避免地导致收入分配中的无序和混乱，进而影响到居民收入水平的增长。

（一）市场体制下分配方式的确立及其对居民收入的影响

随着 1993 年市场体制目标的确立，中国政府逐步出台了一系列与市场体制相适应的分配政策，逐渐形成了与市场经济体制相适应的分配制度。

1. 劳动力市场的发展对居民收入分配的影响。1992～2011 年，经济转型的步伐在加快。从 20 世纪 80 年代初期开始，进入市场调节范围的商品和劳务不断扩大，到了 90 年代初期，大部分生产资料价格已经放开。到 90 年代中期，绝大部分产品的价格已经通过市场机制来调节，至此中国完整的产品市场体系基本上已经确立。①

而劳动力市场的发育相对于产品市场要滞后一些。在 1953～1978 年的整个计划经济时期，劳动者都是由政府统一安置工作，个人无法选择工作场所和调换工作，不存在劳动力市场。1979～1992 年，劳动力市场从总体上来说没有形成，企业内部的收入分配保持甚至扩大了平均主义倾向。随着经济体制改革的进一步深化，个体、私营经济和其他非公有制企业的大量出现才开始促使劳动力市场发育。特别是 1992 年以来发生了比较大的变化。首先是城市劳动力管理体制改革的深化，国有企业体制改革不断出现的"下岗"人员，以及这一阶段出现的大量农民工进入城市工作等，形成大量工作岗位需求；其次是非国有经济发展迅速，提供了越来越多的工作机会。20 世纪 90 年代中后期劳动力供求机制的形成，标志着中国的劳动力市场已经初步形成。

但是中国劳动力过剩、资本相对稀缺的要素资源禀赋特点决定了在市场

---

① 边燕杰，张展新. 市场化与收入分配——对 1988 年和 1995 年城市住户收入调查的分析 [J]. 中国社会科学，2002（5）.

调节下劳动仍然处于弱势地位，导致市场上的资本比劳动更具竞争力，资本处于绝对主导地位，劳方权益没有保障。再加上中国劳动力要素自由流动受到很多条件限制，因此，劳动力市场的不完善也影响劳动力要素获得正常要素报酬，进而造成劳动收入份额的下降。

与1979~1992年相比，1992~2011年中国居民收入绝对量增长较快，同时，中国的收入不平等在1988~1995年也呈明显上升趋势。[①]

2. 经济体制改革对行业收入分配的影响。1992~2011年，由于各类市场的迅速发展提高了对垄断性产品的需求，使各种垄断企业和事业单位的利润或收入大幅增长。结果是，垄断行业形成了个人收入优势。

对竞争性领域的国有企业而言，情况就完全不同了。在20世纪80年代，国有企业受到国家倾斜政策的保护，在原材料供应、投资信贷、利润留成、价格补贴等方面享受优惠，并且，此时新兴的非国有企业尚处于成长初期，规模普遍较小，竞争力有限。因此，国有企业一度保持了较高的盈利，职工的工资和非货币收入水平也较高。从1992年开始，一方面，非国有经济迅速发展壮大；另一方面，国家大幅减少了对国有企业的政策性倾斜。竞争对手的强化和国家资源再分配的弱化使国有企业的盈利急剧下降，使职工收入水平随之锐减。至于城市集体所有制企业，在日趋激烈的市场竞争中，衰落的速度要比国有企业更快。分析1979~1992年和1993~2011年中国居民收入格局的变化，其内在原因是市场制度的全面发展以及政府经济职能在这两个阶段的演变。

3. 市场化改革对居民收入的影响效果评价。中国的收入分配制度调整对这一阶段的经济增长起到了较大的促进作用。市场条件下收入分配政策对居民收入的影响主要表现在收入差距的拉大。改革开放之初，提出允许一部分人先富起来，以先富带后富，实现共同富裕的分配方针，进而形成了效率优先兼顾公平的收入分配制度。然而，在具体实践过程中居民收入分配体制也存在很多问题。收入分配上更多强调"效率优先"原则，要素参与分配所获得的收入在居民收入中所占比重不断提高并逐渐处于主导地位，随着一部分人先富起来和中国经济总量的增大，在这一变化过程中相对忽视了"兼顾公

---

① 赵人伟，格里芬. 中国居民收入分配研究 [M]. 北京：中国社会科学出版社，1994；赵人伟，等. 中国居民收入分配再研究 [M]. 北京：中国财政经济出版社，1999.

平"原则，收入分配制度未能做出相应调整，导致居民收入差距不断拉大，并且至今尚未形成有效实现先富带后富的公平收入分配机制，使收入差距扩大的趋势增强。

对居民收入差距拉大起重要作用的是城乡居民收入差距的持续扩大，说明传统计划经济体制下城乡居民二元收入分配体制更加强化了，并且存在分配秩序紊乱、分配体制不合理等问题；而在要素分配导致收入差距拉大的同时，再分配机制也没有及时跟进。因此，居民分配体制在不断调整变化中出现不少问题。

仅从城乡收入差距来看，这一阶段表现为城乡居民收入差距的加速扩大。与1979~1991年城乡居民收入差距缩小的趋势相比，这一阶段出现了居民收入差距持续扩大的趋势。按照国际中等收入国家的平均水平，在一个国家中，城镇居民的收入大体上是农村居民人均收入的1.7倍以内，世界上只有少数国家超过了两倍[1]。而中国城镇居民的人均可支配收入与农村居民人均收入的比例要远远高于中等收入国家的平均水平，这种趋势持续时间很长。从国家统计局公布的数据看，改革开放后，1978年、1980年、1985年、1990年、1998年、1999年、2000年、2002年、2006年、2007年中国城镇居民人均可支配收入分别是农村居民人均纯收入的2.58倍、2.5倍、1.86倍、2.2倍、2.52倍、2.66倍、2.80倍、3.1倍、3.28倍和3.33倍[2]。2009年中国城镇居民家庭人均可支配收入17174.7元，农村居民家庭人均纯收入5153.2元，前者仍然是后者的3.33倍以上，这一比例中还不包括城镇居民享受的各种福利保障，如果考虑这些，这一比例会更大，也就是说事实上的城乡居民收入差距会更大。因此城乡收入之比从2002~2011年一直保持在3倍以上，[3] 城乡收入差距过大，并且是加速扩大。引起城乡居民收入差距迅速扩大的原因很复杂，但城乡分割的二元分配体制是其中的一个重要因素。如果加上城镇居民享有社会保障、其他各种公共服务、各类补贴与农村居民的差异将会更大。

---

[1] 吴忠民. 中国现阶段社会公正问题的逐层递进研究 [J]. 学术界，2009（4）.

[2] 国家统计局. 中国统计年鉴2008 [M]. 北京：中国统计出版社，2008：317.

[3] 根据相关年份《中国统计年鉴》城乡居民收入数据计算得到。

（二）中国再分配机制存在逆向调节问题

中国于 1992～2011 年的收入差距主要是由初次分配收入差距造成的，无论是上面提到的城镇居民收入差距、农村居民收入差距还是城乡间的收入差距，初次分配收入差距扩大一方面是市场化改革与要素市场效率提高的体现，另一方面也与前面分析的微观分配领域工资收入机制存在的缺陷有关。另外，中国的再分配机制也存在问题，再分配的逆向调节违背了再分配机制的作用初衷。

1. 再分配的逆向调节总体上扩大了城乡差距。初次分配存在较大的收入差距一定程度上体现了市场效率，面对这种收入差距的扩大，需要经过再分配提高公平性，实现收入分配相对均等，发达国家再分配的结果使基尼系数有较大幅度的下降。如英国，2004 年英国初次分配收入差距的基尼系数为 0.52，经过再分配调节后总收入的基尼系数下降为 0.38，下降幅度为 26.9%。[①]

改革开放以来，中国再分配机制存在的问题是，不论是在农村内部还是在城镇内部，再分配机制一直存在"逆向调节"作用，近几年，再分配调节收入差距的作用在城镇内部和农村内部"逆向调节"趋势开始有所转变，但作用仍然有限。特别是对城乡之间收入差距，再分配机制作用的过程总体上扩大了城乡差距，再分配仍然表现为收入逆向调节作用。

第一，表现在城镇内部和农村内部。2002～2009 年，城镇内部和农村内部再分配收入开始呈现正向调节收入差距的作用，但调节作用非常有限。从城镇居民来看，2007 年中国城镇居民初次分配收入差距的基尼系为 0.327，将再分配收入计算在内后总收入差距的基尼系数为 0.324，仅下降了 1%。从农村居民来看，农村居民初次分配收入的基尼系数为 0.351，计入再分配收入后总收入差距的基尼系数为 0.350，仅下降了 0.16%。[②]因此，再分配的正向调节作用无论是在农村内部还是在城镇内部都还是非常有限的。

第二，中国的再分配机制在城乡之间的作用还是表现为"逆向调节"作

①② 常兴华，徐振斌，等. 促进形成合理的居民收入分配机制研究［J］. 经济研究参考，2010（25）.

用，再分配机制的作用从总体上扩大了城乡居民收入差距，违背了通过再分配减小收入差距的初衷。从社会保障制度来看，城乡居民在各项社会保障项目上都有较大差距，很多社会保障项目是只针对城镇居民的，农村居民绝大多数都不能享有，这种制度设置上的差异影响很大，这导致政府对城乡居民转移性支付的巨大差异，是造成城乡居民收入差距的重要因素。以 2009 年为例，转移性收入占城镇居民可支配收入的比重为 23.9%，而仅占农村居民人均纯收入的 7.72%；① 所以转移性收入对城乡居民收入差距起到"逆向调节"的作用，虽然 2002 年以来，各级政府对农村的转移支付力度也在不断加大，城乡间转移性收入的逆向调节作用有所缓和，但是直到 2009 年中国的再分配机制还是扩大了城乡居民收入差距。

2. 再分配中的社会保障制度缺失及其对居民实际收入水平的影响。再分配中的社会保障制度缺失对居民实际收入水平产生了较大影响。社会保障制度、公共福利等弥补市场缺陷的制度，在 20 世纪的大萧条之后于西方国家发展起来。1935 年，美国通过了《社会保障法》，确立了美国现代社会保障制度。1935 年和 1938 年，美国分别通过了《全国劳工关系法案》和《公平劳动标准法》，初步理顺了美国现代社会和市场经济条件下的劳资关系。20 世纪 30 年代美国在社会保障政策和劳资政策方面的举措，为美国以后社会政策体系的长足发展打下了比较牢固的基础。而中国的市场化过程却是伴随着社会保障机制被打破的过程。从 1998 年开始，我国逐步推进养老、医疗、住房制度和教育体制改革，政府在其中起到很大的推动作用，主要是取消了福利分房、推进房地产市场改革，高等教育逐步取消免费教育、推行教育产业化，改革公费医疗制度、促进医疗服务市场化，改革传统由企业负担的企业职工养老金制度、转向实行企业职工养老保险社会统筹。但是，保障制度的转型中出现了很多问题，"农民工"社会保障的缺失更是一个十分现实和突出的问题。根据人力资源和社会保障部以及国家统计局调查可知，2009 年，外出农民工参加养老保险、医疗保险、工伤保险和失业保险的比例分别为 18.2%、29.8%、38.4% 和 11.3%，雇主或单位为农民工缴纳各种城镇社会保险的比例分别为：养老 7.6%，医疗 12.2%，工伤 21.8%，失业 3.9%，生育 2.3%，② 农民工参保率

---

① 根据 2010 年《中国统计年鉴》计算得到。

② 侯云春，韩俊，蒋省三，何宇鹏，金三林. 农民工市民化进程的总体态势与战略取向 [J]. 改革，2011（5）.

普遍偏低。市场化改革过程中，政府从包揽养老、医疗与教育领域中退出是没有问题的，关键是这些领域需要大量财政资金投入，需要在前期资金积累的基础上才能建立起相应的社会保障制度，没有政府的大量投入无法建立起基本社会保障体系，大量减少对社会公共服务品的供给，导致的结果是社会保障的覆盖面相当有限，市场化改革的风险大部分被民众个人承担。

政府在社会公共服务方面的缺位，导致居民不得不自行考虑医疗、养老、教育等诸多方面的支出，一项调查结果显示，日益上涨的医疗收费，已经超过了多数市民的承受能力。居民在教育、医疗、住房等方面的支出增长幅度高于居民可支配收入增长幅度，因此，造成居民实际收入水平的增长缓慢甚至下降。

3. 工资制度改革对居民收入的影响。中国在党的十四大确立建立社会主义市场经济体制改革目标后，原来的工资制度由于未建立起正常的晋级增资制度，以及本身存在的一些不足之处，与国民经济发展和经济体制改革不相适应。为此，1993 年中共中央、国务院发布《机关工作人员工资制度改革实施办法》《事业单位工作人员工资制度改革实施办法》《机关、事业单位艰苦边远地区津贴实施办法》，决定对机关、事业单位进行工资改革。

（1）1993 年的工资制度改革。第一，是公务员工资制度，这是我国实行国家公务员制度以后，与这一制度相配套的公务员职级工资制度。公务员的工资是按照工资的不同职能来划分的，由四个部分组成，包括职务工资、级别工资、基础工资和工龄工资。每一部分的作用不同，其中，职务工资主要按照公务员职务高低、职务工作责任轻重以及职务工作难易程度划分；公务员的能力和资历在级别工资中体现，共分为 15 级；根据大体维持公务员个人基本生活费用的标准来确定基础工资，基础工资定为每人每月 90 元，这一基础工资不分职务层次和级别，所有公务员执行相同的基础工资；按照公务员工作年限确定的工龄工资，主要目的是体现公务员的年终贡献，由工作年限决定，工作年限每增加 1 年，则工龄工资增加 1 元。

第二，事业单位的工资制度改革遵循充分体现不同性质事业单位特点的原则。首先对事业单位进行分类，按照不同类别实行有差别的工资制度，主要分为五种：针对教育、科研、卫生等研究型特征的事业单位，规定实行按照专业技术职务岗位设定工资档次的制度；针对地质、测绘、交通等事业单位实行专业技术职务岗位工资制；针对文化艺术表演团体的艺术表演人员，根据行业特征，规定实行艺术结构工资制；针对体育运动队的运动员实行体育津贴、奖金制；针对金融单位实行行员等级工资制。以上属于事业单位职工工资核算应遵循的基本制度框架，为了既发挥工资制度的保障作用，又能实现对工作人员的激励作用，决定将总工资分为固定工资部分和浮动工资部分，固定工资部分与工作的职务高低挂钩，浮动工资部分与工作量大小挂钩。同时区分事业单位经费来源是全额拨款，还是差额拨款，或者是自收自支，对这三种不同类型经费来源的事业单位实行分类管理。另外，机关事业单位技术工人实行岗位技术和技术等级工资制，普通工人实行岗位和等级工资制。

第三，建立了正常的工资增长机制。1993年工资改革的主要成效表现在，既确立了工资正常增长遵循的原则，又制定了工资正常增长的具体的、可操作的措施。规范了工资增长的依据，即单位每年进行考核，根据考核结果，考核合格则每两年晋升一个职务工资档次，考核不合格则不晋升；考核以后晋升的职务工资档次或者技术等级要与工资增长相适应，职务工资档次或者技术等级提升就要相应地增加工资。再者，工资增长要与国民经济增长相适应、与企业技术等级相当人员工资的增长情况相适应、与城镇居民生活费用增长相适应，参照这些标准，决定从1993年10月1日起，每满两年进行一次工资调整。

（2）1993～2011年的工资制度和收入分配制度改革。第一，是企业内部分配制度改革方面。经过1993年的工资改革，企业有了一定的收入分配主动权，企业可以根据生产状况的需要以及提高经济效益的目的，自助选择企业内部的工作制度。这就出现了一系列新的企业工资形式，包括与企业效益挂钩的浮动工资制、与工作岗位挂钩的岗位工资制，还有结构工资制等。在这些改革的基础上，借鉴企业不同工资制改革的成果，20世纪90年代初期，劳动部在企业中推行"岗位技能工资制"，这一制度成为企业实行的主要工资制，到20世纪90年代末期，"岗位技能工资制"已经在全国很多地区内推广实施。加上劳动部推广试行的"岗位薪点工资制"和"岗位效益工资制"等，使这一时期的企业工资制改革新形式不断出现，企业想方设法利用工作制度来调动工人的工作积极性。

第二，从企业工资制改革中探索企业分配制度改革的目标。只有确立了明确的目标，才能使改革具有清晰的方向，企业分配制度改革目标的研究是劳动部进行的，1989～1992年，在不断探索和实践中，提出了企业工资制度改革的目标，即1993～1996年这一阶段的收入分配原则是效率优先、兼顾公平。这一时期收入分配体制改革的重点是提出按劳分配为主体、多种分配方式长期并存，实行"市场机制调节、企业自主分配、职工民主参与、国家监督指导"。这一改革目标的确立，为企业改革工资分配制度和工资管理体制指明了方向。1994年，党的十四届三中全会提出国有企业改革的目标是"建立现代企业制度"。此后，中国的企业改革进入深化阶段。

第三，1997～2011年收入分配制度改革进入新阶段。1997～2011年收入分配制度改革进入按生产要素分配阶段。1997～2002年，收入分配制度改革的目标是：效率优先、兼顾公平；防止两极分化。提出按劳分配与按生产要素分配相结合的分配方式。1997年党的十五大报告提出"完善分配结构与分配方式""坚持按劳分配为主体、多种分配方式并存的制度""把按劳分配与按生产要素分配结合起来"的理论和政策。1999年党的十五届四中全会审议通过的《中共中央关于国有企业改革和发展若干重大问题的决定》提出"建立与现代企业制度相适应的收入分配制度"，为国有企业工资收入制度的改革指明了方向。2000年10月，党的十五届五中全会进一步提出"鼓励资本、技术等生产要素参与收入分配"。

2002～2011年，收入分配制度改革的目标是：保护合法收入；实现共同富裕。提出按劳分配和生产要素按贡献大小参与分配。2002年党的十六大进一步明确："确立劳动、资本、技术和管理等生产要素按贡献参与分配的原则。"

第四，1993～2004年工资和收入分配制度改革的主要措施。1993年以后的工资和收入制度改革主要是为了适应市场经济的要求而进行的，主要措施如下。

其一，建立健全企业工资收入宏观指导体系，主要包括以下几点。建立工资指导线制度。劳动部、国家计委于1996年6月印发《关于对部分行业、企业实行工资指导线办法的通知》，主要是控制职工工资水平偏高、增长过快行业的工资发放，对部分企业、行业工资总额发放增长速度实行上限控制，调节企业、行业职工工资水平，逐步协调工资关系，缓解分配不公。

建立劳动力市场指导价位制度。1988年，在北京、上海等城市开展了这项工作，并逐步在其他省份试点。政府的管理部门通过调查分析，根据大量的统计数据，定期颁布主要岗位（职位）劳动者的平均工资水平，作为劳动力市场指导价位，间接引导企业合理确定不同岗位（职位）职工的工资水平，理顺企业内部的工资分配关系。

建立企业人工成本预测预警制度。1996 年，北京市在试行工资指导线时，就考虑到要建立企业人工成本预测预警制度。政府管理部门建立企业人工成本监测指导体系，定期向社会发布企业人工成本信息，以利于加强企业人工成本核算，提高企业的市场竞争力。

其二，对企业经营者进行年薪制试点。对企业经营者进行年薪制试点，建立经营者收入分配的激励机制与约束机制。在计划经济时期，中国国有企业经营者的收入分配与一般职工没有什么区别，存在着严重的平均主义倾向，不利于调动企业经营者的经营管理积极性。1995 年前后，在深化国有企业改革时，根据现代企业制度的要求，国家对企业经营者进行了年薪制试点，形成经营者收入分配的激励机制与约束机制。到 1999 年，全国已有6600 多个国有企业进行经营者年薪制试点。

（3）加强工资立法、保护职工合法收入。1993 年，劳动部发出了关于印发《企业最低工资规定》的通知①。1994 年，《中华人民共和国劳动法》（以下简称《劳动法》）颁布，劳动部又发出了《劳动部关于实施最低工资保障制度的通知》，使《劳动法》中有关最低工资的规定具体化。各省份以此为依据，逐步颁布最低工资标准，并随着经济的发展和人民生活水平的提高，不断提高最低工资标准。2004 年劳动保障部对《企业最低工资规定》进行了修订，颁布了《最低工资规定》。为了配合《劳动法》中有关工资支付法规的贯彻实施，劳动部于 1994 年制定了《工资支付暂行规定》等行政法规，使中国的工资分配开始走上通过立法来保护劳动者合法收益的道路。当然，在我国劳动力市场供需不均衡、劳动力特别是低技能劳动力供给远大于需求的情况下，让没有劳动力市场压力的企业实施最低工资规定，情况并不乐观，效果也不理想。

（4）企业拥有工资分配自主权，同时建立以职工民主参与为基础的工资协商机制。为了贯彻和落实《劳动法》中劳动者参与工资分配的权利，劳动部在 1997 年印发了《外商投资企业工资集体协商的几点意见》，由各地区、各部门结合实际情况开展这项工作。在国有企业，除了发挥职代会的作用，

---

① 该政策现已废止。

也进行了集体协商制度的试点，在一些企业还对技术人员试行了谈判工资制，中国逐步建立起了以民主参与为基础的工资协商机制。截至 2003 年底，全国有 29 万户企业建立了工资集体协商制度。2004 年，劳动保障部颁布了新的《集体合同规定》，对集体协商的原则、协商的内容、协商代表的产生、协商程序以及集体合同的审查等方面做出了规定。

只是在这一阶段，不论是民主协商还是集体谈判，职工与资方或企业法人根本不可能拥有平等地位，所以，民主协商不可能体现职工利益，同时由于中国工会的非独立性，集体谈判中劳资双方力量不均衡，劳动者处于弱势地位，使谈判也无法体现职工的利益，因此，虽然有了相应的法律法规，但实际上还没有真正形成集体谈判决定工资收入的机制。

第五节　建立社会主义市场经济体制时期居民收入分配格局变化的经济效应

由于这些因素的影响，导致在 1992～2011 年这一时期居民收入在国民收入分配格局中占比较低现象重现，这种居民收入分配格局通过直接降低居民消费率和最终消费率而对国民经济发展产生不利影响，表现在消费对国民经济增长的拉动作用明显下降，从而影响国民经济的持续稳定发展。

一、居民低收入格局导致消费率下降及出口依赖模式形成

1. 居民消费率的变化趋势。20 世纪 90 年代以来，随着居民收入增速的下降，居民收入分配格局重现，对居民消费产生了最为直接的影响，居民消费率一直处于下降过程中，并且 2004 年以后，这一下降的趋势更加显著。当然，另外一个主要原因是社会保障体系的改革，使居民需要承担更多的、由市场化改革带来的不确定性，这也极大地影响了居民消费的增长，因此，从图 4-4 中可以看出，2011 年居民消费率远低于 1990 年。

2. 居民收入分配格局对总需求格局的影响。随着居民收入增速下降，除了带来居民消费率下降以外，中国的总消费率也处于下降趋势中，1993 年支出法国内生产总值中消费、投资与净出口三大需求的比例关系为 59.3：36：

－1.9，60%左右的消费率一直持续到2002年，从2003年开始又有了较大幅度的下降，为56.8：41.0：2.2，投资和净出口的增加使消费需求进一步被"挤出"，并且这种现象一直持续到现在，2008年这三大比例关系为48.6：43.5：7.9，2009年这三大比例关系为48：47.7：4.3，2011年这三大比例关系为49.1：48.3：34.9，最终消费率降到了1949～2011年的最低点。而且，从图4－5所示1992～2011年中国的总需求格局中可以看出，2000～2011年，资本形成率的提高与居民消费率下降直接相关，可以说明这一阶段资本对消费的挤压。

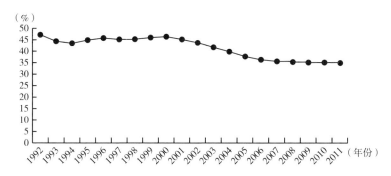

图4－4　1992～2011年中国居民消费率

资料来源：根据表4－15数据绘制。

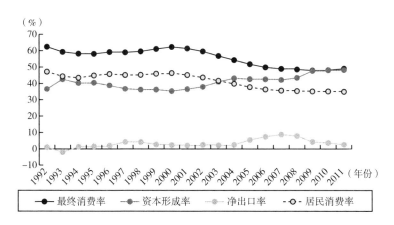

图4－5　1992～2011年中国的总需求格局

资料来源：《中国统计年鉴（2012）》，根据表4－15数据绘制。

二、居民收入分配格局对国民经济发展的影响

1992～2011年中国居民收入分配格局中居民收入占比呈现下降趋势，并随着经济增长对投资需求和对净出口需求依赖的不断增强，使内需对经济增长的拉动作用不断降低。这与党的十七大报告中提出的促进经济增长由主要依靠投资、出口拉动向消费、投资、出口协调拉动转变，坚持扩大国内需求特别是居民消费需求的方针相违背，也使中国传统高投资低消费的经济发展方式以新的形式得以延续，即高投资加上高外需依赖。作为一个发展中国家，其经济增长过分依赖外需，必然影响经济增长的稳定性和持久性，并更容易受到来自外部的冲击，这也是2008年金融危机对中国经济造成较大影响的主要原因（如表4-15所示）。

表4-15　　　　　　　1992～2011年中国总需求格局　　　　　　单位:%

年份	最终消费率	资本形成率	净出口率	居民消费率
1992	62.4	36.6	1.0	47.2
1993	59.3	42.6	-1.9	44.4
1994	58.2	40.3	1.3	43.5
1995	58.1	40.5	1.6	44.9
1996	59.2	38.8	2.0	45.8
1997	59.0	36.7	4.3	45.2
1998	59.6	36.2	4.2	45.3
1999	61.1	36.2	2.7	46.0
2000	62.3	35.3	2.4	46.4
2001	61.4	36.5	2.1	45.2
2002	59.6	37.9	2.5	43.7
2003	56.8	41.0	2.2	41.7
2004	54.3	43.2	2.5	39.8
2005	51.8	42.7	5.5	37.7
2006	49.9	42.6	7.5	36.3
2007	49.0	42.2	8.8	35.6
2008	48.6	43.5	7.9	35.3
2009	48.0	47.7	4.3	35.1
2010	48.2	48.1	3.7	35.1
2011	49.1	48.3	2.6	34.9

资料来源：根据2012年《中国统计年鉴》计算得到。

| 第五章 |

全面深化经济体制时期的居民收入
分配格局（2012～2020年）

到了 2012 年，我国的经济体制改革进入新的历史阶段。改革开放以来中国经济社会发生了深刻变化，这一变化先表现在经济发展阶段的变化，经济发展所面临的现实情况的变化，与此相一致的是中国的发展理念和发展战略选择等都与之前有了很大差异。这一系列变化直接影响居民收入和消费状况。

第一节 "实施创新驱动发展战略"的
形成背景与特征表现

党的十八大以来，中国经济社会发展取得了一系列重大成就，是我国全面实现小康社会发展目标的坚实基础。

一、"实施创新驱动发展战略"的形成

进入 21 世纪，中国经济增长发生了一些实质性变化，多年来政府所提出的经济增长方式转变取得一定成效，经济增长由追求速度至上转向实现中高速、高质量发展模式。这一变化可以从 2012 年以来我国 GDP 增长变化趋势中看出来。自党的十八大以来，中国 GDP 增长率下降到 10% 以下，2012～2020 年年均 6.35% 的增长率比起前一阶段具有明显下降特征，2012 年以来，

每年的 GDP 增长率进入 8% 以下的中高速区间。同时，困扰中国发展多年的经济结构调整有了显著成效，结构优化升级明显。随着我国发展战略的调整，第三产业在国民经济中的比重不断提升，促进了就业率的提高，从而增加了居民收入在国民收入中的占比，使以消费拉动经济增长的新模式正在发挥更大作用。创新驱动发展的主要特征是：在工业领域推进新型工业化与信息化以改造传统工业和发展高新技术产业；新型城镇化与农业现代化的协同推进是解决我国"三农"问题的有效途径。这就是中国经济发展进入中高速增长、结构优化升级、创新驱动发展"新常态"的内涵。

（一）经济增长"新常态"

经济增长"新常态"是我国经济在改革开放以来保持高速增长 30 余年之后进入了一个正常增长状态的描述，经济增长速度放缓对我国经济增长方式和经济结构调整提出了更为迫切的要求。从 2012 ~ 2020 年中国 GDP 增长率的变化可以看出，我国已经进入中高速发展阶段，在"新常态"下发展质量是关键（如图 5 - 1 所示）。

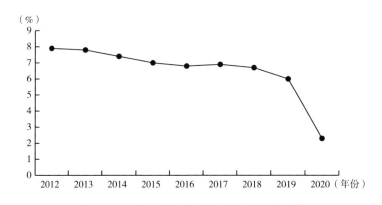

图 5 - 1　2012 ~ 2020 年中国 GDP 增长率趋势

资料来源：根据 2021 年《中国统计年鉴》计算得到。

（二）经济结构变化

对于 2012 ~ 2020 年我国经济结构的变化趋势，我们从三次产业在国民收入中所占比重变化进行分析，既可以从第一产业、第二产业、第三产业发展速度的比较方面进行分析，还可以从消费对经济增长的拉动作用中进行分析（如表5－1、图5－2、表5－2、图5－3所示）。

表5－1　　　　　2012～2020年中国国内生产总值的三次产业构成比例

年份	第一产业（%）	第二产业（%）	第三产业（%）
2012	9.1	45.4	45.5
2013	8.9	44.2	46.9
2014	8.6	43.1	48.3
2015	8.4	40.8	50.8
2016	8.1	39.6	52.4
2017	7.5	39.9	52.7
2018	7	39.7	53.3
2019	7.1	38.6	54.3
2020	7.7	37.8	54.5

资料来源：根据2021年《中国统计年鉴》计算得到。

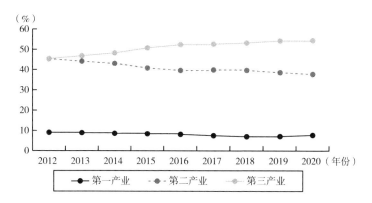

图5－2　2012～2020年中国GDP三次产业构成比例

资料来源：依据表5－1数据绘制。

表5－2　　　　　2012～2020年我国国内生产总值中三次产业年增长率　　　　　单位：%

年份	第一产业	第二产业	第三产业
2012	4.5	8.4	8
2013	3.8	8	8.3
2014	4.1	7.2	8.3
2015	3.9	5.9	8.8

续表

年份	第一产业	第二产业	第三产业
2016	3.3	6	8.1
2017	4	5.9	8.3
2018	3.5	5.8	8
2019	3.1	4.9	7.2
2020	3	2.6	2.1

资料来源：根据2021年《中国统计年鉴》相关数据计算。

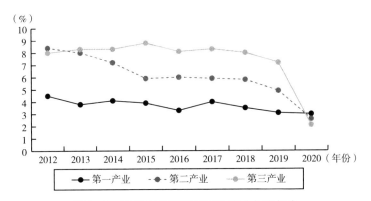

图5－3　2012年以来我国三次产业年增长率

资料来源：根据表5－2数据绘制。

从统计数据可以看出，2013年我国第三产业增长率超过第二产业，成为三大产业中发展速度最快的，这从一个方面说明了我国产业结构调整的效果。

由图5－2可以看出，2012～2020年我国的产业结构处于快速变化过程中。2012年之前，我国的第三产业在GDP中所占比重为45.5%，超过占45.4%的第二产业。而到了2020年我国第三产业在国民收入中所占比重已经达到了54.0%，并且第三产业为国民收入的增长贡献了将近60%的份额。更重要的是消费的变化，2011～2020年，除了2013年固定资产投资消费超越固定资产投资，成为我国经济增长最重要的推动力，到2019年，消费拉动了57.8%的经济增长，而同期投资拉动了31.2%的经济增长（刘俏，2020），因此，消费对我国经济的拉动作用已经远超投资的作用（如图5－4所示）。

从2012～2020年我国三次产业对GDP的贡献率变化中可以看出，2014～

2020 年，第三产业对 GDP 的贡献率快速上升，而第二产业对 GDP 的贡献率则明显下降，这也是我国经济结构调整的表现（如图 5 – 5 所示）。

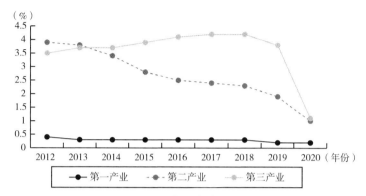

图 5 – 4　2012 ～ 2020 年三次产业对 GDP 的拉动

资料来源：根据 2021 年《中国统计年鉴》相关数据计算得到。

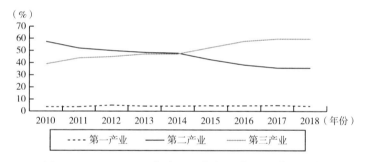

图 5 – 5　2012 ～ 2020 年我国三次产业对 GDP 的贡献率

资料来源：根据 2021 年《中国统计年鉴》相关数据计算得到。

2012 ～ 2020 年我国三次产业在 GDP 中所占比重也发生了较大变化，2012 ～ 2020 年，第三产业在 GDP 中所占比重超越第二产业，成为我国经济三次产业中占比最高的产业，第一产业在 GDP 中所占比重则呈现缓慢下降趋势，三二一的经济结构渐趋稳定（如图 5 – 6 所示）。

从 2012 ～ 2020 年三大需求对 GDP 增长的拉动作用曲线图可以看出，2012 年投资对 GDP 增长的拉动作用远高于消费的作用，2012 ～ 2014 年投资和消费处于胶着状态，2014 ～ 2020 年消费对 GDP 增长的拉动作用超过投资成为对经济增长最重要的影响因素。2012 ～ 2020 年，经济增长"三驾马车"中的净出口对我国 GDP 增长的拉动作用较为稳定，因此，内需增长在我国经济增长中的作用越来越重要，这也说明了我国经济结构调整的成效（如图 5 – 7 所示）。

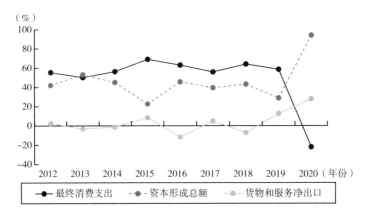

图 5 - 6　2012～2020 年三大需求对 GDP 增长的贡献率

资料来源：根据 2021 年《中国统计年鉴》相关数据绘制。

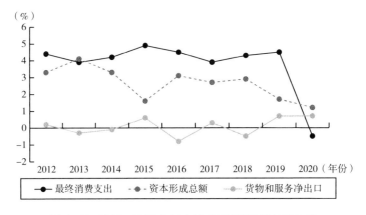

图 5 - 7　2012～2020 年三大需求对 GDP 增长的拉动

资料来源：根据 2021 年《中国统计年鉴》相关数据绘制。

（三）创新驱动发展特征分析

2012～2020 年，我国的城镇化速度加快，加上人口老龄化程度日益加深，农业富余人口总数量在减少，劳动者工资水平提升较快，因此，改革开放之初以廉价劳动力投入驱动的发展模式不可持续，要素规模驱动力减弱，推动经济增长方式的转变，我国必须更多依靠提升人力资本质量、依靠技术水平不断进步来保障经济的可持续发展。这是党的十九大以来我国经济社会发展的重要特征，即"新常态"——我国经济发展已经由高速增长阶段向中高速增长所支撑的高质量发展阶段转变，我国政府提出多年的发展方式转变必须实质性落实，经济结构升级优化迫在眉睫，而经济增长动能转换进入攻关期。要实现我国建设现代化强国的目标，真抓实干地以质量和效益为优先选择，以供给侧结构性改革为主线，保障相对高的全要素生产率，才有可能实现党的十九大报告所提出的创新发展，建设创新型国家，这是实现经济发展动能转换的要求，前期中国的经济发展主要依靠资源和要素投入，现在则必须转向创新驱动。

美国经济学家罗伯特·索洛（Robert Solow）根据"索洛模型"对美国经济增长进行了长时间的核算，得出结论：要素投入（主要是劳动与资本）的增长和全要素生产率（TFP）的增长是一个国家的经济增长源泉。全要素生产率的增长是我国改革开放以来经济快速增长的重要支撑因素。根据刘俏（2019）对中国改革开放 40 年来全要素生产率的估计，结果很令人振奋，他估计在 1980～1989 年，我国的全要素生产率平均年增速为 3.9%；在 1990～1999 年，全要素生产率平均年增速为 4.7%；在 2000～2009 年，全要素生产率平均年增速为 4.4%。2010 年以后，由于我国基本完成了工业化进程，所以 2010～2018 年这段时间，全要素生产率的增速开始出现下滑，他估计为年均 2.1%。目前，在我国已经基本实现工业化的条件下，再想以大量的要素投入为基础促进经济增长的发展模式已经变得不可持续，因此，必须转向以全要素生产率增长驱动经济发展。

二、新时代发展观念的改变是居民收入改善的重要因素

2012 年召开的党的十八大，明确提出"小康社会目标：居民收入比 2010 年翻一番"，因此，这一阶段居民收入增长较快，国民收入分配比重明显趋于合理。特别是 2015 年 10 月，党的十八届五中全会通过了《中共中央关于制定国民经济和社会发展第十三个五年规划的建议》，该建议强调指出，"必须坚持以人民为中心的发展思想"，这一重要观点对增进人民福祉、改善低收入群体生活状况、维护社会公平正义起到了决定性作用。2015 年以来，为深入贯彻"以人民为中心"的发展思想，各种措施相继出台。其中影响最大的是脱贫工作。党的十八大以来，我国的脱贫攻坚战加速进展，贫困发生率不断下降，由此奠定了到 2020 年全面脱贫、实现全面小康目标的坚实基础。以就业为中心的收入保障机制使居民收入状况持续改善，城镇新增就业

人口不断提升。实现了中央提出的"城乡居民收入增速超过经济增速"的目标，使我国的收入分配格局不断优化，其中中等收入群体持续扩大，进一步稳定了我国的社会结构。而为建立覆盖城乡居民的社会保障体系，政府加大投入，使国民收入分配格局中的转移性收入份额加大。

第二节　完善社会主义市场经济体制
对居民收入的支撑作用

居民收入分配格局改善情况可以从以下几个方面进行衡量：我国劳动收入占国内生产总值的比重变化，国民收入初次分配格局变化以及国民收入再分配格局变化。

一、国民收入初次分配中居民绝对收入增长与相对收入稳定

（一）资金流量法测算的国民收入分配初次格局及其变动

根据国家统计局《中国统计年鉴》相关年份的统计数据中《资金流量表（实物交易）》中初次分配的国内合计数，企业部门（金融＋非金融）、广义政府部门、住户部门（即居民）初次分配数值计算出初次分配结构（如表5-3所示）。

表5-3　　　　2012~2020年国民收入分配中初次分配总量及比重

年份	国民总收入		企业部门		广义政府部门		住户部门	
	总额（亿元）	比重（%）	总额（亿元）	比重（%）	总额（亿元）	比重（%）	总额（亿元）	比重（%）
2012	518214.7	100.0	117776.4	22.7	80975.9	15.6	319462.4	61.7
2013	583196.7	100.0	140691.8	24.1	88745.0	15.6	353759.9	60.7
2014	644791.1	100.0	159051.6	24.7	98266.4	15.2	387473.1	60.1
2015	686449.6	100.0	165839.9	24.2	102617.8	14.9	417991.9	60.9
2016	740598.7	100.0	179631.9	24.3	107124.8	14.5	453842.0	61.3

年份	国民总收入		企业部门		广义政府部门		住户部门	
	总额（亿元）	比重（%）	总额（亿元）	比重（%）	总额（亿元）	比重（%）	总额（亿元）	比重（%）
2017	820099.5	100.0	208355.5	25.4	115071.6	14.0	496672.4	60.6
2018	914327.1	100.0	238899.0	26.1	116898.0	12.8	559446.5	61.1
2019	983751.2	100.0	254877.4	25.9	124632.1	12.7	604241.6	61.4
2020	1005451.3	100.0	270314.9	26.9	111398.3	11.1	623738.1	62.0

资料来源：根据 2012～2022 年《中国统计年鉴》相关数据计算得到。

（二）要素收入法测算国民收入初次分配格局及其变动趋势

对表 5-1 中我国政府、企业和住户三大部门的初次分配格局测算结果进行分析，可以看出：第一，由于我国国民收入处于不断增长过程中，因此，从绝对收入来看，住户部门、政府部门以及企业部门的收入都处于不断增长过程中，比起上一阶段，绝对收入增长速度更快；第二，从相对收入即政府、住户和企业三部门在国民收入中的占比来看，国民收入分配格局中居民收入部分占比比较稳定，在 60%～61.3% 小幅波动，2012～2014 年政府部门收入占比较高，2014～2020 年有所下降，同时企业部门收入占比则开始上升。到 2020 年国民收入分配中初次分配总收入住户部门占比为 62.0%，政府部门占比为 11.1%，企业部门占比为 26.9%。

二、国民收入再分配中居民绝对和相对收入稍有增加

以《中国统计年鉴》中公布的资金流量表为依据，对我国政府、企业和住户三大部门的再分配结构进行测算和分析，得到如表 5-4 所示的国民收入再分配格局测算结果。

比较分析国民收入再分配表中的数据，可以得到以下结论：第一，经过再分配以后，与初次分配相比，住户部门收入有较小幅度增加，变化不大，但是，纵观 2010～2020 年的数据，居民收入在国民收入中的占比不断提升；第二，与初次分配相比，政府部门收入部分经过再分配以后有了较大增长，纵

表5-4   2012～2020年国民收入分配中可支配收入分配总量及比例

年份	国民总收入		企业部门		广义政府部门		住户部门	
	总额（亿元）	比重（%）	总额（亿元）	比重（%）	总额（亿元）	比重（%）	总额（亿元）	比重（%）
2012	518431.5	100.0	95731.2	18.5	101301.1	19.5	321399.2	62.0
2013	582656.9	100.0	115167.5	19.8	110376	18.9	357113.4	61.3
2014	644879.3	100.0	132195.1	20.5	121574.2	18.9	391110.0	60.6
2015	685655.9	100.0	135840.6	19.8	127186.1	18.5	422629.2	61.6
2016	739961.9	100.0	148058.7	20.0	132368.5	17.9	459534.7	62.1
2017	819295.9	100.0	173636.6	21.2	147131.2	18.0	498528.1	60.9
2018	914193.8	100.0	200543.6	21.9	171265.6	18.7	543300.9	59.4
2019	984457.7	100.0	215373.2	21.9	175371.8	17.8	593712.7	60.3
2020	1006022.4	100.0	230656.4	22.9	149567.5	14.9	625798.5	62.2

资料来源：根据2012～2021年《中国统计年鉴》相关数据计算得到。

向比较，2012～2015年政府部门收入占比缓慢下降，2016～2020年进入上升趋势；第三，与初次分配相比，经过再分配以后企业部门收入部分有明显下降，纵向比较，2012～2015年企业收入占比下降趋势缓和，之后，企业部门所得比例上升。

第三节   "全面深化经济体制改革"时期居民收入分配格局的特征

2012～2020年，随着我国综合国力的提升，普通居民明显感受到经济增长给自己带来的好处，即能够分享到经济增长带来的收益，获得感在不断增强。这一变化可以从我国城乡居民绝对收入水平的提高、居民收入差距过大状况的改善以及居民收入多元化等几个方面得以体现，具体分析如下。

一、城乡居民收入稳定增长，处于迈向"全面小康"阶段

2012～2020年，"以人民为中心"的发展理念使我国城乡居民收入水平

快速提升，居民收入增长率高于国民收入增长率，真正体现出让广大民众分享经济增长成果的理念。城乡居民收入的提高可以从绝对收入水平的变化和相对收入水平的变化进行分析。

（一）2012～2020年城乡居民可支配收入绝对值的变化趋势

从2012～2020年城乡居民可支配收入绝对值变化趋势图可以明显看出，2012～2020年，我国城乡居民可支配收入增长较快，同时也可以看出，城镇居民可支配收入增长还是快于农村居民，因此绝对收入差距还在扩大，代表城乡居民可支配收入绝对值的两条直线之间没有出现趋于相等的趋势（如图5-8所示）。

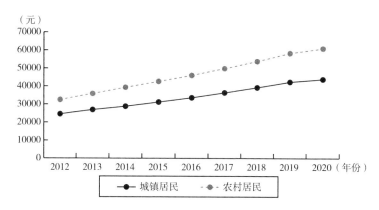

图 5 - 8　2012～2020 年城乡居民可支配收入绝对值变化趋势

资料来源：根据历年《中国统计年鉴》计算得到。

（二）2012～2020年城乡居民可支配收入相对值

从2012～2020年城乡居民可支配收入的相对值来看，在这一时期，城乡居民可支配收入增长快，城镇居民与农村居民可支配收入之间的差距有缩小的趋势，因此，在这一新的发展时期，充分体现出我国发展战略与发展思路的转变，要实现经济社会的均衡发展，要缩小城乡收入差距，要充分保障农村居民更多地分享经济发展的成果（如表5-5所示）。

表 5 – 5　　　2012～2020 年城乡居民可支配收入相对值（农村居民为 1）

项目	2012 年	2013 年	2014 年	2015 年	2016 年	2017 年	2018 年	2019 年	2020 年
比值	2.88	2.81	2.75	2.73	2.72	2.71	2.69	2.64	2.56

资料来源：根据 2021 年《中国统计年鉴》相关数据计算得到。

二、城乡一体化发展战略下居民收入差距开始缩小

"以人民为中心"的发展观和城乡一体化发展战略的实施使 2012～2020 年，我国城镇居民人均可支配收入和农村居民人均可支配收入之间的差距处于不断下降过程中。

（一）2012～2020 年城乡居民可支配收入之比变化

我国的改革开放进入 20 世纪 90 年代，随着城镇改革的快速推进，农村改革相对滞后，农民收入水平在较长时间内处于增长缓慢状态下，因此出现了城乡居民收入差距不断扩大的趋势，这是我国收入差距扩大的主要原因。在前一阶段的分析中，城乡居民收入之比最高达到 3.34，这一城乡居民收入差距不断扩大的趋势到 2012 年以后有了较为明显的改变，我们可以从城镇居民与农村居民可支配收入的比值中进行分析。从表 5 – 6 中数据可以看出，城镇居民与农村居民可支配收入的比值处于不断下降过程中，城乡居民收入差距在不断缩小。当然，这个缩小的过程很缓慢，截至 2020 年底，我国城乡居民可支配收入之间差距还是比较大的。

（二）2012～2020 年我国地区收入差距的变化

我国居民收入差距中另外一个很重要的来源是地区收入差距。改革开放以来以东南沿海地区为代表的东部地区借着政策红利率先实现经济腾飞和居民收入快速提高，所带来的与中西部地区居民收入之间的差距呈现不断扩大趋势。从国家统计局公布 2013～2020 年全国居民按东、中、西部及东北地区分组的人均可支配收入的数据计算得出，全国东部地区与西部地区人均可支配收入的比值处于不断下降过程中，全国区域之间协调发展取得明显成效。当然，由于我国东西部收入差距较大，因此收入调整需要一定时间，东西部收入差距下降的速度较慢，东部与西部居民可支配收入之间的差距还是

较大的（如表5-6所示）。

表5-6　2013～2020年全国东部居民可支配收入/西部居民可支配收入

项目	2013年	2014年	2015年	2016年	2017年	2018年	2019年	2020年
东西部居民收入之比	1.70	1.69	1.67	1.67	1.66	1.65	1.64	1.62

注：此处使用2013年的数据，原因是在2013年之前，国家统计局的数据中针对城镇是统计居民家庭人均可支配收入，而针对农村居民是统计家庭人均纯收入。从2013年开始，国家统计局开展了城乡一体化住户收支与生活状况调查。即，2012年的数据与2013年之后数据统计的调查范围、调查方法和统计口径有所不同。以下表5-7、表5-8、表5-9与此相同。

资料来源：根据2021年《中国统计年鉴》计算得到。

（三）全国居民人均可支配收入基尼系数处于下降通道

从国家统计局公布的2012～2020年全国居民人均可支配收入基尼系数分布情况可以看出，我国居民人均可支配收入在2012年达到0.474的阶段最大值，此后开始逐步下降，这是我国国民收入分配格局改善的一个有力证明。当然，从国家统计局所公布的基尼系数也可以看出，我国居民收入差距还是很大的，2012～2020年我国只是缓解了收入差距扩大的趋势，基尼系数从变化趋势上是呈现下降趋势，但是基尼系数仍处于高位水平上。收入分配差距的持续居高不下对我国经济社会的可持续发展有着重大影响，不利于全面建成小康社会目标的实现。因此，当前我国的收入分配关系仍有进一步改进的空间，缩小收入分配差距的余地也还很大（如图5-9所示）。

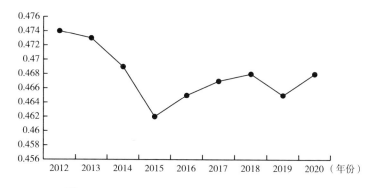

图5-9　2012～2020年我国收入分配的基尼系数

资料来源：根据国家统计局相关年份公布的数据资料整理得到。

三、市场化改革使居民收入来源多元化趋势明显

分析 2013～2018 年居民收入组成结构的统计数据可以看出，财产性收入在居民可支配收入中所占比重处于不断增长过程中，从全国居民人均收入可支配收入中财产性收入所占比重的变化以及城镇和农村居民财产性收入在可支配收入中的占比变化中都可以明显表现出来（如表 5－7、表 5－8、表 5－9 所示）。

表 5－7   2013～2020 年全国居民人均收入可支配收入及其中财产性收入所占比重

项目	2013 年	2014 年	2015 年	2016 年	2017 年	2018 年	2019 年	2020 年
可支配收入（元）	18310.8	20167.1	21966.2	23821.0	25973.8	28228.0	—	32188.8
财产性收入占比（%）	7.77	7.87	7.92	7.93	8.11	8.43	—	8.67

资料来源：根据 2021 年《中国统计年鉴》计算得到。

表 5－8   2013～2020 年城镇居民人均收入可支配收入及其中财产性收入所占比重

项目	2013 年	2014 年	2015 年	2016 年	2017 年	2018 年	2019 年	2020 年
可支配收入（元）	26467.0	28843.9	31194.8	33616.2	36396.2	39250.8	—	43833.8
财产性收入占比（%）	9.64	9.75	9.75	9.73	9.91	10.26	—	10.55

资料来源：根据 2021 年《中国统计年鉴》计算得到。

表 5－9   2013～2020 年农村居民人均可支配收入中财产性收入所占比重

项目	2013 年	2014 年	2015 年	2016 年	2017 年	2018 年	2019 年	2020 年
可支配收入（元）	9429.6	10488.9	11421.7	12363.4	13432.4	14617.0	—	17131.5
财产性收入占比（%）	2.06	2.12	2.20	2.20	2.26	2.34	—	2.44

资料来源：根据 2021 年《中国统计年鉴》计算得到。

从国家统计局公布的数据可以看出，2012～2020 年全国居民人均收入可

支配收入中财产性收入所占比重呈现较快增长趋势，到2020年占比达到8.67%；其中城镇居民人均收入可支配收入中财产性收入所占比重增速又快于全国平均水平，到2020年达到10.55%，相应地，我国农村居民人均可支配收入中财产性收入所占比重虽然也是不断增长的，但是处于很低水平，到2020年财产性收入在农村居民可支配收入中所占比重也只有2.44%，对收入的补充作用微乎其微。因此，城乡居民财产性收入差距依然巨大。另外一个结论是，从全国居民财产性收入总体水平来看，还是太低了，并且财产性收入的差距更大，这种从人均值所看到的数据不能反映我国居民实际上所拥有财富数量的真实分布状况。

第六章

我国居民收入分配格局演进的现实逻辑

在前面几章中，我们考察了 1949～2020 年中国居民收入分配格局的演变规律及特征表现，分析了四个阶段四种发展战略指导下居民收入分配格局的形成路径。本章我们将进一步探讨导致居民收入分配格局形成与演变的根本原因。我们认为，最终决定中国居民收入分配格局的根本因素，与我国根据不同发展阶段的经济社会现实所制定的经济发展战略直接相关，不同的发展战略又有与其相适应的经济增长方式，居民收入在国民收入分配格局中所占比重较低的状态是传统粗放型经济增长方式存在的基础，也是粗放型经济增长方式所导致的必然结果，而经济增长方式的转变是一个长期的过程，因此，居民收入分配格局的合理化过程必然是一个缓慢转变的过程。本章分析1949～2020 年我国居民收入分配格局演进的现实逻辑。

第一节　经济发展战略是导致居民收入
分配格局演进的主线

1949～2020 年，在不同时期、不同经济社会背景下，我国制定并实施了不同的经济发展战略，与此相一致地，形成了不同的经济发展方式和居民收入分配格局，这是一个不断演进的过程，通过分析可以看出经济发展战略、经济发展方式和居民收入分配格局之间存在着现实逻辑关系。

一、我国经济发展战略的演变过程

1953～2011 年，中国的发展战略经历了明显的阶段性演变过程，第一阶段是 1953～1978 年实施重工业优先发展战略的阶段，重工业优先发展战略的内在特征，形成了对中国居民收入的强烈抑制。这一阶段发展战略的主要特征是：以国家工业化为目标，因此，在发展重点上，强调重工业优先发展。为此，大量资源被用于发展重工业，而以牺牲国民经济其他领域的发展和以居民生活水平的长期停滞为代价。因此，重工业优先发展是中国居民收入分配格局形成的根源。

实施重工业优先发展战略时期，中国经济增长质量低下，居民由于收入水平低下导致其生活水平长期徘徊不前，到后期重工业优先发展战略已难以持续。1979～2020 年，在摒弃重工业优先发展战略的过程中，逐渐形成了轻重工业协调发展，相关特征随之发生显著变化。但战略转变的渐进性，使轻重工业协调发展在一定程度上仍然保留了旧战略的赶超特征，从而在总体上呈现出转型特征，主要表现是：在发展目标上，放弃了单一的工业化目标，提出以四个现代化和人民生活水平的阶段性提高为目标；在发展重点上，不再强调重工业优先发展，而代之以整个工业行业的协调发展；在发展态势上，不再片面追求高速度，而要求按比例发展，将"速度和效益统一起来"等。由于在战略高度上提出了提高人民生活水平的目标，所以居民收入水平和生活水平的提高在这一发展阶段表现是最明显的。

二、发展战略对居民收入分配格局的影响

由于发展战略转变的渐进性，新发展战略依然延续了旧发展战略的一些重要特征，从而使其表现出战略转型特征。另外，在发展态势上，仍然把经济增长速度放在比较重要的位置，而且由于经济体制转型不彻底，政府仍然掌握大量分配剩余的权利，也为政府主导的经济发展呈现出赶超态势提供了制度上的可能性。

发展战略上的这些特征导致这一阶段居民收入分配格局的变化，居民收入水平提高较快，但收入分配制度也处在转型期，不合理成分在增加，主要表现是制度内工资的平均分配和制度外收入差距的拉大现象共存，工资外收入增加，并且工资外收入不合理的成分也在增加，还有实物分配倾向明显的特征。

1992 年以来在轻重工业协调发展战略的基础上，提出了战略上可持续发

展目标，比起轻重工业协调发展战略，可持续发展战略在发展目标上，强调人与社会的和谐发展，在发展重点上，开始改变以前只注重经济和社会财富积累的做法，转而强调整个社会可持续发展能力的建设与提高，转向以解决民生问题作为发展的重点。但是在实际运行中，发展战略没有发生实质性改变。并且，由于提出了外向型和出口导向发展战略，这一阶段中国经济实际上进入了重新重工业化发展阶段，这是这一时期对居民收入起到根本抑制作用的因素。

另外，中国在提出可持续发展战略的同时，又提出："中国是发展中国家，要毫不动摇地把发展国民经济放在第一位，各项工作都要紧紧围绕经济建设这个中心来开展。"① 将经济发展置于可持续发展战略的中心位置。这是合理的，也是必须的。然而，可持续发展战略的提出和实施并未完全放弃和替代重工业化优选战略。因此，在更多意义上，这一阶段的可持续发展战略只是在前一阶段发展基础上，进一步提出可持续发展的目标和要求；这一阶段发展的转型特征，将会在很大程度上影响可持续发展战略的实施及其绩效。在提出可持续发展的同时，又强调将经济发展放在优先考虑的位置，从而在根本上影响了可持续发展战略的贯彻实施。归根结底是因为中国的传统发展方式到目前为止都没有发生根本性的转变。发展战略自改革开放以来从战略制定层面一直处于不断转型中，从重新重化工业到可持续发展战略以及"科学发展观"提出的过程中，可持续发展战略并未得到很好的贯彻，特别是没有体现出可持续发展战略最本质的特征，也就是中国的发展并没有实现可持续的发展，究其原因，关键在于传统的发展方式对发展战略转型的抑制。传统发展方式未实现彻底转变，经济发展才出现了重新重工业化的特征，可持续发展战略的实施并没有收到很好的成效。同时，中国在这一阶段正处于中等收入阶段，经济转型、社会转轨过程中各种社会矛盾表现明显，收入分配领域存在的问题是在实现可持续发展目标过程中必须解决好的问题。

发展战略对一个经济体的影响是全面而深远的。一个国家的发展战略一旦确定，那么为贯彻发展战略，决策者必然通过具体的制度安排来保证其实施。改革开放前，中国违背当时的生产要素资源优势，选择了重工业优先发

---

① 中国环境年鉴编委会. 中国环境年鉴 1995 [M]. 北京：中国环境科学出版社，1995：5.

展战略，加剧了资本的稀缺和劳动力的过剩，必然导致在收入分配中资本收入对劳动收入的挤压。改革开放以后，在轻重工业协调发展思想指导下，中国工业化的取向发生了改变，由重工业优先发展转向轻重工业协调发展，由片面追求经济增长率向注重居民生活水平提高转变，因此，这一阶段是中国居民收入增长最快的时期。改革开放以来的外向型发展和出口导向战略使1992 年以后提出的可持续发展战略没有得到很好的实施，由于传统发展方式的抑制作用，发展战略反而表现出重新重工业化的特征，同样的作用机制导致这一阶段中国居民收入增速滞后，在国民收入分配中的份额持续下降，致使居民收入分配格局重现及强化。

三、重工业优先发展战略、低城镇化率与居民收入格局特征

1953～1978 年，中国实施了重工业优先发展战略，这一战略的实施对中国以后的国民收入分配产生了重大影响。

（一）重工业优先发展阶段的城镇化与收入分配

在市场经济条件下，市场机制对资源的配置会使一国发展具有本国比较优势的产业。新中国成立初期，劳动力资源丰富是我国的比较优势所在，但政府选择的重工业优先发展战略却需要大量的资本资源投入，这一选择违背了比较优势原则。重工业作为资本密集型产业具有建设周期长、投资规模巨大的特征，而当时的中国却是经济发展水平极低、资本十分缺乏、外汇严重短缺、经济剩余很少。重工业所需求的资源结构与中国当时的资源状况相冲突，使重工业优先发展战略无法借助市场机制得以实现。[1] 于是，为保证重工业优先发展战略的实施，通过"一化三改"和人民公社化运动，逐渐形成了扭曲产品和要素价格的宏观环境，[2] 从而可以实现人为压低重工业发展的成本。在这些措施的作用下，20 世纪 50 年代末，中国开始全面实施重工业优先发展战略。

重工业优先发展战略导致城镇化的滞后性。1953～1978 年，中国所实施

---

①② 林毅夫，蔡昉，李周. 中国的奇迹：发展战略与经济改革［M］. 上海：上海三联书店，上海人民出版社，1994：19.

的重工业优先发展战略违背了资源比较优势，抑制了劳动力资源丰富这一比较优势的发挥，并因此而降低了劳动就业和城镇化水平。[①]

1949～1957 年，这一时期中国经济社会处在恢复阶段，各种需求旺盛，经济建设取得较大的成就，同时，也是中国城镇化稳步推进的阶段。经济水平的快速提高促进了城镇化水平的不断提升。1949～1957 年城镇人口占总人口的比重从 10.6% 提高到 15.4%。但其后的 1958～1960 年，经济领域的"大跃进"导致城镇化的盲目发展，短短不足三年的时间内城镇人口占全国人口的比重由 15.4% 上升到 19.7%。[②] 这种盲目城镇化带来的后果是城市工业无法承载过多的就业人口，以至于在 1961～1978 年这一较长时间段内中国的城镇化水平处于停滞状态，其间还不断地发生逆转，出现城镇化水平同比下降的情况。新中国成立以后将近 30 年的时间内，中国城镇人口占全国人口的比重从 1949 年的 10.6% 提高到 1978 年的 17.9%，城镇化速度极慢。[③]因此，重工业优先发展战略下，中国城镇化水平极低，远远滞后于同期中国经济发展水平。

（二）重工业优先发展战略通过降低城镇化率形成居民收入分配格局

重工业优先发展战略通过降低城镇化率对居民收入产生了抑制作用，这是中国居民收入分配格局形成阶段，具体实现途径如下。

1. 重工业就业弹性低抑制了农村人口转移，限制了居民收入提升空间。优先发展重工业降低了就业弹性，限制了居民收入提升空间。重工业属于资本密集型产业，吸纳就业的能力有限，优先发展重工业，难以有效吸纳因人口快速增长出现的大量城市剩余劳动力，更使农村劳动力难以向城市非农领域转移，抑制了城镇化进程，降低了城镇化水平。1960 年城镇人口占全国总人口的比重为 19.7%，到 1978 年仅为 17.9%，下降了 1.8 个百分点。[④]城镇化率的低下使大部分劳动力滞留在农业生产中，严重限制了居民收入水平的提高。

2. 经济剩余集中到国家压低了居民收入。在这一时期，全部经济剩余向国家集中，尽可能压低居民的收入水平。主要通过以下措施实现这一目标：

---

① 林毅夫，蔡昉，李周. 中国的奇迹：发展战略与经济改革［M］. 上海：上海三联书店，上海人民出版社，1994：76.

②③④ 根据相关年份《中国统计年鉴》计算得到。

在农村，为了将农村剩余转移到发展重工业上，国家用农业合作化和人民公
社化制度作保证，直接组织生产和收益分配。通过这种制度安排，国家实现
了对农业生产、农产品分配和消费的控制。并且利用农产品统购统销的方
式，利用工农产品价格剪刀差为主要手段，将农业积累转化为工业利润。在
城市，为了保证工业剩余能掌握在国家手中，对工业企业实行国有国营制
度。一是通过国有化，确保全部工业利润掌控在国家手中；二是通过征税或
实行企业利润全部上缴制度，来集中工业利润。通过这种国有国营制度，国
有企业的利润绝大部分上缴国家，企业因此缺乏提高工人收入的财力，国家
对居民收入的控制得以实现。

3. 国民收入偏向积累抑制了居民收入增长。这一时期的国民收入分配
严重偏向积累，导致居民收入增长缓慢。高积累率以及中国政府选择以直
接压低居民收入来提高积累率的方式导致居民收入水平增长缓慢。据统
计，1958～1978 年的 21 年间，全部职工平均实际工资有 13 个年份出现负
增长。[①]

通过以上途径，政府掌握了主要的经济剩余，居民收入处于很低水
平，居民收入分配格局基本形成。因此，在重工业优先发展战略的影响
下，在政府利用计划手段配置资源的条件下，可以超越发展阶段地、超越
既有的要素禀赋结构安排生产和分配，违背比较优势原则的后果，不仅挫
伤了劳动者的生产积极性，而且也导致资源配置效率的低下和经济发展的
低效益。

四、轻重工业协调发展城镇化与居民收入份额上升

起始于 1978 年底的改革开放，通过在农业生产中推行家庭联产承包经
营责任制、在农村大力推进乡镇企业发展、在城市进行企业制度改革等一系
列的体制变革，实现了发展战略调整，极大促进了工业化的发展。这一时期
的工业化战略可概括为轻重工业协调发展战略，重点发展农业和轻工业、适
当控制重工业。主要表现为：一是农业和服务业的快速增长，从而使三次产
业结构开始趋于协调发展；二是与群众生活密切相关的轻工业发展迅速，工

---

① 国家统计局. 中国统计年鉴（1993）［M］. 北京：中国统计出版社，1993：132.

业内部轻重工业比例趋于协调。1979～1991年，中国工业化的战略取向开始从重工业优先发展向轻重工业协调发展转变。随着以市场为导向的经济体制改革的起步，传统计划经济体制开始解体。

（一）轻重工业协调发展下城镇化的同步性

1978年以后，发展战略的调整、经济体制改革的推进以及由此所带来的产业结构优化，使中国城镇人口的比重增加很快，1978年为17.9%，1979年上升到19%，到1991年达到26.37%。[①] 在这一阶段，中国城镇化进程最大的特点是速度快，而且保持比较均匀的增速，是新中国历史上城镇化发展较为健康的一个阶段。这一时期城镇化发展的特点主要表现在以下几个方面。

第一，速度快。这一阶段的城镇化是在前期城镇化几乎停滞基础上的一个快速发展时期，这一时期，中国的城镇化基本保持了年均1个百分点的增长速度。第二，增速稳定。这一阶段的城镇化处于匀速增长过程中，不存在大起大落现象。第三，同步性。这一阶段的城镇化是与中国的经济体制改革、收入分配制度改革、工业化战略转变等联系在一起的，符合这一阶段的中国资源禀赋结构特点，基本上表现出与这一阶段经济发展水平的适应性，呈现出经济增长与城镇化同步推进的局面，因此，城镇化表现出明显的协调性、健康发展的特征。

（二）轻重工业协调发展带来居民收入分配格局的松动

在新的经济发展战略中，发展目标落脚于人民生活水平的不断增长上，即由解决温饱、实现小康到生活比较富裕，因此，从战略层面上推动了居民收入分配格局的松动。具体表现在以下几个方面。

第一，国民收入向劳动者倾斜。在这一时期，发展战略的变化起到了调整国家、集体和个人之间分配关系的作用，国民收入分配开始向地方政府和劳动者倾斜。随着经济发展战略的调整，国民收入分配格局也由1978年以前偏向中央政府和重工业，转向地方政府和劳动者。1979～1991年，中央和

---

① 根据相关年份《中国统计年鉴》计算得到。

地方财政收入中中央的比重维持在 30% 左右，地方的比重维持在 70% 左右。① 职工工资总额迅速增长，1978 年、1980 年、1985 年、1991 年的增长率分别为 10.5%、19.4%、22.0%、12.6%，高于同期 GDP 的增长比率。这一时期，国家安排了大量城镇劳动力就业，提高一大部分职工的工资，再加上奖金制度的推行等，城乡居民生活有了显著改善。这些改革措施对居民收入的提高起到了明显的促进作用，表现在国民收入分配格局上，即，在 1979~1991 年，中国国民收入分配格局演变的明显特征是住户部门收入占比不断上升，这是中国居民收入分配格局松动的具体表现。

第二，国民收入分配格局的变化特征。改革开放以后，国民收入分配格局发生的主要变化，是从 1979 年开始中国的劳动报酬在国民收入中所占的比重处在不断提高过程中，由 1979 年的 46% 上升到 1990 年的 55.8%。② 从本质上来看，这是在纠正以前被扭曲的要素价格，是劳动这种生产要素要求取得其在国民收入分配中合理份额的强烈要求。

五、重新重工业化、城镇化与居民收入格局变动

1992~2011 年，中国工业化进程出现了重新重工业化趋势，特别是从 1999 年以后，重新重工业化的趋势更加显著。1999 年重工业增长速度超过了轻工业 1 个百分点，到 2003 年则高出 4 个百分点；重工业的比重也从 1997 年的 53.8% 猛增至 2000 年的 59.1%，2003 年更是快速上升到 64.3%，几乎接近了重工业优先发展时期的最高纪录（1960 年的 66.6%）③。从 20 世纪 90 年代后期到 2011 年，中国重工业产值增长迅速，工业结构的重化工特征日益明显。

（一）重新重工业化导致城镇化的不完全性

由于前期中国城镇化水平过低，在重新重工业化阶段，中国城镇化进程先是表现出快速发展状态，中国的城镇化水平一直到 1995 年都远远落后于

① 资料来源于《中国统计年鉴（2008）》第 263 页。
② 劳动报酬数据转引自：李扬. 收入功能分配的调整：对国民收入分配向个人倾斜现象的思考 [J]. 经济研究，1992（7）. 其他数据根据《新中国六十年统计资料汇编》相关数据计算得到。
③ 简新华. 论中国的重新重工业化 [J]. 中国经济问题，2005（5）.

世界平均水平，1995 年世界平均的城市化率为 45.3%，中国为 29.04%。1995 年之后中国的城镇化率有较快提高，到 2008 年达到 45.7%，2011 年为 51.27%，从统计意义上，中国的城镇人口比重首次超过农村人口，2012 年达到 52.57%①，但是这一阶段的城镇化又表现出另外一方面的问题，即，不完全城镇化。这一阶段中国城镇化的不完全性主要表现在：第一，城镇化滞后于工业化，相对于这一阶段的快速工业化，由于管理体制的限制，城镇化仍呈现明显的滞后状态，这一状况所带来的劳动力成本上涨导致一些中型城市出现"产业空心化"，产业过早转移使这些城市可持续发展能力不足。第二，城镇化的速度大于质量，"人的城镇化"不足，突出的问题是 2.6 亿名农业转移人口市民化进程进展较慢，在 2012 年统计的 52.57% 城镇化率中，城市户籍人口只有 35%②，约有 2 亿人没有城市户籍，不能平等地享有城镇的各种公共服务。第三，倾向于"土地的城镇化"，过度依赖土地财政，导致城市建设重复严重，相关产业在完成了资本技术积累后跌入"升级陷阱"。城镇化的发展水平应该是与相应的经济增长以及产业结构升级紧密相连的，中国则是在城镇化水平滞后的情况下，经济取得了快速增长，但是，城镇化滞后所带来的负面影响对中国经济的进一步增长形成了瓶颈约束。

（二）重新重工业化导致居民收入分配格局的变化

从形式上来看，这一阶段的重化工业发展与改革开放前的情况大致相同，因而对居民收入的抑制因素也基本一致，是居民收入分配格局重现的阶段。

1. 重新重工业化对居民收入的抑制。重新重工业化导致国民收入向资本和政府部门倾斜。重工业化必然要求国民收入向资本和政府部门倾斜，因而导致政府对经济的干预加强，这种加强又强化了收入向政府和资本倾斜，最终导致居民收入在国民收入中所占比重的持续下降。

重工业对就业的吸纳有限，减少了居民收入增长的来源。随着中国目前重工业的规模扩大，重工业发展与增加就业的矛盾日益突出。这一方面是由于随着第二产业劳动生产率的提高，对劳动力的需求降低，另一方面是由于

---

① 资料来源于相关年份《中国统计年鉴》。
② 资料来源于 2013 年《中国统计年鉴》。

随着工业结构的不断重型化，对资本的需求高于对劳动的需求，从而导致劳动收入份额的下降。

2. 国民收入分配格局中居民收入低现象的重现及强化。这一时期国民收入分配格局的最大变化，是劳动收入占国民收入的比重下降。自 20 世纪 90 年代以来，中国国民收入在政府、企业、居民三者之间的分配比重发生了重大的调整和变动，使国民收入分配格局发生了显著变化。一方面，随着中国经济总量的迅速增加，政府部门、企业部门和住户部门的收入绝对量都有较大幅度的增加；另一方面，从分配结构来看，三者在国民收入中的比重也发生了很大变化。政府部门、企业部门、住户部门三者的关系调整和变动过程中最突出的问题是，住户部门所获得的收入在国民收入分配中所占比重过小，即劳动报酬占 GDP 的比例过低，工薪阶层难以分享经济增长的成果。特别是在 2004 年以后，在国民收入分配格局中，住户部门收入所占份额处于不断下降过程中，呈现出居民收入分配格局重现并强化的趋势。

六、创新发展战略、以人民为中心与居民收入格局变动

2012 年党的十八大报告提出，实现发展成果由人民共享，必须深化收入分配制度改革，努力实现居民收入增长和经济发展同步、劳动报酬增长和劳动生产率提高同步，提高居民收入在国民收入分配中的比重，提高劳动报酬在初次分配中的比重。初次分配和再分配都要兼顾效率和公平，再分配更加注重公平。完善劳动、资本、技术、管理等要素按贡献参与分配的初次分配机制，加快健全以税收、社会保障、转移支付为主要手段的再分配调节机制。深化企业和机关事业单位工资制度改革，推行企业工资集体协商制度，保护劳动所得。多渠道增加居民财产性收入。提出实施创新发展战略、以人民为中心的发展理念，由此带来国民收入分配格局演进的新特征。党的十九大报告提出，坚持按劳分配原则，完善按要素分配的体制机制，促进收入分配更合理、更有序。鼓励勤劳守法致富，扩大中等收入群体，增加低收入者收入，调节过高收入，取缔非法收入。坚持在经济增长的同时实现居民收入同步增长，在劳动生产率提高的同时实现劳动报酬同步提高。拓宽居民劳动收入和财产性收入渠道。这是这一时期中国共产党对收入分配改革方向的总体定位和要求。

（一）城乡一体化发展带来城镇化率的快速提升

党的十八大提出全面深化经济体制改革，实施城乡一体化发展，在这一思想指导下，我国的城镇化水平快速提升，2011 年城镇人口比例首次超过农村人口，达到 52.83%，之后城镇化率快速提升，从 2012 年的 53.10% 提升到 2020 年的 63.89%①，在人口要素上体现了城乡一体化的发展方向。

（二）以人民为中心的发展观带来居民收入分配格局的变化

综合前面 2012~2020 年中国国民收入分配格局变化的计算数据，比较分析得出表 6-1 中的数据。

表 6-1　　　　中国国民收入分配格局变化：初次分配和再分配占比　　　　单位：%

年份	初次分配			再分配			再分配-初次分配		
	企业	政府	居民	企业	政府	居民	企业	政府	居民
2012	22.7	15.6	61.7	18.5	19.5	62.0	-4.2	3.9	0.3
2013	24.1	15.6	60.7	19.8	18.9	61.3	-4.3	3.3	0.6
2014	24.7	15.2	60.1	20.5	18.9	60.7	-4.2	3.7	0.6
2015	24.2	14.9	60.9	19.8	18.6	61.6	-4.4	3.7	0.7
2016	24.3	14.5	61.3	20.0	17.9	62.1	-4.3	3.4	0.8
2017	25.4	14.0	60.6	21.2	18.0	60.9	-4.2	4.0	0.3
2018	26.1	12.8	61.1	21.9	18.7	59.4	-4.2	5.9	-1.7
2019	25.9	12.7	61.4	21.9	17.9	60.3	-4.0	5.1	-1.1
2020	26.9	11.1	62.0	22.9	14.9	62.2	-4.0	3.8	0.2

资料来源：国家统计局《中国资金流量表历史资料（1999~2022）》和历年《中国统计年鉴》。

从表 6-1 中可以看出，2012~2020 年，国民收入初次分配中企业部门所得由 22.7% 上升到 26.9%，政府部门所得由 15.6% 下降到 11.1%，居民部门所得基本稳定在 60%~62%。再分配以后，企业部门的收入份额变化量由 2012 年的 -4.2% 变为 2020 年的 -4%，政府部门由 3.9% 变为 3.8%，居民部门由 0.3% 不断提高到 2016 年的 0.8%，之后稍有下降，2020 年变化量为 0.2%。2012~2020 年，经过了再分配。与初次分配相比，企业部门收入

---

①　资料来源：2021 年《中国统计年鉴》2-1 人口数及构成。

份额变化幅度所得降低 0.2 个百分点，政府部门收入份额变化幅度降低 0.1 个百分点，居民收入份额降低 0.1 个百分点，变化幅度为 - 1.7 ~ 0.8 个百分点。这一时期国民收入分配格局更趋合理化。2012 ~ 2020 年，劳动报酬份额占 GDP 的比重不断提高，是居民收入在国民收入中的比重不断提高的主要原因。

第二节　经济发展战略通过经济增长方式影响居民收入分配格局

一、经济发展方式的演变过程

1953 ~ 1978 年，中国形成了以高投入低产出、高消耗低收益、高速度低质量为基本特征的传统经济增长方式。具体表现在：一是技术进步对经济增长的贡献率低。1978 年前，中国的综合要素生产率对经济增长的贡献率仅为 0.16%。[①] 远低于同期世界 10% 的平均水平。二是高速度与低效率并存，经济增长呈现出数量扩张特征。据统计，1949 ~ 1980 年中国工业固定资产增长 26 倍，工农业总产值增长了 15.1 倍，但国民收入只增长 4.2 倍，全国人民平均消费水平只提高 1 倍。[②] 三是经济增长呈现出明显的结构失衡特征。重工业产值占工农业总产值的比重由 1949 年的 7.9% 上升到 1978 年的 42.6%。[③] 重工业的超前发展一方面牺牲了农业，抑制了第三产业，另一方面也造成了轻工业的滞后和基础工业的瓶颈，使产业结构严重失衡。总体而言，1978 年前的经济增长是典型的粗放型经济增长方式。这种方式到后来已经是难以为继。

在 1979 ~ 2011 年，受改革开放影响，中国传统以高投入低产出、高消耗低收益、高速度低质量为基本特征的传统经济增长方式并没有发生实质性的转变，而是更进一步演变成以高投入低产出、高消耗低收益、高速度低质

---

① 张军扩. "七五"期间经济效益的综合分析 [J]. 经济研究, 1991 (4).

② 中华人民共和国第五届全国人民代表大会第四次会议文件 [M]. 北京：人民出版社, 1981：12.

③ 中国统计年鉴 1984 [M]. 北京：中国统计出版社, 1984：308.

量、高出口依赖低内需拉动为特征的发展方式。

虽然在中央政府指导思想层面希望转变传统发展方式的主观愿望日渐强烈，例如，1981 年提出经济建设走一条速度比较实在、经济效益比较好、人民可以得到更多实惠的新路子；1982 年中国共产党第十二次全国代表大会提出要把经济工作转到以提高经济效益为中心的轨道上来；1987 年 10 月，中国共产党第十三次全国代表大会提出要"从粗放经营为主逐步转上集约经营为主的轨道"；1995 年提出的"九五"计划指出，要实现经济增长方式从粗放型向集约型的转变；2002 年 9 月，中国共产党第十六次全国代表大会提出要走"科技含量高、经济效益好、资源消耗低、环境污染少、人力资源优势得到充分发挥的新型工业化路子"；中国共产党第十七次全国代表大会则提出加快转变经济发展方式；2010 年召开的党的十七届五中全会通过的"十二五"规划中更是第一次把加快转变发展方式作为"主线"。此后，中国经济发展方式转变有了更清晰的规划，只是出现成效还需要时间。

二、经济发展方式转变中的存在困境及其突破

从"九五"计划提出转变经济增长方式，到提出把加快转变发展方式作为"主线"纵跨四个五年规划。一方面说明中国政府对转变发展方式的强烈愿望，另一方面也说明，经历这么长的时间，中国的发展方式转变效果没有达到预期目标。

可见，到 2011 年，中国的传统发展方式有了新的特点，更加剧了非均衡发展的趋势。与 1978 年前的发展方式相比，不同之处只是在于外部环境变化形成了两种发展方式。截至 2011 年，中国的发展方式与计划经济时期形成的传统发展方式相比没有发生本质性变化。中国传统发展方式从运行上来看，1978 年前呈现出高投入低产出、高速度低质量的特点，从而必然导致高消耗低收益；1979~2011 年经济发展方式除了具有高投入低产出、高速度低质量的特征以外，又在新形势下形成了高出口依赖低内需拉动的特点，而高消耗低收益的结果则是没有大的改变。从这个意义上来说，1979~2011 年的发展方式是在开放的、新的历史条件下对 1978 年之前发展方式的延续。

总之，通过考察 1953~2011 年的中国经济发展历程可以看出，以高投资推动的经济发展方式基本上没有发生实质性变化，并且大量投资的重工业

化倾向比较明显。这种经济发展方式加剧了中国劳动力资源过剩、资本不足的矛盾，资本收入份额上升，再加上政府部门收入也处于不断上升过程中，劳动收入份额就没有上升的余地，经济剩余主要被企业部门和政府部门所获得，自然导致劳动收入的下降，而劳动收入又是中国居民收入的主要组成部分，居民收入份额的下降就是必然形成的结果。

三、传统发展方式是经济发展战略的羁绊

从 1953～2011 年的发展战略来看，在不同时期提出了不同的发展战略。例如，从计划经济时期的重工业优先发展战略，到改革开放初期的轻重工业协调发展战略，又到后来的可持续发展战略和科学发展观，可以说，在不同发展时期我们都提出了与发展阶段相适应的发展战略，但是，不同的发展战略要求有相应的发展方式与之相配合，以实现发展战略目标。但是中国的发展方式在这一长时期的发展过程中并没有发生实质性的变化，以至于中国所提出来的新的发展战略也没有得到很好的贯彻实施。即截至2011 年，中国的发展方式与计划经济时期形成的传统发展方式依然有许多相似之处。

从重工业优先发展战略，到轻重工业协调发展战略，再到可持续发展战略和科学发展观的提出，中国的发展战略思想处在不断演进过程中，但是，发展方式并没有随着战略思想的转变发生明显的变化，并且出现了经济发展过程中的重新重工业化趋势。究其原因，传统发展方式是中国实施可持续发展战略的羁绊，不改变中国传统的发展方式，发展战略思想再先进，也很难真正地被贯彻实施。

四、政府主导的经济发展导致收入分配向政府和企业倾斜

纵观世界和中国经济发展的历史，可以发现，收入分配问题和收入本身增长以及经济增长密切相关，收入分配方式对经济增长的可持续性有决定性影响。在改革开放之前，中国实行的是计划经济体制，由计划配置资源，生产和分配都由政府决定，从而国民收入分配格局完全是政府意志的体现。改革开放以来，中国的经济体制改革是市场经济导向的，市场经济的内在要求

就是要让市场在资源配置中发挥基础性作用，生产的市场化改革和分配制度的改革使收入分配逐渐转向由政府部门、企业部门和住户部门三方博弈决定。在改革开放以来的中国经济发展过程中，虽然市场机制发挥调节作用和参与资源配置的领域不断拓宽，但总体上仍属于政府主导型经济。特别是2003 年以来，资源配置呈现出市场职能弱化、计划职能强化的趋势。① 政府是经济发展的主导，并且在政府主导经济发展的过程中，又存在政府行为的越位和缺位，在市场应该发挥主导作用的领域，政府的干涉过多，而在政府应该发挥主要作用的领域，却又不能很好地行使其职能。在市场机制应该发挥作用的资源配置上，政府存在"越位"行为，政府利用自己掌握的权力在要素领域发挥作用，影响资源配置状况，这一结果导致在政府部门、企业部门和住户部门三方博弈中，政府部门处于支配地位，使国民收入分配格局博弈在政府的主导下进行；另外，政府部门对经济增长速度的过分追求导致严重的企业偏向，最后，经济增长目标与提高居民收入份额之间的矛盾，致使住户部门在三方博弈中始终处于劣势地位，从而形成并长期维持中国国民收入分配向政府部门和企业部门倾斜的失衡格局②，导致居民收入分配格局的出现和长期维持。

（一）国民收入初次分配向资本和政府倾斜

劳动者工资总额占 GDP 的比重，是衡量国民收入初次分配公平与否的重要指标。分配率中劳动者的报酬总额占 GDP 的比重越高，表示劳动者的工资类收入在国民收入的初次分配中所得份额越大。市场经济成熟的国家，劳动分配率普遍都在54% ~65%，如日本 1999 年为54.18%，美国 2000 年为58.31%，德国 2000 年为53.84%，英国 2000 年为55.27%。③ 中国劳动分配率 1981 年只有16.76%，此后逐年下降，到 2007 年下降到 11.32%，与此同时，根据国际劳工组织公布的数据可知，2000 ~2005 年，中国的人均产出增长了63.4%。④ 这说明伴随着劳动生产率的逐步提高，劳动报酬在国民收入分配中的比重却处在不断下降之中，表明在市场初次分配中劳动所得占

① 孙剑. 经济体制、资源配置与经济发展模式 [J]. 经济体制改革，2010 (5).
② 任太增. 政府主导、企业偏向与国民收入分配格局失衡 [J]. 经济学家，2011 (3).
③ 高二坡. 河南个税申报富人偷着乐 [N]. 东方今报，2007 – 04 – 14.
④ 孔善广. 为什么普通人没有"中等发达"的感觉 [EB/OL]. 光明网，2007 – 09 – 25.

的份额过低，收入初次分配向资本和政府倾斜的势头较为显著（如表 6 - 2 所示）。

表 6 - 2　　　　　　1979 ~ 2011 年中国财政收入增长率、工资增长率及

工资总额占 GDP 的比重　　　　　　　　　单位:%

年份	国家财政收入增长率	职工工资总额增长率	工资总额占 GDP 比重
1979	1. 2	12. 0	16. 0
1980	1. 2	19. 4	17. 1
1981	1. 4	5. 8	16. 9
1982	3. 1	7. 0	16. 7
1983	12. 8	5. 6	15. 8
1984	20. 2	17. 5	15. 8
1985	22. 0	22. 0	15. 3
1986	5. 8	20. 0	16. 3
1987	3. 6	13. 3	15. 7
1988	7. 2	23. 1	15. 5
1989	13. 1	13. 2	15. 5
1990	10. 2	12. 7	15. 8
1991	7. 2	12. 6	15. 3
1992	10. 6	18. 5	14. 6
1993	24. 8	24. 8	13. 9
1994	20. 0	35. 4	13. 8
1995	19. 6	21. 7	13. 3
1996	18. 7	12. 1	12. 8
1997	16. 8	3. 6	11. 9
1998	14. 2	0. 2	11. 0
1999	15. 9	6. 2	11. 0
2000	17. 0	7. 9	10. 7
2001	22. 3	11. 0	10. 8
2002	15. 4	11. 2	10. 9
2003	14. 9	12. 0	10. 9

年份	国家财政收入增长率	职工工资总额增长率	工资总额占 GDP 比重
2004	21.6	14.6	10.6
2005	19.9	17.1	10.8
2006	22.5	17.6	11.0
2007	32.4	21.4	11.1
2008	19.5	19.4	11.2
2009	11.7	11.4[①]	11.8
2010	21.3	17.3	11.8
2011	25.0	26.8	12.7

注：从 2009 年开始，这一数据是城镇单位就业人员工资总额增长率。

资料来源：根据相关年份《中国统计年鉴》数据计算得到。

从表 6-2 中可以看出，1979~2009 年的大部分年份中，我国财政收入增长率都高于职工工资增长率及工资总额占 GDP 的比重，从这一数据变化可以部分说明导致居民收入在国民收入分配格局中占比下降的原因。

中国国民收入的初次分配的情况，如表 6-3 所示。

表 6-3　　　　　　1992~2011 年中国国民收入分配格局的演变　　　　单位：%

年份	初次分配收入比例			可支配收入比例		
	政府部门	企业部门	住户部门	政府部门	企业部门	住户部门
1992	15.5	19.1	65.4	19.0	13.3	67.7
1993	16.8	20.6	62.6	19.2	16.1	64.6
1994	16.3	19.6	64.1	18.0	16.0	66.0
1995	15.2	20.1	64.7	16.5	16.7	66.8
1996	15.5	17.3	67.2	17.2	13.6	69.3
1997	16.2	18.1	65.7	17.5	14.4	68.1
1998	16.9	17.5	65.6	17.5	14.3	68.2
1999	17.0	18.1	65.0	18.6	14.3	67.1
2000	16.7	19.0	64.3	19.5	15.7	64.8
2001	18.4	18.1	63.5	21.1	15.1	63.8
2002	17.5	17.3	65.2	20.5	14.3	65.2
2003	18.0	18.8	63.3	21.9	15.5	62.6

续表

年份	初次分配收入比例			可支配收入比例		
	政府部门	企业部门	住户部门	政府部门	企业部门	住户部门
2004	17.8	24.5	57.7	20.4	21.8	57.8
2005	17.5	22.9	59.6	20.6	20.0	59.4
2006	18.6	22.4	59.0	22.8	18.5	58.7
2007	19.5	22.6	57.9	24.1	18.4	57.5
2008	17.5	21.3	57.2	21.3	21.6	57.2
2009	14.6	24.7	60.7	21.2	18.3	60.5
2010	15.0	24.5	60.5	18.4	21.2	60.4
2011	15.4	23.9	60.7	18.4	20.0	60.8

资料来源：根据《中国统计年鉴》（1999～2013）的资金流量表（实物交易）整理得到，把政府部门、企业部门、住户部门当年获得的初次分配收入和可支配收入分别除以当年国内初次分配收入总额和国内可支配收入总额得到各部门的份额。

从表6－3的数据和图6－1可以看出1992～2011年中国国民收入初次分配格局的变动情况，1995年之前，政府部门和企业部门收入占比不断上升，必然导致居民收入的占比不断下降，1995～1998年，政府部分收入占比不断增加，企业部门占比稍有下降，两者于1998年达到相等，之后政府部门收入占比稍有下降，到2002年以后基本稳定在14%左右，同时，企业部门收入占比从1998年开始上升，而居民收入占比从2000年开始明显下降，特别是在2004～2008年下降趋势更加明显。2009～2011年，国民收入初次分配格局中企业部门收入增长较快，政府部门收入占比较为稳定，住户部门收入占比有所上升。

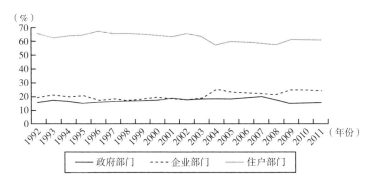

图6－1 1992～2011年中国国民收入初次分配格局

资料来源：根据表6－3数据绘制。

（二）再分配后国民收入向政府倾斜

国民总收入经过初次分配之后，并不是最后的格局，还要进入国民收入的再分配。从表6-3中的数据可以看出，政府部门从再分配中获利最大，2000年之后更为明显，国民收入经过再分配后，政府提高了近3个百分点。2005年国民收入初次分配中，政府部门收入占比为17.5%，经过再分配后，占比上升为20.6%，上升了16.6%。2008年国民收入初次分配中，政府部门收入占比为17.5%，经过再分配后，占比上升为21.3%，上升了21.7%。在再分配中，政府部门收入的增速仍然是最高的。2009~2011年，经过再分配，政府部门和企业部门收入占比稍有降低，住户部门收入占比有所提高。

根据表6-3中数据和图6-2中的趋势变化可以看出，中国国民总收入经过再分配后所形成的分配格局同初次分配的结果相比大致相同，企业部门和政府部门所得的比重上升，而且与初次分配格局相比，企业部门收入有所下降，政府部门所得上升得更快，两者的差距缩小很多，居民所得的比重下降得更多，而且波动幅度更大了。纵观1992年以来国民收入再分配格局的变化可以看出，2008年与1993年相比，政府部门所得的比重由19.2%上升至21.3%，增加2.1个百分点；企业部门所得的比重由16.2%上升至21.6%，增加5.4个百分点；而居民部门所得的比重则由64.6%下降至57.1%，减少7.5个百分点，即再分配格局中政府部门收入占比增长迅速。政府部门收入上升过快还可以从财政收入增长与城乡居民人均收入增长相比较得出，1992~2009年政府财政收入增长率越来越快，2000年开始远远高

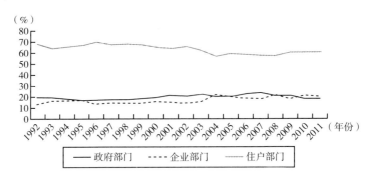

图6-2 1992~2011年中国国民收入再分配格局

资料来源：根据表6-3中数据绘制。

于城乡居民人均收入增长率（如图 6 - 3 所示）。2009 ~ 2011 年，国民收入分配格局中住户部门收入占比过低的状况有所改善。

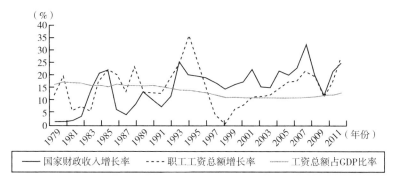

图 6 - 3 1979 ~ 2011 年财政收入、工资总额增长率及工资占 GDP 比率

资料来源：根据表 6 - 1 相关数据绘制。

从 1992 年开始政府财政收入进入快速增长通道，在政府财政收入连续超高增长、企业利润率也有所攀高的同时，国民收入分配格局中居民收入份额自然处在不断下降过程中，结果必然是"国富民穷"①。因此，从统计数据

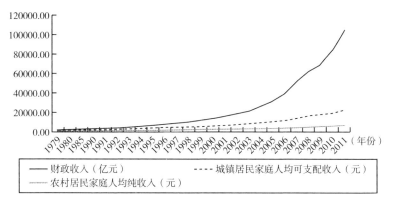

图 6 - 4 1979 ~ 2011 年国家财政收入、城镇居民人均收入、

农村居民人均收入增长曲线

资料来源：根据《中国统计年鉴（2012）》相关数据得出。

---

① 韦森. 减税富民：大规模生产能力过剩条件下启动内需之本 [Z]. 中国经济学教育科研网，2009 - 01 - 19.

可以看出，1992～2011 年，职工工资总额占 GDP 的比率在不断下降，职工工资总额增长率与国家财政收入增长率，2000～2011 年两者差距愈发显著（如图 6-4 所示）。

五、政府层面对经济发展的部分影响

经济学家库兹涅茨的研究表明，经济增长与收入分配差距之间存在所谓的"库兹涅茨倒 U 形曲线"。但深入考察历史，可以发现收入分配不平等程度的下降不是自发产生的，而是需要政府利用适当的政策措施进行调节，而且，一些国际研究发现，"库兹涅茨倒 U 形曲线"可能只是一种假说，因为，有另外许多国家在长时期内并未经历收入差距缩小阶段。

（一）政府所推行的城乡二元制度导致城乡差距扩大

政府所制定和维持的二元经济结构制度和二元发展体制导致城乡差距扩大。经济发展水平同中国大体相当的国家，城乡居民收入差距大体上是 1.7 倍。2009 年中国城镇居民家庭人均可支配收入为 17174.7 元，农村居民家庭人均纯收入为 5153.2 元，前者仍然是后者的 3.33 倍以上，这一比例中还不包括城镇居民享受的各种福利保障，如果考虑这些，这一比例会更大，也就是说事实上的城乡居民收入差距会更大。城乡差距对当前中国收入差距的贡献占 30%～40%。[①]

此外，政府主导加上出口导向的经济发展方式，以及世界低端制造业的定位，导致对制造业工人特别是农民工劳动收入的严重抑制，致使农民工的劳动收入远低于城镇在职职工的劳动收入。根据一项调查可知，2002～2004 年，农民工务工月均收入只有职工工资月均收入的六成左右，见表 6-4。而改革开放以来，农民工的打工收入是一个家庭的重要收入来源，所以，农民工的低收入直接带来农村家庭人均纯收入的下降，这也是传统发展方式导致城乡收入差距的重要机制。

---

① 国家统计局农村社会经济课题组. 我国农村居民收入分配差距实证分析 [J]. 调研世界，2006（3）.

表6-4　　　　　职工工资月均收入与农民工务工月均收入情况　　　　单位：元

项　目	2002 年	2003 年	2004 年
职工工资月均收入	1033	1167	1333
农民工务工月均收入	659	702	780

资料来源：国家统计局人口和就业统计司等. 中国劳动统计年鉴2007 [M]. 北京：中国统计出版社，2007：52；国务院研究室课题组. 中国农民工调研报告 [M]. 北京：中国言实出版社，2006：105.

（二）政府主导的非均衡发展模式导致地区间收入差距扩大

政府主导的区域经济不均衡发展模式导致地区间收入差距持续扩大。改革开放以来，不同地区之间的收入差距呈不断扩大的趋势。从不同的区域来看，2005 年东部地区城镇居民收入最高，为12884 元；其次是西部地区，为9633 元；最低是中部地区，为8691 元。2005 年东部地区的农村居民收入最高，为5123 元；其次是中部地区，为2815 元；西部地区最低，为2508 元。[①] 1978 年，人均收入东部地区分别是中部地区、西部地区的1.16 倍和1.37 倍；2005 年，人均收入东部地区是中部地区、西部地区的1.55 和1.55 倍。地区收入差距对中国收入差距的贡献为18.15%。[②]

地区之间职工平均劳动报酬的差异也十分显著。2007 年《中国统计年鉴》的相关数据表明，职工平均劳动报酬位于前 10 位的地区中东部沿海地区占了7 个，而最后 10 位的地区中有 9 个地区位于中西部。[③] 根据 2010 年《中国统计年鉴》数据可知，中国东部、中部和西部地区平均每人全部年收入分别为23153.21 元、15539.39 元和15523.03 元，东部地区约为西部地区的 1.5 倍，地区收入差距仍然较大。

第三节　经济发展战略通过经济体制
影响居民收入分配格局

一、我国居民收入分配格局的演变

1953 ~2011 年，我国居民收入分配格局的基本特征具体表现为：居民收

---

① 相关信息根据国家发改委发布的《2006 年中国居民收入分配年度报告》整理得到。
② 杨承训.“深化收入分配制度改革”的经济学解析 [J]. 经济学动态，2008（1）.
③ 吴敬琏. 收入差距拉大原因究竟在哪里 [N]. 北京日报，2006－07－31（17）.

入增长速度滞后经济增长速度；劳动收入在国民收入初次分配中所占比重较低；居民可支配收入总量在国民收入再分配中的占比随着经济增长的加快或者维持在原来的低水平，或者处于下降过程中，特别是 2004 年以后下降的幅度更大。

中国居民收入分配格局经历了一个历史的演变过程，具体包括传统计划经济体制下的形成、经济体制转轨初期的松动和市场经济体制建立时期的重现及再强化三个阶段。

1949～1978 年是中国居民收入分配格局的形成时期。在这一时期，中国的居民收入水平较低，平均化水平高。1953～1978 年中国国民收入的高积累率以及降居民低收入的积累方式对居民收入的增长起了很大的抑制作用。

1953～1978 年，中国制定并实施了重工业优先发展战略。为了推行重工业优先发展战略，就必须最大限度地将有限的资源集中配置到工业部门特别是重工业部门，为此，中国政府通过"三大改造"建立起了高度集中的计划经济体制。同时，为了在推进工业化进程的同时满足人民的基本生活需求，采取了平均主义的分配方式。通过上述总体战略、经济体制、分配制度的组合，到 1978 年，初步建立了工业化的物质基础。但是，这一组合也对居民收入形成了总量抑制、经济体制抑制和分配制度抑制三重抑制。在这三重抑制作用下，中国的国民收入分配呈现出居民收入低水平平均的特征，导致居民收入在国民收入分配格局中占比较低。

1979～1991 年这一时期，中国居民收入水平呈现出加速增长的特征。1979～1991 年，伴随收入分配制度变革的经济体制改革，使中国国民经济快速发展，中国居民收入水平也在上一阶段形成的低收入基础上快速增长。1978 年城乡居民年人均可支配收入为 171.20 元，到 1992 年增加到 1127.33 元，比 1978 年增加 956.13 元，扣除物价因素（1978 年为不变价），实际增加 329.39 元，是 1978 年的 2.9 倍，改革开放后平均每年增长 7.97%。其中，城镇居民 1978 年人均可支配收入为 343.40 元，1992 年为 2026.60 元，增加 1683.20 元，扣除物价因素，实际增长 456 元，1992 年城镇居民可支配收入是 1978 年的 2.33 倍，年均增长率为 6.22%。1978 年农村居民人均纯收入为 133.6 元，1991 年为 708.6 元，增加了 575 元，年均递增 13.9%，扣除物价因素，1991 年农村居民纯收入是 1978 年的 3.17 倍，年均增长率为 9.28%。①

　　1979～1991 年，中国的发展战略逐渐转向"三步走"战略，使中国工业化的战略取向开始从重工业优先发展转向轻重工业协调发展。伴随经济体制市场导向型改革的起步，传统计划经济体制开始瓦解，同时，伴随经济体制改革的推进，分配制度改革也在不断推进，平均主义分配体系开始松动。1953～1978 年形成的抑制居民收入增长的三大因素都开始松动。与此同时，在新的战略取向、经济体制和分配政策背景下，中国居民收入迅速增长，人民的温饱问题得到解决，居民收入在国民收入分配格局中的比重也处在不断提高过程中。但是，因为这一阶段处于战略与体制的转轨期，"三步走"的发展战略是一个长期战略，而中国的体制改革走的是渐进化的道路，各种规则和制度的建立和完善要经过一个较长的过程。在收入分配制度改革和逐步完善过程中，出现了分配领域较混乱的状况，一方面是居民收入水平增长较快，另一方面是在居民工资收入中平均主义的分配方式没有随着市场化改革而趋于减弱反而有加强的趋势，而工资外收入大幅增长且工资外收入差距开始拉大，工资外收入不合理成分增加，即居民收入分配存在差距扩大和平均主义分配共存的现象，并且存在实物分配所占份额加大现象，总体上按劳分配的分配原则并没有得到很好的体现。

　　在 1992～2011 年这一时期，居民收入特征是处于收入增速滞后状态，居民收入水平的增长速度滞后于 GDP 的增长速度，滞后于政府部门、企业部门收入的增长速度，从而导致居民收入在国民收入中占比下降，导致居民收入分配格局的重现甚至强化。1993～2011 年，中国经济维持了较高的增长速度，虽然从总体上看居民收入绝对水平有了较大的提高，但是，这一时期企业改革的深化，使企业成为一个自负盈亏的市场主体，面对的是激烈的市场竞争和硬预算约束，企业追求利润最大化的生产目标导致对成本的严格控制。劳动者收入作为企业控制成本的一个重要因素被限定在一个较低的水平上。按照黄亚生（2009）的估计，20 世纪 80 年代中国农村居民收入经通货膨胀因素调整后平均增速为 15%，1989～2002 年下滑至 3.8%，在 2003～2007 年，这一增速又回升到 9%，但仍然低于这一阶段 GDP 的增长率。与此

---

　　①　国家统计局国民经济综合统计司. 新中国五十年统计资料汇编 [M]. 北京：中国统计出版社，1999：22.

同时，社会保障体制的改革使企业原先承担的社会保障职能弱化，而居民则承担了越来越多的成本，因此，居民的可支配收入增长不多。在这一阶段居民收入的特征变化主要表现在：一是居民收入水平的增长低于 GDP 的增长速度；二是要素参与分配的比重增加，居民收入差距扩大；三是相对于政府和企业收入，居民收入总量在国民收入中所占的比重或者处于一种低水平稳定状态，或者处于下降过程中。如果说 1953~1978 年中国居民收入分配格局的形成是推行重工业优先发展战略的结果，那么，1992~2011 年的居民收入分配格局变化则是市场条件下自发的重工业化、新旧体制的摩擦等因素综合作用的结果。

中国国民收入分配格局之所以呈现出阶段性的变化，主要是因为决定中国国民收入分配格局的经济社会因素发生了阶段性变化。具体来说，其决定因素可以概括为宏观和微观两大方面。从宏观上讲，主要有三个因素，即体制机制的影响、经济发展战略的影响、制度规则的影响；从微观上讲，微观分配机制主要是工资（收入）分配机制存在系统性缺陷，使工资（收入）在决定机制、增长机制和支付保障机制方面都不能正常发挥作用等。

二、中国国民收入分配格局中存在的问题

中国住户部门的可支配收入占比处于较低的水平，并处在下降趋势中；中国政府部门可支配收入占比较高，且处于上升明显的趋势中；同时中国企业部门可支配收入占比相对也比较高。所以，在中国的国民收入分配格局中住户部门收入占比一定是不高的。中国国民收入经初次分配劳动者报酬所占的份额较低，并且中国住户部门的收入来源构成单一，主要来源即劳动者报酬低，财产性收入过少，这种状况在降居民低收入增长速度的同时也降低了收入的稳定性。

第四节　居民收入分配格局对经济增长方式转变的影响

综上所述，传统的发展方式是居民低收入分配格局产生和深化的原因。反过来，因为居民收入的主要来源是劳动收入，居民收入低就是劳动报酬低

的直接反映。劳动力成本低是中国经济增长长期依赖的成本优势，并形成一种固化形式，即生产被限制在世界经济产业链的低端，在这些领域，投资的收益率低，要维持高的 GDP 增长率，只有依靠高投资来推动，并且在改革开放以后我们的经济增长又越来越依赖政府的投资和对外出口，这又强化了原有的发展方式，使经济发展方式的转型难以启动。

一、居民低收入分配格局是传统发展方式的存在基础

从广义上来看，中国传统发展方式是由传统发展战略、传统经济体制、传统分配格局组成的。如果说，强调重工业、强调投资、强调速度的发展战略是这种发展方式的逻辑起点，政府主导的经济体制是其体制保障，高速度低效率、高投资低消费是其基本表现，那么，居民收入分配格局则是其存在基础。

中国传统的发展战略对投资的重视，使中国的经济发展是生产驱动的发展，表现为投资率居高不下。但如果投资率长期偏高，往往已经隐含了投资效率低下的结果，也即经济发展方式是粗放的。

只要经济发展方式是粗放、低效的，要保持高的经济增长率，投资率一定要维持在较高的水平，相应地，国民收入中可用于分配的量必然减少，居民收入低水平是必然的，居民收入分配格局就必然维持。中国的经济增长一直都是靠高积累、高投资推动。在计划经济时期，是由于国家所推行的重工业优先发展战略所导致的高积累、高投资，其实施主体是国家；在向社会主义市场经济转轨的过程中，高积累、高投资是由于"增长观"的驱动，其实施主体既有国有、集体企业，也有民营企业。而在市场经济条件下，高积累、高投资则表现为要素之间的稀缺程度不同，中国资本要素的稀缺性决定了在新增价值分配中，资本收入份额必然较高，而劳动收入份额较低，表现为随着经济发展劳动收入份额不断降低。

正因为中国长期实行高积累、高投资的经济发展方式，在这种增长方式下，资本的稀缺性被放大，其价格必然高，而投资回报率很低，用于分配的总量减少，居民收入份额的下降就不可避免，经济增长对居民生活水平的提高作用有限。

二、居民低收入分配格局是传统发展方式的重要决定因素

中国现有发展方式的形成是一个路径依赖的过程。它起源和成型于计划经济时期，发展和强化于改革开放后的 30 年。由中国传统的发展方式已经形成一个严密的逻辑结构。中国传统发展方式内部存在一组紧密的"依赖"联系。政府主导加上出口导向的经济发展方式，造成经济发展对投资和出口的严重依赖。过高的资本形成率和净出口造成了经济增长对投资的高度依赖，居民收入占比的下降，导致国内需求不足，更加强了对出口的依赖，又促使以投资拉动的传统经济发展方式固化。可见，这一时期的居民收入分配格局是导致经济发展依赖出口和投资的重要原因。

三、居民低收入分配导致传统发展方式的固化

回顾新中国经济发展史，可以看到，早在 1981 年，中国就已经提出探索经济建设新路子的任务，1995 年，更是明确提出实现经济增长方式根本性转变的任务，但直到党的十七大提出转变发展方式，中国的发展方式始终没有实质性的转变。之所以如此，一个很重要的内生原因是中国的国民收入分配结构不合理，居民收入分配格局导致的对传统发展方式的固化。居民收入的低水平使中央强力推进扩大内需战略不可能取得显著效果，2000 年 GDP 增长中最终消费贡献率为 65.1%，而到了 2007 年这一指标下降到 40.6%。①可见，居民收入分配格局带来的低消费将经济发展锁定在依赖投资和外需的状态，居民收入分配格局必然导致经济发展的内需不足，势必将经济发展锁定在传统的依赖投资和外需拉动的状态。要想实现经济发展方式的根本性转变，必须提高居民收入水平，这样才可能真正扩大国内居民消费需求，提升消费需求对经济增长的拉动作用，降低中国经济增长对外部需求的高度依赖，进而降低对投资的高度依赖。

---

① 根据相关年份《中国统计年鉴》计算得到。

第五节　党的十八大以来我国居民收入
分配格局变化的内在逻辑

2012～2020 年以来我国居民收入分配格局的改善既我国基本社会制度所决定的、与宏观层面的经济发展阶段相一致的必然选择，也离不开我国经济发展战略转向和政策导向层面的支持。

一、经济发展战略调整促进居民收入增长

（一）新时代发展观对居民收入增长的促进

2012～2020 年，是我国政府提出的实现全面建设小康社会的攻坚阶段，在这一阶段明确提出《中国农村扶贫开发纲要（2011～2020 年）》。党的十八大以来，在习近平总书记"以人民为中心"的发展理念指导下，我国的发展战略发生了很大转变，发展方式也处于由传统发展方式向现代发展方式转变之中。"十三五"规划中，树立了创新、协调、绿色、开放、共享的全新发展理念。共享理念的提出，是积极应对改革开放以来收入差距拉大矛盾、合理回应人民群众诉求、全面建成小康社会的战略性之举。其明显的成效表现在居民收入的快速增长，居民收入份额在国民收入分配格局中所占比重上升。特别重要的是，自党的十八大以来，我国把脱贫攻坚作为工作重点，在加快推进过程中取得决定性进展，脱贫攻坚显著提升了贫困人口的收入水平。党的十九大报告指出，已经实现六千多万名贫困人口稳定脱贫，贫困发生率从 10.2% 下降到 4% 以下。并进一步提出让贫困人口和贫困地区同全国一道进入全面小康社会的承诺。[①] 因此，全党全国上下齐动员，充分利用全社会力量，在中央提出的"坚持精准扶贫、精准脱贫"思路指导下，以攻克深度贫困地区脱贫为工作重点，确保到 2020 年我国现行标准下农村贫困人口实现脱贫。从共享理念到精准扶贫再到全面脱贫，一步步把提高贫困群体

[①] 习近平：决胜全面建成小康社会 夺取新时代中国特色社会主义伟大胜利——在中国共产党第十九次全国代表大会上的报告（2017 年 10 月 18 日）[N]. 人民日报，2017－10－28（001）.

的收入作为党和国家工作的重点，2020 年是全面建成小康社会和"十三五"规划实现之年，也是脱贫攻坚收官之年。经过 7 年多的精准扶贫、4 年多的脱贫攻坚战，脱贫攻坚目标任务已经完成。贫困群众收入水平大幅提高。贫困地区农村居民人均可支配收入水平增幅连续 7 年超过全国农村平均水平，贫困人口主要通过务工和生产劳动实现脱贫，增收可持续性和自主脱贫能力稳步提高。脱贫质量稳步提升，返贫人口逐年减少，群众获得感满意度明显提高。这一脱贫攻坚战从根本上改善了我国最低收入群体的生活状况，是我国贫困地区居民收入提升的重要组成部分。

（二）乡村振兴战略和区域协调发展战略对居民收入的影响

党的十九大报告提出，要实施乡村振兴战略和区域协调发展战略。新中国成立以来，党和政府一直把农村问题作为中国经济社会发展的重要基础，把农业、农村、农民问题作为关系国计民生的根本性问题来抓。优先发展农业农村是我党一贯坚持的指导性原则，而建立健全城乡融合发展体制机制和政策体系，则是党的十九大以来的新要求和新实践，关键是要加快推进农业农村现代化。具体包括必须巩固和完善农村基本经营制度，重点是要深化农村土地制度改革，关键的一环是要完善承包地"三权"分置制度。为提高农民收入，党中央决定进行农村集体产权制度改革，以此壮大集体经济，让农民能够直接享受经济发展成果，从而保障农民财产权益，为脱贫和增收提供长期保障。农业是我国实现经济现代化的重要组成部分，因此，需要从构建现代农业产业体系、生产体系、经营体系入手，以完善农业支持保护制度为手段，发展多种形式适度规模经营，培育新型农业经营主体，健全农业社会化服务体系，实现小农户和现代农业发展有机衔接。以农业体系化经营思路促进农村一二三产业融合发展，增加农民就业途径，拓宽农民增收渠道。

区域协调发展战略是我国实现全面小康奋斗目标的重要支撑。新中国成立以来较长时期所实施的非均衡发展战略造成了我国边远的西部地区、边疆地区、一些深度贫困地区经济发展滞后，要想实现全面小康目标，这些地区的发展是关键。因此，政府提出了一系列推进边远落后地区发展的战略，西部大开发战略已经初见成效，政府大力度支持西部地区的基础设施建设，交通、通信行业快速发展，缩小了与东部发达地区的发展环境差距。为解决东北老工业基地经济发展滞后问题，中央提出深化东北等老工业基地改革，推动老工业基地振兴战略。为解决中部地区发展不快、经济不强问题，提出实施中部地区崛起战略，把中原经济区上升为国家级经济发展示范区，充分利用中原地区优势加快发展。对发展领先的东部地区提出更高要求，要用创新引领实现优先发展，在东中西部一盘棋的整体发展思路指导下，我国建立了更加有效的区域协调发展机制。近年来以城市群为主体构建大中小城市和小城镇协调发展的城镇格局，是适应我国国情的发展方式，农业转移人口市民化加速发展，在实现农民增收的同时，也有利于缩小城乡和地区发展差距。根据陈宗胜的计算，我国居民收入分配差距已经跃过了"公有制经济收入差别倒 U 形曲线"的最高点而进入缓慢下降阶段，这是我国经济进入"新常态"下发生的有重要影响的变动，这是我国居民收入差距实际改进的证明（陈宗胜，2018）。

二、全面深化改革，共享发展机制促使居民收入提高

2013 年 2 月 3 日国务院批转了发展改革委、财政部、人力资源社会保障部根据党的十八大精神制定的《关于深化收入分配制度改革的若干意见》，该文件指出了在我国收入分配领域存在的一些突出问题，特别提出居民收入分配差距依然较大，而且收入分配秩序不规范问题也比较突出，部分低收入群众生活仍然比较困难。在我国已经进入全面建成小康社会的决定性阶段，提高居民收入、提升低收入群体的生活水平是重中之重，这就要求我们不断深化收入分配制度改革，使收入分配结构不断趋于合理化，这是我国全面建成小康社会目标实现的坚实基础。

（一）继续深化收入分配制度改革对居民收入的影响

国务院批转的《关于深化收入分配制度改革的若干意见》中提出：一定要力争使中低收入者收入增长更快一些，人民生活水平全面提高。收入分配差距逐步缩小。城乡、区域和居民之间收入差距较大的问题得到有效缓解，扶贫对象大幅减少，中等收入群体持续扩大，最终形成有利于社会稳定发展的"橄榄型"分配结构。从宏观层面来说，通过逐步提高劳动报酬在初次分配中的比重，以实现居民收入在国民收入分配中的比重不断提高。

（二）党的十八大以来的再分配机制改善

2013 年国务院批转的《关于深化收入分配制度改革的若干意见》中提出要加快健全再分配调节机制，主要从以下几方面入手：可利用的再分配调节手段是不断健全的税收机制、逐步完善的社会保障体系、更加有针对性的转移支付系统等。需要不断健全公共财政体系，使财政转移支付制度不断完善，通过调整各级政府财政支出结构，使我国的基本公共服务均等化水平得以不断提升。利用税收手段加大调节力度，主要是改革个人所得税，根据经济社会发展阶段不断完善财产税，更为重要的是必须有效减轻小型微型企业以及中低收入者的税费负担，形成有利于结构优化、社会公平的税收制度。社会保障体系是政府进行收入再分配、实现社会公平的重要手段，全面建成覆盖城乡居民的社会保障体系，建立与经济发展相适应的、可持续的社会保险、社会救助以及社会福利制度，并使保障水平随着经济发展稳步提高，最终达到实行全国统一的社会保障卡制度，使社会保障真正起到收入再分配作用。

（三）工资制度改革对居民收入的影响

坚持以按劳分配为主体原则是我国社会主义分配制度的根本体现，在我党和政府的重要文件精神中都对坚持以按劳分配为主体作了安排。在党的十八大报告中明确提出，必须深化企业和机关事业单位工资制度改革，适应社会主义市场经济体制发展要求，利用推行集体协商制度的办法来确定企业工资，从而使劳动所得得以保护。在 2013 年国务院批转的《关于深化收入分配制度改革的若干意见》中针对党的十七大提出并一直作为重点工作的提高劳动报酬比重进行了具体部署，强调实施就业优先战略的重要性以及与此配套的、采取更加积极的就业政策，从就业创业规模的扩大、平等就业环境的创造方面来提升劳动者获取劳动收入的能力。更为主要的是提出从企业到机关和事业单位都要进行工资制度深化改革，研究合理的工资决定和增长机制。到了党的十八届三中全会进一步强调指出：必须着重保护劳动所得，用保障劳动报酬增长和劳动生产率同步提高的措施，来实现劳动报酬在初次分配中比重的提升；对党的十七大提出并实施的工资决定和正常增长机制不断完善，评估最低工资增长机制和工资支付保障制度，保障企业工资集体协商制度的有效、顺利运行。

三、居民收入分配格局改善促进新经济增长方式形成

国民收入分配格局的改善使居民收入在国民总收入中的比重增加，从而必然带动经济增长动力的转换，即，经济增长由投资驱动向消费驱动转换，这在前面的分析中已经提到。纵观 2010 年以来的国民收入分配格局变化可以看出，伴随居民收入水平的提升及其在国民收入分配格局中占比的提高，消费在国民经济中所起的作用越来越大，从统计数据可以看出，在拉动经济增长的"三驾马车"中，消费对我国经济的贡献率在增加，消费对经济增长率的拉动作用越来越大。这种趋势有利于我国经济发展方式的转型，提升了消费需求对 GDP 增长的拉动作用，有利于改变我国经济增长对投资的过度依赖，从而促进了以国内需求为主要动能的新经济增长方式的形成。

| 第七章 |

结论和启示

　　本书梳理了新中国成立以来中国居民收入分配格局的演进过程，初步辨析了居民收入格局在不同历史阶段的特征性表现，分析了这种收入分配格局与新中国成立后各个历史阶段的经济发展战略以及传统发展方式之间的关系。当前，中国经济社会发展最大的现实任务是转变发展方式，而要实现发展方式的根本性转变，调整国民收入分配格局是关键。正如 2010 年中央经济工作会议指出的，要注重处理好经济发展和收入分配的关系，努力促进经济良性循环以及社会和谐稳定。今后一段时间，必须正确把握国内外形势的新变化和新特点，以科学发展为主题，以加快转变经济发展方式为主线，坚持把经济结构战略性调整作为加快转变经济发展方式的主攻方向。从本书前面的分析可以看出，转变发展方式与收入分配改革有紧密联系，要研究制定收入分配改革方案，改变国民收入分配失衡状况，努力扭转收入差距扩大趋势。因此，有必要站在转变经济发展方式的历史高度，将中国国民收入分配格局的重构与发展方式的转变结合起来，思考我国居民收入分配格局的转变问题，作为本书的结论和启示。

第一节　收入分配体制变革是推动居民
收入分配格局转变的手段

一、工资形成和上涨机制制度化

　　相对于经济的高速增长，我国的劳动工资水平增长一直处于相对滞后状态。这种劳动工资水平不能随着经济增长而相应提高,从改革开放到21世纪初期这一时期存在着劳动力无限供给的现实。而当一个国家的劳动工资水平与经济增长水平不相适应时,会使技术进步和产业结构升级失去应有的内在动力与外在压力,不得不依靠大规模地增加投资与出口来维持经济增长,这种状况促使我们去思考这种由市场决定的劳动工资水平是否具有合理性。这也与中央一再重申的促使我国经济发展方式转变背道而驰。因此,必须适度提高劳工工资,以此促进产业转型,改变劳动力市场供求结构,推动居民消费扩大,使经济增长从投资推动、出口拉动转向投资、出口及国内消费共同驱动。而要做到这一点,最根本的也许是面对相对强大的资方,劳动者必须能够以集体的形象与之相对,形成劳资之间力量对比的相对均衡,从而有效地进行劳资关于劳动报酬的集体协商。而劳动者为保障自身利益所进行的劳动报酬集体协商,不仅是扩大国内消费、促进经济增长的内源动力,也是推进技术进步、产业结构升级的重要方式。

二、劳动收入提高为转化居民收入分配格局提供了现实基础

从长期趋势来看,第三产业对就业的影响程度最大,单位增加值增加创造的就业机会最多,吸纳就业能力最强,但从2004年开始,劳动力市场供求形势发生转折,以工业为主的第二产业出现较快增长,并随着工业企业订单的增加,整个工业部门对劳动力的需求也大幅上升,因此第二产业的就业贡献率和就业弹性等指标快速上升,甚至超过第三产业。改革开放以来,第一产业劳动力不断向第二、第三产业转移,20世纪90年代末转移速度加快。虽然第一产业目前仍是就业人数最多的产业,且产业结构负偏离度很高,但由于人口结构的限制,青壮年农民工比例下降,第一产业劳动力继续转移的潜力在下降,因而未来劳动力短缺问题将长期存在。随着劳动者工资、待遇、福利的不断提升,我国劳动力成本低的优势也就不复存在。面对这种形势的变化,政府政策、政府和企业的思想观念都要做出调整或改变。

第二节　改善居民收入分配格局促进
经济增长方式转型

一、居民收入分配格局演进是经济体制变革的集中体现

本书的分析表明，1953～1978 年，中国的收入分配呈现典型的居民收入分配格局。这是由重工业优先发展战略以及就业和经济体制共同决定的。改革开放以来，这一状况有了很大改善，但是居民收入分配格局出现较多问题，具体表现为：居民收入增长速度滞后于经济增长速度；居民收入增长速度滞后于政府、企业收入的增长速度；居民收入总量在国民收入中所占比重过低，基本上处于一种低水平稳定状态，2004～2020 年这一比重持续下降；居民收入分配结构不合理，城乡、区域和阶层间居民收入差距不断扩大。

中国居民收入分配格局经历了一个阶段性演进过程，具体包括传统计划经济体制下的居民低收入分配格局、经济体制转轨初期居民收入分配格局转变和社会主义市场经济体制建立时期的波折以及在完善中国特色社会主义市场经济体制过程中的结构性矛盾。

中国居民低收入分配格局具有深厚的经济社会基础。具体来说，其决定因素可以概括为宏观和微观两个层面。从宏观上来讲，主要包括：第一，由经济发展水平和现实国情所决定的经济发展战略影响因素，如前面所分析的，在旧中国非常落后的经济基础之上，新中国要想快速发展，重工业优先发展战略是一种快速实现工业化的选择，而从改革开放到 21 世纪初期的外向型发展战略也为增强我国的经济实力做出很大贡献，但是，这些战略实施的结果是形成了对居民收入的挤压。第二，体制决定因素，自新中国成立以来，计划经济时期，我国经济发展完全由政府主导，政府直接投资，改革开放以来，政府主导经济发展的经济体制以及政府直接投资拉动经济增长的状态依然存在，投资对经济的拉动作用某种程度上代替了消费的作用，不重视消费的经济体制中居民收入也会被忽视；加之对社会保障体制作用认识不充分，由此导致居民可支配收入的降低。第三，和居民收入相关的制度因素，传统计划经济体制下我国实行了平均主义分配制度，为了在低收入条件下保

障居民生活实施了单位福利制度；改革开放以来实施了"让一部分人先富起来"的分配制度，由此带来收入分配差距拉大格局的形成等。从微观上来讲，微观分配机制主要是工资（收入）分配机制存在系统性缺陷，使工资（收入）在决定机制、增长机制和支付保障机制方面都不能正常发挥作用等。

二、居民低收入分配格局是传统发展方式的固化机制

前面的分析表明，中国居民低收入的分配格局与传统经济发展方式具有深刻的历史关联性。具体来说：一是居民收入分配格局是新中国成立以来中国传统经济发展方式的有机组成部分。实际上，从广义上来看，中国传统发展方式是由传统经济体制以及传统分配格局组成的。如果说，强调重工业、强调投资、强调速度的发展战略是这种发展方式的逻辑起点，政府主导的经济体制是其体制保障，高速度低效率、高投资低消费是其基本表现，那么，居民收入分配格局则是其基本支撑。

二是居民低收入分配格局是中国经济增长方式的重要决定因素。我国传统经济增长方式的形成是一个路径依赖的过程。它起源和成型于计划经济时期，改革开放以来有了新的特征。首先是外需依赖。2000～2020 年，中国经济增长对外需的依赖程度越来越高，2005 年，净出口对 GDP 增长的贡献率已经达到23.1%，接近1/4，这是中国经济更容易受到国际经济形势动荡因素冲击的直接原因。其次是投资依赖。2000～2008 年，最终消费贡献率从65.1%下降到45.7%，下降19.4 个百分点，资本形成贡献率则从22.4%上升到47.5%，提升25.1 个百分点[1]。2009 年，由于金融危机对中国外贸出口造成严重影响，净出口对 GDP 增长的拉动作用急剧下降为负值，资本形成对 GDP 增长的拉动作用达到了95.2%的峰值。[2] 可见，经济发展仍然高度依赖外需和投资的拉动，而居民收入分配格局为这种发展模式提供了存在的基础，是传统发展方式得以长期维持的重要支撑。

三是居民低收入分配格局是传统发展方式的一种重要锁定机制。回顾历史，可以发现，早在1981 年，中国就已经提出探索经济建设新路子的任务，

---

[1]　赵凌云，操玲姣. 中国传统发展方式的总体性危机及其转变 [J]. 江汉论坛，2010－04.
[2]　中国统计年鉴2010 [M]. 北京：中国统计出版社，2010.

1995 年，更是明确提出增长方式根本性转变的任务，党的十七大更是明确提出科学发展观和转变发展方式，此后，在每一年的中央经济工作会议上，经济增长方式转变是必定会提到的，但是中国的经济发展方式始终难以转变。之所以如此，有多方面的原因，例如中央政府在指导思想和评价指标上追求经济增长速度导致的资本偏向以及地方政府的各种重复投资、在发展战略上追求国民收入总量超越以及重工业优先发展从而忽视了人们生活水平的提高、在经济体制上强调政府主导抑制了市场机制发挥作用的空间、在国际分工上被限制在国际产业链低端从而导致经济增长的高投入低收益等，但很重要的内生原因是中国的国民收入分配结构不合理，居民收入分配格局导致的对传统发展方式的固化。居民收入的低水平使中央强力推进扩大内需战略不可能取得显著效果，2000～2007 年，GDP 增长中最终消费贡献率反而从65.1% 下降到40.6%。可见，居民低收入分配格局带来的低消费将经济发展锁定在依赖投资和外需的状态，要转变经济发展方式，必须扩大最终消费需求，而要想使居民消费真正的扩大，必须实实在在地提高居民收入水平。在现阶段，提高居民收入水平不仅要用再分配手段进行调节，更要从初次分配阶段提高整个住户部门收入在国民收入分配格局中所占的份额，这样才有可能从根本上改变国民收入分配格局中居民低收入状况，才可能提升消费需求对经济增长的拉动作用，解除对国际市场的高度依赖，进而解除对投资的高度依赖，从而实现经济发展方式的真正转变。

三、提高居民收入是转变发展方式的立足点

在推进经济发展方式转变的进程中，至关重要的是确立符合中国国情的国民收入分配格局。结合经济发展理论、国外经济发展经验，我们认为，中国应该较大幅度提高居民收入。

首先，这是由社会主义生产目的决定的，更是党的十七大以来明确提出的让人民群众共享改革发展成果的现实要求。

其次，这是由社会再生产规律决定的。根据市场经济条件下社会再生产的基本原理可知，生产和分配是不能割裂的。分配是社会再生产的主要环节，是生产和消费的中介，没有分配过程，生产和消费就会脱节，社会生产没法顺利进行下去。生产和分配在总量上和增长速度上要相互协调，这是社

会再生产得以顺利进行的必要条件。1953～2010 年，中国经济的周期性波动和调整已经证明，经济发展需要合理的分配体系做支撑，否则就会出现宏观失衡，难以持续发展。计划经济时代，主要通过被动的调整来纠正这种失衡，给国民经济发展带来严重的速度、效益和结构损失。

再次，这也是由发展中国家的发展规律和当代中国发展的阶段性特点决定的。提高居民收入、改变居民收入分配格局是发展中国家发展到一定阶段的必然选择。发展中国家在迈向现代化进程中，在一定阶段上需要通过参与国际分工，利用国际市场、国际资源和国际技术，发挥比较优势。但是，这样的经济发展战略的实施，经过一定阶段的经济快速增长，往往会导致经济陷入低工资、低产业构成和高外贸依存度的发展困境。这种状况对发展中国家来说是比较危险的，钱纳里认为，人口较多的国家外贸依存度普遍较低，库兹涅茨实证研究表明，外贸依存度与国民收入水平之间存在负相关关系，美国著名发展经济学家费景汉则明确指出："就大型劳动力剩余欠发达经济而言，成功向成熟经济的转变基本上是一件国内的事情。尽管贸易和援助能起重大的促进作用，但他们不可能起决定性作用。如果发展努力要得到成功，即是说要使一国经济达到它的经济成熟的目的，那么促进经济的主要力量必须从国内经济的、首先是缓慢的和渐进的、最终是重大的转变中产生。"[1] 因此，依靠出口拉动经济增长是"最逃避现实的"方法，可能失去发展机会。

最后，提高居民收入是由我国所处的经济发展阶段决定的。目前中国经济发展已经出现诸多新的阶段性特征，其中一个基本特征，是中国总体上已经进入工业化中期后半阶段。[2] 在这个阶段上，很关键的一步是提升产业结构，完成工业化进程。在这个过程中必须充分依托国内市场，而较大幅度提高居民收入水平，缩小收入差距，才有可能带来不断扩大的消费市场，推动中国经济持续增长。中国作为一个大国，国内市场需求特别是消费需求的潜力巨大，通过提高居民收入实现扩大消费，为经济的长远可持续发展注入源源不断的推动力，是符合当前中国发展阶段性特征和要求的。特别是在政府提出"双循环"战略要求的前提下，提高居民收入、改善居民收入分配格局

① 费景汉，等. 劳力剩余经济的发展（中译本）［M］. 北京：华夏出版社，1989：5.
② 黄群慧. 中国整体上已进入工业化中期后半阶段［N］. 湖北日报，2010－03－01.

更具现实意义。

<h1 style="text-align:center">第三节 "双循环"战略引导居民收入
分配格局的转变方向</h1>

改变居民收入分配格局不合理状况，形成中等收入群体占主体的"橄榄形"居民收入分配格局是我国收入分配制度变革的方向，同时也是中国实现可持续发展，"形成强大国内市场""改善人民生活品质"，实现 2035 年远景目标的重要任务。要推进经济发展方式转变，需要构建科学合理、与经济发展阶段相适应的收入分配格局。结合国外经验以及中国收入分配格局演变的历史经验和中国经济发展当前的阶段性特征，我们认为，中国要构建居民收入比重不断扩大的收入分配格局。

中国政府在"十四五"规划中明确提出："坚持按劳分配为主体、多种分配方式并存，提高劳动报酬在初次分配中的比重，完善工资制度，健全工资合理增长机制，着力提高低收入群体收入，扩大中等收入群体。"① 具体来说，可以从以下几方面做出努力。

一、以调整收入分配关系为契机，提高居民收入占比

当前我国处在收入分配关系调整的关键时期，由于多年来居民收入增长速度一直低于 GDP 的增长速度，因此，居民收入的提高有比较大的空间。

要通过改革收入分配格局，扩大居民收入。中国的劳动力价格长期偏低，这种状况造成大量低收入劳动者，从而形成中国长期以来在收入分配中劳动要素的弱势地位。因此，关键要按照要素成本改革收入分配制度。

（一）"以人民为中心"的发展理念是调整居民收入分配格局的指导方针

工资可以通过市场的自发调节最终达到均衡，但是这一均衡与公平无

---

① 《中共中央关于制定国民经济和社会发展第十四个五年规划和二〇三五年远景目标的建议》（2020 年 10 月 29 日中国共产党第十九届中央委员会第五次全体会议通过）。

关，它是由市场机制决定的，是效率的体现。"以人民为中心"是以公共利益取向作为政府选择的发展目标，会对劳动者收入的增加十分有利。在这一理念引导下，政府必然会采取相关措施来提高劳动者在劳资谈判中的地位，包括加强职业培训、不断提高劳动力要素的质量，以劳动力要素的升级应对产业升级和降低产业结构调整对劳动者的不利影响。在我国目前普通劳动者整体素质不是很高、劳动供给的绝对量依然很大的前提下，节约劳动的技术进步使工业本身的剩余劳动力不断增加。因此，在加快工业化进程的同时，政府必须妥善处理资本与劳动的分配关系，降低资本收入对劳动收入的挤占。

（二）改革城乡二元分配体制是缩小城乡居民收入差距的有效手段

解决现有的城乡分割二元分配体制的关键不在农村，而在城市。"推进以人为核心的新型城镇化"，提高真实城镇化率，降低农村人口的比例，必然要涉及农业人口转移问题。农业人口转移需要政府从全局性、战略性的高度，制定统一的政策，协调推进。并且，城镇化必须在制度层面上实现突破。在"十四五"规划中提出的"优先发展农业农村，全面推进乡村振兴"理念指导下，提高农村居民收入，以缩小城乡收入差距，改善居民收入分配格局。

二、促进劳动力要素市场的发展和完善

改革开放以来，我国的劳动力市场随着社会主义市场经济体制改革的推进不断发育、成长，直到现在劳动力要素市场还处在不断发展过程中，要在劳动力市场不断趋于完善的过程中保障劳动力要素的收入，需要把握以下原则。

（一）充分体现劳动力市场的"灵活安全性"

第一，确立就业安全优先的理念。面对中国劳动力市场供过于求的状况，应将"就业安全优先"的理念贯穿于劳动就业各项工作之中。中国应加快建立起促进就业的长效机制，为劳动者创造更为"体面"的工作和就业环境。第二，提升劳动力市场政策的效用。针对中国当前较高水平的失业率和

劳动力市场供求不均衡的状况，应以培育劳动者的就业能力为突破口，针对不同层次劳动者实行差异化的就业能力提升策略，搭建适合"弹性就业机制"的劳动力市场政策平台，加强对执行情况的监督和检查，保证政策和制度的切实落实。第三，增强社会对话机制的功能。构建工资生成的劳资谈判机制和争议处理的对话机制，形成以集体工资谈判为重点的区域及行业三方协商机制。此外，还要关注配套制度如劳动关系预警预调机制、职工法律援助机制、劳动法律监督机制等的建设等。

（二）完善劳动力市场，公平收入分配的对策建议

逐步完善劳动力市场，促进劳动力流动是中国市场化改革的重要内容，也是提高劳动者收入的必要手段。第一，建立全国统一的劳动力市场。统一的劳动力市场将使生产要素市场的竞争更充分，劳动力将得到更加有效的配置。经过40余年的改革开放，中国社会主义市场经济体制已经初步确立，建立全国统一劳动力市场的条件已经基本具备，同时，与劳动力市场一体化有关的改革如社会保障、住房、户籍等也在深入进行，这是建立全国统一劳动力市场的基础。第二，打破行业垄断，减小居民收入差距。行业垄断壁垒的存在使劳动者之间不能展开充分的竞争，同样的人力资本积累不能获得相同的投资回报，既抑制了劳动者积极性，又损害了市场效率。因此，必须打破垄断格局，促进公平竞争。第三，劳动力市场的完善加上政府宏观调控的作用，工资市场化决定将占据主导地位，市场配置劳动力资源，将使工资能比较准确地反映劳动力供需状况。建立政府宏观调控下的劳动工资市场化决定机制，是市场经济条件下维护劳动者收益权的重要表现。

三、多渠道扩展居民收入来源

中国居民收入水平增长缓慢且稳定性差的原因之一就是居民收入来源单一，政府再分配功能作用效果不明显。因此，必须多渠道扩展居民收入来源，主要途径是在发展和完善劳动、资本、技术和管理等要素市场的基础上，扩展居民的非劳动报酬收入，以此提高居民收入总量。

（一）完善生产要素参与分配的机制

第一，坚持市场化方向，创新生产要素按贡献参与分配的原则机制。目

前收入分配的不公平有很多要素层面的原因。而要素分配的不公平意味着要素不是通过市场价格机制、按照市场规则进行配置，而是通过某种行政机制、依据行政力量来配置的。要坚持生产要素按贡献参与分配的原则，意味着居民收入分配是否合理最终取决于要素的分配是否公平合理。市场化是建立和完善市场要素按贡献参与分配的分配机制的唯一方向，必须通过市场经济机制，通过价格、供求机制实现生产要素按贡献参与分配的合理化。

第二，在中国特色社会主义市场经济条件下，必须使劳动收入得到保障，并不断创新劳动要素参与市场分配的途径和机制。要保障劳动者的工作权利，实施就业优先政策，鼓励中小企业发展，以创造更多就业岗位，政府应该提供更多免费职业培训，加强对劳动者的在职培训，不断提升劳动者素质，使大多数劳动者在劳动力市场上具有更强的竞争力，并且可以平等参与劳动力市场竞争。还有很重要的一步，是要逐步建立城乡一体化的劳动力市场，这一统一的劳动力市场必然要求有自由流动的劳动力，因此，放开户籍限制是前提，逐步减少甚至消除与户籍制度挂钩的社会保障制度，有利于劳动力流动，以保障在更大范围内合理配置劳动力资源，当然，和劳动力市场相适应的社会保障制度的健全是降低劳动力流动风险、保障劳动者基本权益的必然要求。

第三，建立健全中国特色社会主义市场经济条件下生产要素包括资本、土地、管理才能等按贡献参与分配的机制，这一机制的实现要求建立相应的生产要素市场交易机制，以市场方式来配置资本、土地、管理才能等生产要素资源。要实现这些生产要素的市场配置，必须要求资源能够自由流动，可以在市场上自由交易，这样就可以实现要素报酬的市场化，即由要素的供求双方根据对要素的估计量和需求量竞争决定要素价格。由市场形成的生产要素价格对要素市场供求的变动反应灵敏，可以及时调整价格以适应市场变化，并且要素市场对要素所有者可以起到约束和激励作用，这有利于要素市场的自我完善。而要素的自由流动和自由交易前提是对这些要素资源的产权必须有明晰的界定，要有规范和完善的生产要素市场，保障生产要素顺畅交易和流动。

（二）建立居民财产性收入增长的保障机制

初次分配格局的改善是保障居民收入格局合理化的基础，在此基础上还要为居民的各种收入提供保值增值手段，以增加居民财产性收入。主要是要不断完善资本市场运行规则，增加个人投资理财方式，增加个人方便参与的理财品种，提高居民理财水平，保障居民个人财产性收入不断增加。

从根本上来说，提高居民财产性收入的前提是要从法律层面保障居民的财产权，从制度层面保障广大民众的合法收入和财产安全，要使"让更多群众拥有财产性收入"的承诺落到实处，特别是针对中低收入群体，要确保更大民众财产性收入来源的稳定，涉及居民财产的征用、没收等事项，必须严格遵守相关法律法规，在税收征管体制中，要区分不同来源的财产性收入，尤其是在收入差距不断扩大的情况下，财政、税收政策以及相关的制度更应该充分发挥作用，期望通过这些政策和制度的杠杆作用，调节收入差距，使更多居民拥有更多的财产性收入，使居民收入结构更加合理。

（三）增加居民财产性收入的措施

一是保持经济平稳较快发展。经济增长是居民收入增加的源泉，中国在改革开放以来经济的持续高速增长是居民收入绝对数额快速增长的最重要原因。因此，保持经济平稳快速发展，才能使居民收入的增长有基础性保障。二是要保持资产市场的稳定，使其具有保值增值功能。投资市场对财产性收入有很大影响，要能逐步满足不同群体日益多样化的投资需求，逐步形成综合性的金融投资市场，创新理财产品，增加居民投资渠道，让更多的居民拥有参与资本市场运作的机会，从而实现增加财产性收入的目的。

第四节 "双循环"战略中居民收入分配格局合理化的途径

一、初次分配领域建立劳动要素收入保障机制

对中国居民来说，工资收入是其收入的主要来源，因此，制定科学的工资收入制度是居民收入增长的有效保障，因此，初次分配机制的有效运行是调整国民收入分配格局的有力手段，为保障初次分配领域劳动要素收入保障机制的有效运行，需要做好以下几个方面的工作。

（一）建立科学的工资收入决定机制

建立科学的工资收入决定机制即工资形成机制，最基本的要求是要实现各利益分配主体的相互制衡。科学的工资形成机制应先确定合适的最低工资，最低工资标准是整个工资体系的基础。

1. 最低工资标准及其对工资形成机制的作用。最低工资标准衡量指标有三个：第一个指标是制定最低工资的标准，一般采用最低工资与人均 GDP 的比率来表示，该比率的世界平均水平为 58%，按照经济合作与发展组织的数据分析，最低工资与平均工资的比值平均为 50% 比较合理。[①] 而中国目前的情况是最低工资占人均 GDP 的比重约为 25%，处在很低的水平，因此，过低的最低工资标准是导致居民收入分配格局的一个重要因素，必须尽快提高最低工资标准，逐步达到或接近 50% 的较合理水平。如果中国现在严格实施最低工资制度，居民收入份额就会逐步提高，企业利润率会下降，这将迫使高投资、低效益的增长方式在一定程度上发生转变。面对成本的上升，企业必须想办法提高要素使用效率，生产将逐渐转向高附加价值的产品和产业，这样可以实现居民收入份额提高和经济发展方式的相互促进，达到良性循环状态，这是中国经济发展方式转变的促进因素。

第二个指标是确定平均工资。一般采用最低工资与平均工资的比率表示，按照国际平均标准水平，平均工资一般是最低工资的 2 倍，因此从业人员的平均工资就形成了，对于目前中国平均工资，按照国家统计局的数据，最低工资是平均工资的 21%，最低工资和平均工资的比率严重不合理，这也是中国收入分配差距扩大的一个直观表现。

第三个指标是最低工资的增长率，最低工资必须每年调整，以保持最低工资的合理上涨，调整幅度参照 GDP 的增幅或消费者物价指数。1995～2007 年，世界人均 GDP 每增加 1 个百分点，平均工资增加 0.75 个百分点。而中国在连续多年保持 GDP 快速增长的情况下，没有形成工资增长与人均 GDP 增长挂钩的机制，是中国居民收入分配格局形成的重要因素。

2. 实现企业工资决定机制的科学化，必须用工资集体协商制度解决企业工资决定问题。企业工资决定的集体协商制度，是指劳资双方通过集体协商

---

① 刘植荣. 工资差距的背后［J］. 新经济，2010（7）.

方式决定工资的方式，包括工作的形式和工资水平，在我国实行工资集体协商制度的企业还不多，关键问题是在这一集体协商中存在主体缺位，主要是劳方主体缺位，要解决这个问题，必须加强工会组织的力量，使工会作为劳方的代表，必须真正起到代表工人利益的作用，能够代替工人与资方进行集体协商工资谈判，成为工人利益表达的代表和实践者，从制度层面保障工资集体协商的实施。解决了工资集体协商的主体问题，还需要相应的制度保障，保障工资集体协商过程中劳资双方的地位平等，保障协商后工资协议的正常履行，保障职工的参与权，维护工人对工资协商程序及结果的评价和监督权等，使工资集体协商制度能够真正发挥作用。

（二）建立与经济增长相适应的合理工资增长机制

合理的工资增长机制可以从以下几个方面来说明。

1. 保证职工收入与经济增长同步。要建立一个职工工资合理增长的机制，使工人的工资增长和企业收入增长保持同步。使企业工资总额增长不低于企业利润总额增长，使平均工资收入的增长不低于企业平均利润总额的增长，随着企业经济效益的改善，使职工的工资和福利同步增长，让广大企业职工和普通劳动者充分享受到经济增长的成果。

2. 加强政府监督职能。不论是最低工资还是平均工资以及可比性工资，其实施效果都需要政府部门的监督，在劳动和资本的竞争实力悬殊太大的情况下，政府部门的作用就是重要的，在市场不能充分发挥作用的地方，政府一定要有所作为。把一线职工工资增长作为考核指标，提供一个工资增长的制度保障机制。政府应全面行使劳动监察责任，监督《中华人民共和国劳动法》《中华人民共和国劳动合同法》等的执行情况，提高经营者的法治观念，保障工人在收入分配中的话语权，鼓励和推动企业承担社会责任，以促进形成和谐的劳动关系。

3. 现行工资增长政策的实施保障。事实上，许多地方政府为保障工资增加所制定的政策往往得不到落实。工资增长需要有具体实施措施，具体实施过程中需要注意以下几个方面的问题。一是确保收入的科学统计，要使工资收入透明化，提高工资收入统计的准确性。二是工资正常增长机制实施中要特别关注低收入群体，尽量使低收入群体收入增长快于高收入群体，以减少收入差距。三是工资增长机制的实施，一方面，要保护工人的利益；另一方面，要致力于改善企业经营环境，降低企业经营成本，减轻企业负担。

（三）最低工资支付保障机制的建立

解决最低工资支付问题，需要做好以下几个方面的工作：一是制定合理的最低工资标准并随着经济发展不断进行调整，同时，必须严格监管《最低工资规定》执行情况。二是逐步解决在许多企业都存在的同工不同酬问题，特别是城乡不同户籍劳动者之间存在的、较为普遍的同工不同酬现象，这一问题的解决有赖于户籍制度改革的成效，只有在户籍制度上实现了城乡平等，才可能实现真正意义上的同工同酬。

二、二次分配需要政府更好地发挥作用

对于初次分配所带来的收入差距可以通过再分配进行调节，再分配是在初次分配的基础上进行的国民收入分配。再分配制度改革的重点在于通过税收杠杆和财政倾斜支出来缩小城乡之间、地区之间、行业之间以及行业内部的收入差距。收入再分配的主要手段是税收、社会保障、转移支付。税收、社会保障、转移支付在国民收入分配体系中所起作用的大小与政府作用力度直接相关。目前我国的再分配所起到的调节收入差距的作用效果不明显，甚至在某种程度上还起到了加大收入差距的作用，特别是社会保障的再分配功能严重弱化，甚至在某种程度上还起到加大收入分配差距的作用。

党的十八大以来，我国的再分配体系所发挥的作用有了明显增强，主要表现在以下几个方面。

（一）利用税收手段，发挥财政政策的再分配作用

利用财政政策的再分配作用，调节国民收入分配、缩小收入分配差距，主要是制定合理的税收制度，充分发挥税收在再分配中的作用，在再分配环节有效减小收入分配差距。党的十八大以来，我国的税收制度改革始终坚持公平优先的理念，致力于构建一个有助于调节过高收入、扩大中等收入者比重的税收体系。我国的税制改革以"结构优化、社会公平"为总目标，在改革过程中取得了长足进步。目前，我国的税收结构虽仍以间接税为主，但开始逐步转向以直接税为主的税收结构。在个人收入的税收调节机制上，主要

问题表现为征收面较窄和累进性效应作用弱。党的十八大以来，我国继续推行税制结构性改革，探讨开征财产税以及资源税等税种，以进一步拓宽所得税的征收面。同时，进一步提升所得税的累进效应。所得税的累进作用呈现不断上升的态势，有助于缩小收入差距。

今后一段时期仍需要深化税收制度改革，建立综合和分类相结合的个人所得税制度，扩大综合征税范围，完善税率结构，提高起征点，进一步减轻中等以下收入者税收负担。加快房地产税立法并统筹推进房地产相关税费制度改革，加大对居民财富分配的调节力度。全面推行居民财产申报、登记、查验、保护、交易制度建设，为开征遗产税和赠与税创造条件。

政策向农村倾斜，缩小城乡收入差距以提升劳动报酬在国民收入分配格局中的占比。加大工业对农业的反哺，即以工补农，实现农村的不断积累；加速农业生产升级改造，加快现代农业发展，利用农村自然条件发展旅游业，促进农村非农经济发展，这是提高农民收入、缩小城乡收入差距的有效手段。

我国的财政制度也具有二元性，这种二元性的财政制度与农村居民收入低、城乡收入差距大现象直接相关，因此，政府财政制度的调整可以起到缩小城乡差距作用，既要调整财政支出结构，增加对农业部门的公共投入，又要改革现行的税收制度，公平城乡居民税负，切实减轻农民负担。

(二) 加强劳动力市场相关要素建设，缩小城乡差别

首先，我国还处在社会主义市场经济初级阶段，经济发展仍然是很重要的，要想在保证经济稳定增长、收入不断提高的同时缩小城乡差别，就必须做到不断增加农村劳动力资本投资，加速农村相对薄弱的人力资本积累，尤其是要重视中西部农村地区的教育与培训等人力资本投资过程，转化城乡劳动力市场结构。其次，农村劳动力转移要有效率，应该做到合理调节供需，在保障农村生产效率不受影响的情况下，根据城镇的真实需要合理组织农村劳动力向城市转移，避免高人力资本劳动力转移效率低下问题。最后，取消户籍制度的限制，这是促成城乡一体化的劳动力市场形成的关键[①]。

---

① 陈宗胜，等. 中国国民收入分配通论：由贫穷迈向富裕的中国道路与经验 [M]. 上海：上海格致出版社，上海三联书店，上海人民出版社，2018：338.

（三）逐步建立完善全国统一的社会保障体系，缩小城乡差距

我国城镇职工的人均养老金与农村新型养老保险待遇差距巨大。党的十八大以来，我国不断健全再分配调节机制，使城乡居民养老保险实现制度全覆盖，社会保险体系日趋完善，住房保障制度不断完善，城乡低保补助标准显著提高，基本形成了多层次的社会保障格局。在 2014 年 2 月召开的国务院常务会议上，新型农村社会养老保险和城镇居民养老保险正式合并，拉开了建立全国统一的城乡居民基本养老保险制度的序幕。其他各类保险体系也在不断完善。

我国的住房保障制度改革在立足基本国情的基础上，以提高"针对性、有效性、公平性"为重点，探索保障性住房建设、分配以及管理的新方式。一方面，通过扩大保障性住房的覆盖面，保证进城农民工、产业工人以及困难群众的住房，并积极推进危房改造，使"人人都有房住"；另一方面，积极推进住房公积金制度改革向公平、公开和规范的方向发展，实行全国统一垂直管理的模式，完善住房公积金的提取、使用以及监管体系，从而充分发挥住房公积金的保障功能。推进保障性安居工程建设是发挥住房保障制度效用的重要举措。党的十八大以来，我国保障性安居工程取得了重大进展，住房保障覆盖范围不断扩大，进一步促进了社会的和谐稳定。坚持"房子是用来住的、不是用来炒的"定位，加快建立多主体供给、多渠道保障、租购并举的住房制度，让全体人民住有所居。

城乡低保制度在城乡社会救助体系中发挥着重要的兜底保障作用，对于维护社会和谐具有重要作用。党的十八大以来，我国一方面积极推进对低收入家庭的认定工作，不断提高低收入者的补助标准；另一方面统筹最低生活保障制度建设，努力缩小城乡待遇标准上的差距①。完善失业、工伤保险制度。建立全国统一的社会保险公共服务平台。统筹城乡救助体系，完善最低生活保障制度；完善社会救助、社会福利、慈善事业、优抚安置等制度。中国特色收入分配理论认为，政府应始终以人民共享为核心，积极为广大人民提供全方面、立体化的社会保障，想人民之所想，为人民解除后顾之忧，满

---

① 胡莹，郑礼肖．十八大以来我国收入分配制度改革的新经验与新成就 [J]．马克思主义研究，2018（2）．

足人民对美好生活的需求。①

三、健全与完善国民收入第三次分配制度

第三次分配制度主要是指使用来自国内、国际的各类社会捐赠所开展的公益慈善和社会救助活动，因此第三次分配的基础是慈善捐赠。我国慈善捐赠资金来源包括企业、个人及社会团体组织，机制构造方面的主要问题是公益性的基金会十分欠发达，管理上的问题则是对慈善资金的使用和管理不甚规范，所以，为有效弥补初次分配和再分配在缩小居民收入差距方面的不足，必须在现有分配体系上进一步健全第三次分配制度机制。②

（一）加强现有慈善资金管理机构的管理

近年来关于红十字会等公益性组织工作人员不当处置慈善捐款的负面新闻，使人们对慈善事业的前途感到担忧。慈善捐款与其他资金不同，完全是社会公众自愿的行为，公众希望他们的爱心能够帮助更多有困难的人，对那些侵吞、挥霍慈善捐款的行为深恶痛绝，认为是对他们爱心的一种亵渎，因此捐款意愿就会明显降低，如果慈善捐款数额不能保持持续增长，第三次分配制度就将无法较好发挥缩小居民收入差距的作用。所以慈善管理机构必须有合法的、明确的工作章程，必须依法、依规开展管理工作，取得社会公众的信任，以推动社会慈善事业不断发展。

（二）完善税收政策，鼓励企业、社会团体组织及个人积极捐款

在企业捐款方面，税收政策应考虑提高企业捐款的税前扣除标准，建议考虑采用累进比例扣除标准，即企业捐款数额越大，税前扣除比例就越高，从而能够有效调动企业捐款的积极性。对个人捐款不应设置扣除比例，应该采取全额扣除方式。

（三）鼓励和引导公益基金会、志愿者组织的发展

引导慈善捐款机制制度化、规范化、常态化，这样才能为第三次分配提

---

① 白暴力，方凤玲．习近平新时代中国特色社会主义经济思想体系探索（下）［J］．上海经济研究，2018（7）．

② 贾康，等．优化收入分配的认知框架、思路、原则与建议［J］．财贸经济，2018（2）．

供持续的资金支持。借鉴国际经验，应把国内已有一定发展基础和强烈发展意愿的公益基金会和志愿者组织更加积极地发展起来，鼓励和引导它们规范、可持续地长期从事公益慈善活动。

第五节　结语

根据过去 70 多年的发展经验，在当我们能够清醒地认识到社会发展阶段中的主要矛盾，并想办法解决这一矛盾的过程中，可以保证经济社会的稳定快速发展。随着中国特色社会主义进入新时代，我国社会的主要矛盾发生变化，在不平衡和不充分发展问题成为影响人们对美好生活需求的障碍时，改善国民收入分配结构成为政策发挥作用的重点领域，以提高居民收入来增强消费升级在拉动生产结构调整优化中的基础性作用，保持宏观经济平稳高效运行。特别是在逆全球化涨潮的趋势下，我国应比以前更加注重内需在调结构、提效率中的作用，以收入分配结构调整优化提振内需，实现人民群众共享发展与长期增长之间的良性互动。

当前我国经济正处在从高速增长阶段向中高速增长的、更注重高质量增长阶段转变过程中，应根据这一现实，通过研究相关产业政策、配合财政以及金融政策，促进适应新经济的主导产业发展和基础设施建设，以维持未来一段时期内宏观高效率的经济基础。因此，为保持我国经济社会长期稳定发展，应根据我国经济所处的发展阶段，制定与经济发展阶段相适应的、更合理的分配制度。

可以预测，在我国"以人民为中心"的发展理念指引下，我国国民收入分配中居民收入所占比重一定会不断得到改善，同时，收入分配又是一个涉及面很广的问题，发展中国家的收入分配问题更是复杂，尤其是收入差距问题，尽快缩小收入差距对我们来说还是一个很大的挑战，可以说没有最优选择只能是相对更好，在目前阶段，我们只有不断深化改革，不断提升国家经济总水平，提升国家富裕程度，用发展来解决发展中的问题，建立一个相对公平的、让人民满意的收入分配体系是我国发展和改革的重要目标，也是我们持续关注收入分配问题的不竭动力。

参考文献

［1］白重恩，等．谁在挤占居民的收入——中国国民收入分配格局分析［J］．中国社会科学，2009（5）．

［2］白永秀，任保平，吴振磊．长期困扰我国经济改革与发展的"十个滞后"问题［J］．福建论坛·人文社会科学版，2009（1）．

［3］庇古．福利经济学［M］．北京：商务印书馆，2003．

［4］边燕杰，张展新．市场化与收入分配——对 1988 年和 1995 年城市住户收入调查的分析［J］．中国社会科学，2002（5）．

［5］蔡昉．发展阶段判断与发展战略选择——中国又到了重化工业化阶段吗？［J］．经济学动态，2005（9）．

［6］蔡亦敏．我国居民财产性收入差距问题探析［J］．中共福建省委党校学报，2009（4）．

［7］常兴华，李伟．"十三五"时期收入分配格局发展变化对经济社会的影响［A］//中国经济改革研究基金会专题资料汇编．2017 – 06 – 01．

［8］陈斌开，林毅夫．发展战略、城市化与中国城乡收入差距［J］．中国社会科学，2013（4）．

［9］陈宗胜，等．中国居民收入分配通论：由贫穷迈向共同富裕的中国道路与经验［M］．上海格致出版社，上海三联书店，上海人民出版社，2018．

［10］陈晓枫．新中国成立 60 年来居民财产性收入思想沿革［J］．经济研究参考，2009（63）．

［11］程恩富，胡靖春．论我国劳动收入份额提升的可能性、迫切性与途径［J］．经济学动态，2010（11）．

［12］"促进形成合理的居民收入分配机制研究"课题组．促进形成合

理的居民收入分配机制研究［J］.经济研究参考，2010（25）.

［13］邓大松，卜芳.社会保障支出缓冲了农村居民贫困吗？［J］.西安财经学院学报，2019（6）.

［14］邓小平文选（1975—1982）［M］.北京：人民出版社，1983.

［15］丁平.金融危机与我国经济发展方式［J］.湖北社会科学，2009（11）.

［16］董志凯.1949—1952年中国经济分析［M］.北京：中国社会科学出版社，1996：319.

［17］段文斌.30年经济增长积累的问题［J］.经济研究参考，2009（12）.

［18］范昌年.我国收入分配差距的现状、原因与对策［J］.贵州财经学院学报，2009（2）.

［19］樊纲.走向市场：1978—1993［M］.上海：上海人民出版社，1994.

［20］房维中.中华人民共和国国民经济和社会发展计划大事辑要（1949—1985）［M］.北京：红旗出版社，1987.

［21］费景汉，等.劳力剩余经济的发展（中译本）［M］.北京：华夏出版社，1989.

［22］伏帅，龚志民.中国行业收入差距的成因及其经济增长效应［J］.山西财经大学学报，2008（12）.

［23］付敏杰.建国以来我国居民财产性收入的演进分析［J］.中国物价，2009：12.

［24］付铁钰.试谈中国城乡二元社会结构的解构［J］.理论观察，2009（1）.

［25］国家发改委宏观经济研究院课题组.促进形成合理的居民收入分配机制［J］.社会主义经济理论与实践，2009（8）.

［26］国家发改委宏观经济研究院课题组.我国国民收入分配格局：变化、原因及对策［J］.经济学动态，2010（5）.

［27］郭树清，等.中国GDP的分配和使用［M］.北京：中国人民大学出版社，1991.

［28］龚刚，杨光.从功能性收入看中国收入分配的不平等［J］.中国社会科学，2010（2）.

[29] 国家发展改革委宏观经济研究重点课题. 促进形成合理的居民收入分配机制 [J]. 宏观经济研究, 2009 (5).

[30] 常兴华, 李伟. "十三五"时期收入分配格局发展变化对经济社会的影响 [A]. 2017 - 06.

[31] 黄达. 对中国城镇居民收入分配差距分析 [J]. 财经界, 2006 (8).

[32] 黄群慧. 中国整体上已进入工业化中期后半阶段 [N]. 湖北日报, 2010 - 03 - 01.

[33] 侯云春, 韩俊, 蒋省三, 何宇鹏, 金三林. 农民工市民化进程的总体态势与战略取向 [J]. 改革, 2011 (5).

[34] 胡莹, 郑礼肖. 十八大以来我国收入分配制度改革的新经验与新成就 [J] 马克思主义研究, 2018 (2).

[35] 贾康, 等. 优化收入分配的认知框架、思路、原则与建议 [J]. 财贸经济, 2018 (2).

[36] 简新华, 余江. 重新重工业化不等于粗放增长和走旧型工业化道路——对吴敬琏研究员相关论述的质疑 [J]. 学术月刊, 2006 - 05.

[37] 劳动人事部综合计划局. 1949—1985 劳动工资保险福利统计资料 [M]. 北京: 劳动人事出版社, 1987.

[38] 李成瑞. 关于中国近几年的经济政策对居民收入和消费状况影响的统计报告 [J]. 统计研究, 1986 (1).

[39] 李春根, 王雯. 基于五大发展理念的新时期扶贫工作探讨 [J]. 财贸经济, 2016 - 10.

[40] 李稻葵, 刘霖林, 王红领. GDP 中劳动份额演变的 U 型规律 [J]. 经济研究, 2009 (1).

[41] 李建平, 黄茂兴. 改革开放三十年我国分配改革回眸与思考 [J]. 福建师范大学学报 (哲学社会科学版), 2008 (6).

[42] 林毅夫, 蔡昉, 李周. 中国的奇迹: 发展战略与经济改革 [M]. 上海: 上海人民出版社, 1994.

[43] 李实, 等. "十三五"时期收入分配格局变化及对经济社会的影响 [A]. "十三五"时期改善收入分配格局的总体思路 [C]. 2007 - 07.

[44] 李实, 史泰丽·古斯塔夫森. 中国居民收入分配研究 (Ⅲ) [M].

北京：北京师范大学出版社，2008.

［45］李实，张平，等．中国居民收入分配实证分析［M］．北京：中国社会科学出版社，2000.

［46］李扬．收入功能分配的调整：对国民收入分配向个人倾斜现象的思考［J］．经济研究，1992（7）.

［47］李扬，殷剑峰．中国高储蓄率问题探究——1992—2003年中国资金流量表的分析［J］．经济研究，2007（6）.

［48］李扬．论我国初次分配中的政府行为［J］．求实，2007（12）.

［49］厉以宁．重型化是中国经济发展的必经阶段［N］．经济日报，2004 – 12 – 27.

［50］林毅夫，陈斌开．发展战略、产业结构与收入分配［J］．经济学（季刊），2013（4）.

［51］林致远，苑德宇．消费压抑、增长失衡与收入分配［J］．东南学术，2009（1）.

［52］刘国光．建国53年来中国宏观经济发展的若干特点［J］．当代中国史研究，2003.

［53］刘煜辉．中国要和旧模式彻底告别［J］．社会科学研究参考资料，2009（1）.

［54］刘植荣．工资差距的背后［J］．新经济，2010（7）.

［55］罗长远，张军．经济发展中的劳动收入占比：基于中国产业数据的实证研究［J］．中国社会科学，2009（4）.

［56］罗楚亮．收入差距的长期变动特征及其政策启示［J］．北京工商大学学报（社会科学版），2018 – 01.

［57］吕炜等．城乡收入差距、城乡教育不平等与政府教育投入［J］．经济社会体制比较，2015（5）.

［58］彭爽，叶晓东．论1978年以来中国国民收入分配格局的演变、现状与调整对策［J］．经济评论，2008（2）.

［59］权衡．转型时期中国经济增长的收入分配效应及其机理分析［J］．上海经济研究，2002（2）.

［60］任太增，喻璐．金砖国家国民收入初次分配格局的演变趋势与基本特征［J］．经济问题探索，2014（3）.

［61］任志江．新中国成立以来经济发展战略与经济体制模式的历史互动与历史启示［M］．北京：人民出版社，2018－12．

［62］阮加，阮敬科．收入分配问题现状、原因及对策探讨［J］．经济学动态，2011（2）．

［63］宋晓梧．中国收入分配探究与争论［M］．北京：中国经济出版社，2011．

［64］唐平．农村居民收入差距的变动及影响因素分析［J］．管理世界，2006（5）．

［65］田帆，常兴华．专题报告1：收入分配理论及宏观收入分配等问题研究综述［A］//"十三五"时期收入分配格局的变化及其对经济社会的影响．2017－06－01．

［66］田帆，常兴华．"十三五"时期收入分配格局的变化及其对经济社会的影响［A］//中国经济改革研究基金会专题资料汇编．2017－06－01．

［67］王小鲁，樊纲，刘鹏．中国经济增长方式转换和增长可持续性［J］．经济研究，2009（1）．

［68］王小鲁．中国收入分配向何处去？［J］．国家行政学院学报，2006（1）．

［69］习近平谈治国理政．北京：外文出版社，2014．

［70］习近平谈治国理政（第二卷）［M］．北京：外文出版社，2017．

［71］苏少之．中国经济通史第十卷（上）［M］．长沙：湖南人民出版社，2002．

［72］徐舒，王貂，杨汝岱．国家级贫困县政策的收入分配效应［J］．经济研究，2020（4）．

［73］吴敬琏．注重经济增长方式转变，谨防结构调整中出现片面追求重型化的倾向［OL］．国研网，2004－11－16．

［74］武力，温锐．新中国收入分配制度的演变及绩效分析［J］．当代中国史研究，2006（7）．

［75］杨承训．"深化收入分配制度改革"的经济学解析［J］．经济学动态，2008（1）．

［76］杨穗，李实．转型时期中国居民家庭收入流动性的演变［J］．世界经济，2017（11）．

［77］杨圣明．关于我国国民总收入分配的几个问题［J］．中国社会科学院研究生院学报，2009（3）．

［78］杨宜勇，顾严．李宏梅．我国收入分配现状、问题及"十一五"期间的对策［J］．经济研究参考，2005（58）．

［79］杨宜勇等．公平与效率：当代中国的收入分配问题［M］．北京：今日中国出版社，1997．

［80］张车伟，张士斌．中国初次收入分配格局的变动与问题——以劳动报酬占 GDP 份额为视角［J］．中国人口科学，2010（5）．

［81］张车伟，赵文．我国收入分配格局新变化及其对策思考［J］．北京工业大学学报（社会科学版），2018（5）．

［82］张维迎．新时期收入分配政策研究［J］．管理世界（双月刊），1986（1）．

［83］中华人民共和国国家统计局．奋进的四十年 1949—1989［M］．北京：中国统计出版社，1989．

［84］赵德馨主编，苏少之著．中国经济通史（第十卷）（上册）［M］．长沙：湖南人民出版社，2002－12（1）．

［85］赵德馨主编，赵凌云著．中国经济通史（第十卷）（下册）［M］．长沙：湖南人民出版社，2002－12（1）．

［86］赵凌云，操玲姣．中国传统发展方式的总体性危机及其转变［J］．江汉论坛，2010－04．

［87］赵凌云．中国发展过大关［M］．武汉：湖北人民出版社，2008－12．

［88］赵人伟，等．中国居民收入分配再研究［M］．北京：中国财政经济出版社，1999．

［89］郑功成．中国社会公平状况分析［J］．中国人民大学学报，2009（2）．

［90］周富祥．正确评估国民收入分配格局的变化［J］．中国人力资源开发，1992（3）．

［91］周天勇．从调结构入手改善收入分配差距［N］．光明日报，2010－11－09．

［92］郑志国．中国企业利润侵蚀工资问题研究［J］．中国工业经济，2008（1）．

[93] 朱玲. 我国经济改革进程中个人收入分配的特点 [J]. 改革, 1991 (5).

[94] 朱玲, 金成武. 中国居民收入分配格局与金融危机应对 [J]. 管理世界, 2009 (3).

[95] 朱维盛, 陈越月, 朱建华, 陈悟朝. 新中国五十年 (1949—1999) [M]. 北京: 中国统计出版社, 1999.

[96] Chenery H. B. and Syrquin M. Patterns of development, 1950 – 1970 [M]. Oxford: Oxford University Press, 1975.

[97] D. W. Johnson. The Functional Distribution of Income in the United States, 1850 – 1952 [J]. The Review of Economics and Statistics, 36 (2): 175 – 182.

[98] Forties K. J. A Reassessment of the Relationship between Inequality and Growth [J]. The American Economic Review, 2000.

[99] Gollin, D. Getting Income Shares Right [J]. Journal of Political Economy, 2002, 110 (2): 458 – 475.

[100] I. B. Kravis. Relative Income Shares in Fact and Theory [J]. The American Economic Review, 1959, 49: 917 – 949.

[101] John Maynard Keynes. The General Theory of Employment, Interest and Money [M]. London: Macmillan and Co., 1936.

[102] Kuznets S. Economic Growth and Income Inequality [J]. The American Economic Review, 1955.

[103] Piketty T. The Dynamics of the Wealth Distribution and the Interest Rate with Credit Rationing [J]. Review of Economic Studies, 1997 (64): 173 – 189.

[104] Solow, R. M. A Skeptical Note on the Constancy of Relative Shares [J]. American Economic Review, 1958, 48 (4): 618 – 631.